廿·念

《廿·念》编委会　编

中国人民大学出版社
·北京·

副校长、校友会常务副会长杜鹏在 95 级毕业 20 周年返校活动大会上讲话

装饰一新静待同学们到来的明德广场

哲学

党史

经济学

国民经济管理

统计学

工业经济

企业管理

国际企业管理

投资经济

农业经济

土地管理

贸易经济

市场营销

房地产经营管理

商品学

国际金融

证券

货币银行

国际税收

国际政治

国际会计

会计学

会计系

经济信息管理

劳人院

法学院

新闻

中国语言文学

文史哲

历史

档案

社会学

外语

行政管理

温馨喜庆、座无虚席的会场

玉兰花开

小兵突击

梦青春 燃千里

歌曲串烧

A Whole New World

同学，我想跟你喝杯酒

后来

我是一颗跳跳糖

小夜曲

心声——说给你听

潜龙秀

95 级同学向母校前身陕北公学旧址展陈修缮及装饰捐赠 35 万元，
原党委常务副书记、校友会副会长张建明代表学校接受捐赠

96 级同学接过毕业 20 周年返校活动大旗

同学们，毕业 30 年时，我们再见！

目 录

CONTENTS

职场系列

特稿系列

初春玉兰香
深秋银杏黄
花开花落去
不变是关怀

西门落霞红
东门鱼肚白
陪我再走吧
芳华有几回

玉蘭花开

京港两地　玉兰花开

95 国金　王　曦

△　人大校园的玉兰花（王曦摄于 1997 年）

《玉兰花开》
献给毕业二十周年的我们

♩ = 90
1 = bB 4/4
词、曲：王曦

5 6 | 1 - - 2 3 | 5·3 5
那一年 玉兰 花儿开

6 7 | i·i i 2 i | 7 3 5 -
那一年我们单纯 又开怀

5 5 | 6·7 6 5 4 | 5 - 3
白杨 树陪伴我们 歌 唱

6 1 | 2·3 2 2 1 | 2 - -
紫藤 园花香入梦 来

5 6 | 1 - - 2 3 | 5·3 5
眼中的 玉兰 花儿开

6 7 | i·i i 2 i | 7 3 5 -
心头 的憧憬希望 有你在

5 5 | 6·7 6 5 4 | 5 - 3
一勺 池树影轻轻 摇 摆

6 1 | 2·3 2 2 1 | 5 - -
多少 相知多少情 怀

(6 7 | i 3 2 7 6 | 5 7 i 6 5 | 4
3 2·7 | i - -)

5 6 | 1 - - 2 3 | 5·3 5
唱起那 玉兰 花儿开

6 7 | i·i i 2 i | 7 3 5 -
哪怕 你今天暂时 回不来

5 5 | 6·7 6 5 4 | 5 - 3
别忘 了共度的时 光 啊

6 1 | 2·3 2 2 1 | 2 - -
让我 一直为你喝 彩

5 6 | 1 - - 2 3 | 5·3 5
梦到那 玉兰 花儿开

6 7 | i·i i 2 i | 7 3 5 -
多希 望今天又见 故人来

5 5 | 6·7 6 5 4 | 5 - 3
你的 笑靥依然 可 爱

6 1 | 2·3 2 2 1 | 5 - - :||
感恩 一路上有你 在

||: 6 7 | i 3 2
初春 玉兰香

7 6 | 5 7 i
深秋 银杏黄

6 7 | i i·7 7
花开 花落 去

3 2 | 3·4 2
不变 是关怀

6 7 | i 3 2
西门 落霞红

7 6 | 5 7 i
东门 鱼肚白

6 7 | i 5 3 2
陪我 再走 吧

5 3 | 2 7 i - | i - 0 :||
芳华 有几回？

2·7 i - | i - 0 0
有几回？

创作心得： 相信我们的呼吸是一样的。睹物思人，恋情、友情、爱校之情，青春的思绪，回到白衣飘飘的年代。我先写了《玉兰花开》歌词，五一那天香港公假，就把曲子也谱好了。一开始自己很不满意，易扬同学（95会计）、人大艺术学院音乐系的周源老师提供了很多宝贵意见，同样也爱好音乐的徐聪（95国管）贡献了和声部分的编曲，很出彩，非常感激！

这首歌每一句都是4/4拍的弱拍开头，娓娓道来，又欲说还休，是回忆的感觉。副歌是高潮，熟悉的景物，积压的情感，每个人听到也许是不同的解读。我怕限制了大家，所以不想说太多。音乐，可以表达一切。

——95国金 王曦 于2019年中秋，香港

精彩视频
扫码观看

PS：这首歌于京港两地分开练习，后期在深圳混音合成，殊为不易！感谢所有辛苦参加排练和录制的同学。

领唱（按出场顺序）：易扬（会计）、王曦（国金）、方巍（国金）、杨震宇（劳人）、徐聪（国管）、段庆华（会计）

合唱：

京：周敏（国管）、岳颖（营销）、施航（证券）、钱防震（信息）、桂晏（外语）；

港：许伊茹（贸经）、姜祥凯（投资）、纪沫（国经）、王歆（外语）、齐宁（工经）、徐海（国金）

在 1995 级校友毕业 20 周年返校
纪念大会上的讲话

中国人民大学副校长　杜　鹏

亲爱的 95 级校友们：

大家好！

今天我们在明德堂举行 95 级校友的毕业 20 周年返校纪念活动，在这欢度国庆、欢度校庆的大喜日子里，校友们重返校园，畅叙师生师友情谊，畅谈时代人生，共庆母校生日，共祝新中国成立 70 周年。我代表学校广大师生员工，向各位校友回家表示热烈的欢迎！

1995 级校友在改革开放的浪潮中成长成才，在各个工作岗位上贡献力量、回馈社会。二十年前，你们从学校走向社会，开启了职业生涯的序幕。二十年里，你们通过各自的勤奋努力和聪明智慧，在各行各业都已经成长为中坚力量，在各自的岗位上为国家和社会做出了很大的贡献，以切身行动践行了"国民表率、社会栋梁"的宗旨，学校为大家取得的成绩感到骄傲。你们既是改革开放的见证者、建设者，也是受益者，在投身时代大潮中见证了这几十年来国家波澜壮阔的改革进程，通过不断拼搏，大家都在各自事业上取得了优异成绩，成为本行业的领导和骨干，为社会经济发展做出了自己的贡献，促进了各方面事业的进步。也希望各位校友能够以今天的活动为契机，在今后各自的事业中不断发展，为母校今后的发展，搭建一个新的平台。

四年的校园生活值得大家一生去珍藏、去回忆。学校的操场、宿舍楼、教学楼、图书馆和电教室还依稀闪现着大家昔日的身影。今天看到从五湖四海返回母校的 760 多位校友在合影，在欢叙，我们感到无比欣慰和温暖。

历史的长河里，1995 年到 1999 年只是不经意的一瞬，但是对于在座的各位，却是人生中最重要的起点和转折点。大学阶段是人生观、价值观、世界观形成的关键时期，在人大四年的求学时光对每一位人大学子影响深远，为事业和生活奠定了基础，确定了方向，也让人民大学成为了人大人共同的精神家园。

在人民大学 82 年的发展历程中，对于这样一所以人民来命名的大学来说，为人民服务、让人民满意是学校一切工作的出发点。一代又一代人大毕业生怀揣家国志和凌云梦，为国家和社会做出了不平凡的贡献，无愧于人民大学这样一所因人民而诞生、以人民之名命名的大学，无愧于"人大人"的称号！

当前，学校正处在改革发展的关键时期。全校上下在努力争当国家"双一流"建设的排头兵，学校的学科建设再创新高，优秀师资不断汇聚，大类招生培养改革在逐步推进，办学经费在大幅增长，科研学术能力持续增强。备受关注的通州新校区，也经过国家的整体立项，获得了国务院和国家发改委的批准，已经开始建设，2023 年将投入使用。学校在国内外的影响力和社会美誉度也在不断提升。值得一提的是，近期学校喜事连连。9 月 30 日，习近平总书记亲自向国家勋章和国家荣誉称号获得者颁授奖章并发表重要讲话。我校卫兴华、高铭暄两位教授，华北联合大学时期校友郭兰英，名列国家荣誉称号建议人选。其中卫兴华、高铭暄是全国综合类高校入选此次名单的唯二人选。9 月 15 日，在中央公布的"最美奋斗者"人选名单中，也有 7 位人大人的身影。同时人大共有近 260 位老同志获颁"庆祝中华人民共和国成立 70 周年"纪念章，获颁数量不仅在全国高校中数一数二，而且在全国各系统各战线中也名列前茅。这些成绩的取得，既是党中央对一代代优秀人大人的肯定，也是对人民大学勇立时代潮头、展现担当作为的高度肯定，同时还是包括在座的各位在内的全体校友关心母校、支持母校的结果。

中国人民大学有今天的成就和地位，是与每一位校友的辛勤工作和艰苦创业分不开的，是所有校友的共同努力铸就了学校今日的辉煌！衷心感谢大家为母校做出的努力和贡献！

校友永远是母校最好的名片，母校永远是校友的精神家园。95 级的校友仍处在人生学习、奋斗的黄金时期，学校希望能够在今后和各位校友加强联系，增强合作，为各位校友的发展助力。期待各位校友以二十年的阅历为母校未来的规划和发展提出宝贵的意见和建议，并希望大家借着回母校团聚的时刻，重拾初心，积聚力量，继续书写精彩的人生，为国家和社会发展做出新贡献。

最后，请允许我再次对各位的到来表示欢迎！希望返校的各位 95 级校友在母校生日当天度过美好的时光。祝福各位校友身体健康，阖家幸福！

谢谢大家！

一入人大门，一生人大人！

商学院教授　杨　杜

各位同学，各位朋友：

你们好！

今年是你们毕业 20 周年的大喜的日子，祝贺你们！感谢你们给我机会说几句话。你们是人大学习 4 年，毕业 20 周年，我是人大 7 年，留学 8 年。我 94 年回国，你们 95 年入学，好像我回国就是为了迎接你们入学！多好的缘分呀！

99 到 19，毕业 20 年，你们是人生四十有定力！子曰："三十而立，四十而不惑，五十而知天命"。何为不惑？也就是不再三心二意，而是一心一意；不再左顾右盼，而是一往直前；不再随意跳槽，而是从一而终。我在人大学习工作 42 年了，人大就是我的一生，人大就是我的记忆。

99 到 19，毕业 20 年，你们是人生四十正当年！如果您走的是仕途，我想说，三十升科，四十升处，五十一定升副部！祝贺想走仕途的各位一马平川，过关斩将，仕途顺畅！如果您走的是商道，我想说，三十要豪，四十要富，否则五十无退路！找不到工作的要办企业，做不好下属的要做领导！自古天下官位少，古今中外老板多。我走的既不是仕途，也不是商道，仕途和商道走得好的都是我的好学生！

99 到 19，毕业 20 年，你们是人生辉煌刚开始。经过 20 年的打拼，人生历练已经成熟，后面至少有 30 年的奋斗生涯！不惑之年是人生的转折期，你已经小有成就，你可以继续奋斗，也可以小富则安！你可以熬成大家，也可以养成小资！不过，请你不要忘记，人大的人才培养目标可是国民表率、社会栋梁！衷心祝福你们用好这 20 年积累的资本，再创新辉煌，再上新台阶！

99 到 19，毕业 20 年，你们要多为人大做贡献。我是以为国家创造经济价值为主要目的的商学院老师，三句话不离本行！人生无非要钱、挣钱、花钱、捐钱四个阶段，三十齐家，四十致富，五十为人带队伍！先成就自己，再成就他人，后成就天下！一入人大门，一生人大人！出门是校友，回来做校董！

祝愿各位人大 95 级同学的事业和母校一样，在陆路路畅通！在海一帆风顺！在空鹏程万里！

精彩视频
扫码观看

初 心

95 信息　钱防震（返校活动总召集人）

长期疏于动笔，已然有了惰性，但作为返校活动的总召集人，必须要赶快写一写了。返校活动筹备之中，宣传组就提出来要在活动结束之后，整理一下公众号的文章，收集一下活动结束后同学们兴奋之余的即兴美文，集结出版。这在当时是一件很确定的事，我也表示过要在财务和精力上给予支持。宣传组组长施艳同学一直在推动此事，她是一个意志力坚定、执行力坚决、责任心坚强的人，她想着为毕业 20 年返校活动做的事一定会坚持到最后一刻。我想，不管文笔如何，写写那些真实的事、纯真的情和诚实的心，同学们应该还是欢迎的。这也是这本册子所要表现的核心内容所在。

2016 年 6 月，我告别 12 年的机关生活，选择了另外一种生活方式。这把我很快拉回到人民大学的同学圈子。当年 10 月正好是 92 级师兄师姐举办毕业 20 年返校活动。92 级是我进人民大学时本科最高的年级，我和他们正好有一年的学校生活交集，当时团学工作的最高学生领导正好是他们这一级的，那么接下来的 93、94 级，我就越来越熟悉了，他们举办这些活动不断给我们以刺激和鼓励，也给我们以经验和帮助，最终使我们得以在 2019 年 10 月，在庆祝新中国七十华诞之际，以我们自己满意的方式和结果成功举办了同样的活动。

这里需要强调的一点是，从最早听说毕业 20 年返校活动，到我们自己举办这个活动，现在想来我能够以主力的身份参与其中，真的是非常巧合的事情。虽说是巧合，但冥冥之中，我又觉得是 95 级同学之间不可切割的缘分。本来我进了一个不会轻易离开的机关，那么按照现在的政治生态，我和许多仍在党政机关工作的同学一样是很难参与到同学聚会

这样的活动中来的，至少不会承担重要的工作任务。然而就在那个时点，我却毅然决然地离开了那个机关，开启另一种生活方式，其实现在想来也还是有点懵懵的感觉，细想之下当时的决策也不是那么思路清晰了。2017年8月，我经人介绍，在和强东师兄面谈后加入京东集团，应该说又是选择了一份忙碌的工作，不会有太多的时间和精力来顾及除工作和家庭以外的其他事。但是似乎与95级同学的缘分太重而排斥了其他缘分，我与京东的缘分不到半年便结束了，随之加入的是95级同学李英浩领导的一家金融科技公司。英浩同学夫妇俩是同班同学，也非常重同学感情，非常支持我在工作之余大力参与毕业20年返校活动的筹备。

刚刚离开京东之际，我便参加了95级韩景峰、郭开森等召集的好几次同学聚会。这其中有一次是一个叫茶话会的同学群组织的，这个群不断发展，最终成了我们20年返校活动的主力群。我以当年那届学生会主要干部之一的身份和心理状态，自然地做起了一些前期的筹备工作，似是一份天然的责任。但我深知，一己之力，绝不能达到丁点成功，最关键的是找到一些齐心协力、愿意奉献的同学来共同干这个事情。

这里简单回顾一下这么一个漫长、令人激动而又有点烦人的过程，主要列一列一群鲜明的人、几件鲜活的事。

人主要是执委会核心群的几个人。首先是孙永文同学，作为当年的学生会主席，虽然现在是公务员不便抛头露面，但是还是愿意尽力参与20年返校活动的筹备，一直把自己弄得很紧张。韩景峰同学现在也是公务员，他是95级同学大群的群主，因此结识了很多本届同学，跟大家联系也非常积极，愿意组织同学活动，是当仁不让的主要组织者。施艳同学，我并不是很熟，但是她其实是我们另外一个小圈子里经常谈起的对象，我了解到她在中兴通讯做了好多年的公关工作，现在在小米做宣传工作，当年在校时是商学院学生干部主力，于是便冒昧但坚定地把她邀请到组织者当中，用她自己的话说就是"一头雾水地被拉进组委会，又被缺席审判地接下了非常繁重的宣传工作"。耿希继同学近年来一直在学校校友办工作，对之前各年级举办毕业20年返校活动了解甚多，他一定会对我们自己举办这个活动有很多指导和帮助。赵音奇同学一直是个传奇的存在。毕业后，他在中央电视台主持英语相关栏目的节目，粉丝遍及全国，当年在校时他也是文艺活跃分子，自然要把他找回出任联欢会的主要担当。虽然后来他因为创业项目遇到一些麻烦而中途离开组委会，但是他还是坚持当日返校并承担了一些节目。临危受命的徐聪同学，当年在学校也是活跃分子，现在是时尚界大拿，在仅仅不到两个月的时间，她便以主角的身份让返校联欢会得以精彩完美地呈现。还有徐建萍、王长斌同学，都把自己日常的活跃状态转换到筹备工作中来，使整个筹备过程气氛一直很浓。

以上，我只是列举了执委会核心群的总召集人和各组组长。接下来还有一串串熟悉的名字，比如程国栋、刘娜、岳颖、杨震宇、周敏、陈蓬、王玉玺、王曦、纪沫、胡百精等等（名字实在太多，不一一列举，没有列出的请多多包涵，不要介意）。

一件件鲜活的事也历历在目。金梅勋同学的飘临和仙逝、耿希继和何琨的闪电恋爱和结婚、重庆戴豪同学的 20 年青春追忆、一批失联同学通过微信找回、返校群的捐款接力、文学大比拼，再次提起也必掀波澜，常挂嘴边又常绕心间……

但是筹备和组织活动中也有很大的压力，主要是因为之前师兄师姐们举办得很好，尤其是 94 级从人员组织、宣传策划，到最后的舞台呈现以及返校活动之后的狂欢，无时无刻不在给我们压力。当然，这也是我们的动力之一。了解了他们的具体操作过程和想法之后，我们没有沿着他们的思路去走，而是开创了一种新颖的方式来展现我们 95 级同学别样的风采和魅力。事实上，我们也做到了。可以简单列举一下我们在几个方面的成功：一是公众号的文章数量和阅读量，应该比我们上几级都有明显的提高；二是我们活动的纪念品既体现了美观又做到了实用；三是我们通过爆款的讲座既展现了 95 级同学的实力，又浓厚了返校活动的氛围，还筹集了活动资金；四是联欢会的呈现形式，我们创新性地采用了没有主持人的方式，但整个联欢活动衔接自然又酣畅淋漓；五是我们的筹资形式和最后结果都上了一个台阶，而经费使用上却比较合理，活动结束之后仍有一大笔钱可以用于同学互助，足以使我们的活动能够有温度地持续至 10 年后。

在这一年多的筹备过程中以及最后返校当日，同学们表现出来的主要是欢乐和兴奋，时时处处体现出了同学如手足的美好感情。当然，曲折、烦恼乃至杂音也时有出现，我不想多说这些了，这和我们的活动成功比起来算不了什么，我只是希望从毕业 20 年返校活动成功举办之后，到我们毕业 30 年再聚，全体同学能够以此次活动为契机和基础，今后更加团结、更加友爱，不要再说那些讽刺的话，不要再怀那些偏激的心，不要再做那些破坏团结的事。所有参与组织活动的同学都是本着一颗服务同学的心，没有人要炫耀自己、宣传自己、突出自己，没有捞取名与利，除了付出，没有回报。要说有回报，那也仅仅就是和更多的同学认识了，更多地体会到了同学之间的真情和友谊，以及在今后的工作和生活中可能得到来自这些同学的真心帮助。

10 月 3 日返校活动结束之后，各个同学群如雨后春笋般冒了出来，各群聊天兴奋之余真的是出现了不少纪念怀念毕业 20 年返校的好文字。活动结束已有一些时日了，文集出版之事走得断断续续、拖拖拉拉，甚至近乎夭折，但是这次疫情似乎给这个事情带来了转机，真是塞翁失马，焉知非福。疫情期间，大家一般工作不忙、宅家为主，施艳同学重拾此事，力推向前，出版的事情有了很大的进展，令我很是感动。这个纪念文集出版后，拟各位同学人手一本，以使大家能够不断重温我们的活动、重温我们的感情。施艳还提议，希望能在人大出版社出版文集，以更好地体现我们作为人大人的骄傲，也更好地显示这个

文集的重量。此事已与出版社主要领导做了沟通，得到基本确认。在此我们先感谢出版社领导给予的大力支持。

以上就是我们整理这个文集并将之出版的初心。借这个机会，我再次感谢组委会所有同学，感谢95级全体同学，能够让我的2019年金秋如此绚丽多彩、追忆不断！最后祝纪念文集出版圆满成功，祝95级同学身体健康、工作顺利、万事如意，祝大家的友谊天长地久！

2020年3月

写在毕业 20 年返校日
165 天后的随感

95 国金 徐 海

2020 年 3 月 16 日，庚子年阳春三月的第三个周一，今天正好是我们毕业 20 年返校活动第一次组委会召开并成立执委会的日子。就在几天前，返校执委会财务组孙永文、郑静、刘娜同学和我，正在与钱防震和韩景峰两位牵头人、宣传组负责人施艳同学讨论返校活动的文字素材整理及筹划出书以兹纪念的费用预算和用款公示流程等事宜。讨论到热烈之处，我们觉得可以让大家再多投些稿，总结一下这次盛大而成功的活动前后的可圈可点之处。而鉴于95 级在港同学们对返校贡献巨大，防震也提议我写写这段港村缘分的台前幕后。

此时此刻正值持续受到新冠肺炎疫情影响的特殊时期，因返校再次结缘的 95 级同学间也时时展现相互关心帮助的同学情。我看到陈佳和胡军同学赶着为大家从韩国采购口罩而奔忙，施艳同学时常在群里向大家发布口罩信息等小米公益行动，许颖同学在代表人大坚守意大利孔子学院时每天坚持更新抗疫日记，马磊同学在疫情期间给大家上门送菜，吴亚锋同学返美自我隔离期间每天主动在朋友圈向接触过的亲友报平安……这样的例子还有很多很多，也让我更加感受到这次返校对我们彼此人生的影响。于是，准备动笔，在这个返校日后 165 天的时候，万千感慨不禁涌上心头，脑海中也不断浮现出过去 365 天里那些难忘的场景……

闪回一：

2019 年 3 月 16 日下午
人民大学 95 级毕业 20 年返校活动组委会第一次会议

老同学，聚是一团火，散是满天星，20 年后我们一起回来啦！

再次置身于初春的校园，她已不似我们毕业那天离别时一般安详宁静，穿梭于世纪馆、逸夫楼、大讲堂之间的是新一代的莘莘学子，不经意间擦肩而过的还有那漂亮的女生、白发的先生……

下午两点，信息楼四层报告厅。95级各个院系专业班级的代表共计五十多人，大家彼此已是多年未曾谋面，还有很多人20年前在校园里也只有一面之缘甚至不曾相识，但是这并不影响大家重返校园时那份莫名的亲切。同为人大人的四年早已在我们心中积淀了太多的共识，毕业20年间的人生际遇又让彼此产生了各种妙不可言的交集。大家兴奋地拥抱着，亲切地寒暄着，在那归来仍是少年的脸上依然荡漾着青春洋溢的笑颜，在那经历过

风雨、见证了彩虹的心中有那么一首歌开始徜徉：我们好像在哪见过，你记得吗？那时你还是个孩子，我在窗棂下；我猜着你的名字刻在了墙上，我画了你的模样对着弯月亮……我们好像在哪见过，你记得吗？当我们来到今生，各自天涯；天涯相望今生面对谁曾想，还能相遇一切就像梦一样……

盼望着，盼望着，老同学们陆续到齐了，第一次返校筹备组全体大会也正式开始了……经过既定的议程和热烈的讨论，一份返校活动方案有了雏形，一个负责后续集中落实各项返校工作的20人执委会应运而生，并按照总指挥、宣传、财务、演出、文体活动、综合组、班级召集人等进行了专项分工。

一切的一切，就这样开始了，在2019年3月16日的那个阳光明媚的下午……

闪回二：

老同学，原来你也在这里！

虽然 20 年间因为工作等原因我经常来往香港，有空时也会邀上些同学小聚，但是这次来港可是有着不同以往的意义：毕业返校筹备刚刚开始，一系列工作都需要各路同学积极参与和鼎力相助，而且返校活动成功与否更要看如何能尽快联络上遍布各地的同学们并把返校重聚的心绪撩拨起来。知道重任在身，也考虑到在港同学多有各种安排，我早早向大家预约时间以便尽可能多的同学能来，有些以前不太熟悉或者中途断了联系的同学还专门加了微信提前预热。这一联系，又发现好多曾经的缘分和有共同交集的朋友，港村的同学群也在这期间不断壮大升温。很快就能在香港见面啦，真好！

那一次饭聚非常热闹，大家也特别开心。以至于聊到餐厅打烊被催着离开还意犹未尽，于是大家又转角去酒吧嗨聊到深夜，并且就此约下了后面的无数饭局酒聚。以至于很长一段时间，港村同学微信群里信息都是一会儿不看上千条，每天晚睡早起爬千层楼追赶聊天的进度啊。猜猜谁是港村的段子手和搞气氛的高手？歆妹妹！谁最会给大家挨个起昵称还总惦记着约聚？小军！谁总在夜深人静时给大家发歌曲带节奏？小姜！谁在群里发言游走于理性与感性之间？道长！谁拥有美酒加马甲线的美丽生活？伊茹妹妹！谁是健身达人又被称为港村驻深总代表？小宁！谁是港村能歌善舞又善解人意的小才女？易妹妹！谁是港村外表恬静内心火热的俏佳人？有丽妹妹！谁常在群里静水深流却又会一鸣惊人？一健两川！那又是谁被称为男神女神？这还用问！还有谁是一杯倒，谁是千杯不醉，谁又是酒不醉人人自醉呢？哈哈！

一切的一切，就这样开始了，从 2019 年 4 月 11 日的那个春风沉醉的晚上……

老同学，让我们纵情高歌，燃爆这个夏天！

还记得大家在那个阳光和煦的早晨陆续从各处赶来，立即投入紧张的分练、合练中，随后化完妆依次进录音棚，再换棚录制 MV 视频，全流程结束时已是傍晚。而其间还发生了一段断电惊魂，不知哪里发力过猛导致瞬间电力超负荷跳闸，大家尽管在闷热的工作室里汗流浃背，但却仍不忘抓紧练歌曲、记歌词、排动作。以至于在之后的很长一段时间里，这首歌都在我们每个人耳边萦绕，时常会不由自主地哼唱起："初春玉兰香，深秋银杏黄。花开花落去，不变是关怀。西门落霞红，东门鱼肚白。陪我再走吧，芳华有几回？"

感谢毕业后留美回港的王曦同学作词谱曲，让我们穿越二十年时光、追忆美好，让我们再次致敬那青春无悔的校园、追忆那白衣飘飘的年代……从第一次见到初稿到最终的呈现，作为老班长的我特别能体会他的倾情投入，也总联想起颇具才艺且情感丰富的他当年的模样，也读得懂这首歌背后的思绪与故事。

有了录制返校主题歌曲的经历，港村诸位歌美舞靓的潜能被彻底激发，个个有如 K 歌之王附体，摩拳擦掌好似要向演艺界进军。接下来机会就来啦：感谢组委会演出组徐聪、杨震宇等同学相邀，港村同学们在易扬才女的编排下为返校演出送上了一首情意满满的歌伴舞《浪花一朵朵》，香港浪花组合也就正式出道啦！当年校舞蹈队的台柱子岳颖同学出手不凡，帮忙编排的舞蹈在大家各种临阵磨枪后，最终表演还算差强人意，下一步的提升空间就留给毕业 30 年聚会来好好打磨啦。这里还有个小细节，由于 2019 年下半年开始的

特殊形势，港村同学们空前团结、凝聚力爆棚，而毕业 20 年返校活动又恰好安排在国庆假期，大家对母校、对祖国的热爱与情怀更是不断升温，于是就有了歌曲结尾大家一齐转身，展现演出服装背后"香港明天会更好"的设计。而冶军和齐宁同学的背景剪辑及服装道具安排也让节目大增光彩。

一切的一切，就这样开始了，从 2019 年 8 月 18 日的那个炎炎的夏日周末……

2019 年 9 月 7 日和 28 日
人民大学　两场特别的同学讲座及前后花絮

老同学，半年前的约定，返校前的绽放；昨日火锅嗨歌，今朝挥斥方遒……

话说 4 月 11 日晚上那次港村聚会，有一位姑娘她有一些公务，急赶慢赶还是错过了。正所谓遗憾也是一种美丽，在之后的微信聊天中，我与她不仅熟识起来，更得到了她对返校活动的大力支持。她就是后来成为返校群人气担当、被大家称为"沫沫女神"的纪沫同学。9 月 7 日，主题为"全球宏观误判、展望与思考"的专题校友讲座在学校五百人大教室举行，纪沫同学不仅展现了她多年来的专业功底和分享了对金融市场的真知灼见，还在讲座尾声时为返校站台，带头并带动全场捐款。之后在品质伊犁安排的 after party 更成为了很多 95 级同学欢聚的盛宴，红柳串、大乌苏、酒喝干、再斟满，待次日清晨大家还未醒之时，沫沫却已默默踏上了返港的航班。

随后，经过马不停蹄的筹划安排，另一位港村金融才俊周道传同学也以同样的形式于 9 月 28 日在校友活动中心举办了主题为"全球资产配置理念与实践"的讲座并发起了募捐活动。而且由于临近国庆场地受限，我们还与颇具网红潜质和朋友圈资源的道长一起安排了同步网上直播，开创了校友大讲堂的新形式。那天讲座后也有个花絮：我和道长一小时即转场天津，参加到张丽芳等多位天津同学组织的联谊聚会中。在蒸汽海鲜火锅的云雾缭绕中，在"三种全汇"的觥筹交错间，先是诞生了"大交杯 + 亲同学"等亲密照片，再就是张丽芳同学不知了去向，最后很多同学都是在云游中返家，而钱防震同学的眼镜干脆就留在了天津。

以讲座 + 募捐的形式为母校献礼、为毕业返校活动筹款的系列活动从萌生想法、头脑风暴，到几易其稿、敲定方案，再到紧张筹备、四处宣传，近半年的时间历经波折，幸得两位大咖 hold 住全场之精神、组委会耿希继等多位同学共同之努力、各路同学老师及嘉宾们之支持，最终在返校前得以完美绽放。而这也应了我最初鼓励沫沫的那句话："相信人大的力量"！

一切的一切，就这样开始了，在 2019 年 9 月 7 日和 28 日的那个书声琅琅的校园……

2019 年 10 月 2 日—3 日
人民大学　如论大讲堂彩排与演出

老同学，终于等到你，干了这杯酒！

返校前的不断准备和数次彩排终于在倒计时最后一天达到了高潮。如论大讲堂见证了各路同学带着各自精彩的演出纷至沓来，走台时大家积极配合、相互提醒，候场时大家或抓紧排练，或兴奋地和久违的同学拥抱叙旧……2日上午财金学院五个专业的师生大团聚也是场面感人、群情激昂，唱起当年"一二·九"大合唱参赛曲目《在太行山上》和同

庆建国70周年的《歌唱祖国》更让大家心潮澎湃、热泪盈眶……所有的情绪在2日和3日两晚大聚餐时不断升华、屡创新高。波尔多红酒加92年铁盖茅台，气氛持续high起来！"大交杯+亲同学"这样的毕业返校标配礼仪在汇贤府、天使食府的各个包间大厅里被无数次践行，欢声笑语彻夜回荡在人民大学校园的上空，经久不息！

一年酝酿，完美绽放；旧友新朋，感谢你来；一切都是那么美好，大家都说已经开始期待30年的聚会了……95级的兄弟姐妹们咱们别急啊，让我们再好好品品这酿了二十多年的人生美酒，让我们再细细回味这每一个返校的美好瞬间……接下来，还有时间，让我们一步一个脚印，携手共进做最好的自己！纵使回不去那白衣飘飘的年代，但归来始终是相信人大力量的少年！……

一切的一切，就这样开始了，在2019年10月2日—3日的那激动人心的48小时……

闪回六：

2019年10月23日—29日
上海—杭州—香港—北京　南下北上的后续聚会

老同学，共迎30年，我们在路上！

毕业20年的返校活动刚成功落幕，共迎30年的大幕就随之拉开。各种属地群、老乡群、兴趣群、专业群，甚至纯聊群、八卦群等犹如雨后春笋般应运而生。就像当年大一校园里各类社团招新的O2O现代增强版，忽如一夜春风来，千树万树梨花开。而在线下，结束返校踏上回程的95级同学们和因为各种原因错过了返校聚会的同学们，还有到各地游走的同学们，已经迫不及待地在祖国四方、在世界各地继续聚起来了。所以说，返校是宣言书，返校是宣传队，返校是播种机！

在返校结束三周后，我也机缘巧合地南下出差，有幸在上海、杭州和香港与当地的同学们聚会，再加上之前之后的返校活动组委会总结聚会、返校活动演艺界同仁联欢……那段时光，也让我再次感慨：有幸参加94级毕业活动的接旗仪式，进而在之后的一年里为95级毕业20年返校活动贡献力量，是我人生中最特别也是最难忘的一段经历。大家用爱心串起20年散落在四方的同学之情，用热情再次点燃我们曾经的火热青春！感谢组委会携手并肩互相支持的每一位同仁，感谢为返校活动捐钱捐物积极奉献的每一位同学，感谢与港村同学在一起的每一段快乐时光……感恩人大，我爱九五！同学们，认识你们真好！

一切的一切，就这样开始了，在想念彼此和共同期待下次返校的每一天……

附：10月26日我在返校微信群里用歌曲串烧写的一段返校感言

因为爱情，漂洋过海来看你，我们好像在哪见过，就算二十年之前我不认识你……

后来，返校，我们不再犹豫，我们一起看对面的女孩，一起爱江山更爱美人……

我想大声告诉你，朋友别哭，懂你的柔情，you are my super star，最美……

和往事干杯但不要让爱已成往事，不管是乌兰巴托的夜，还是东方之珠的浪花一朵朵，无论你在成都成都，还是北京北京，我想我是海，但不要你听海哭的声音……

开始的开始，是我们唱歌，最后的最后，是我们在走……

识得玉兰花香，致敬青春无悔……结束了一周原来你也在这里的南下之旅，写在由港返京的早晨……

那一年玉兰花儿开
那一年我们单纯又开怀
白杨树陪伴我们歌唱
紫藤园花香入梦来

眼中的玉兰花儿开
心头的憧憬希望有你在
一勺池树影轻轻摇摆
多少相知多少情怀

似是故人来

寒梅著花未

95 中文　李颜

最是人间留不住，
朱颜辞镜花辞树。
盈盈笑语飘然去，
一缕香痕似有无。

　　这个春天最后一个节气刚过，突然传来了金梅勋同学去世的消息。

　　谁也不愿意相信这个消息，大家四处互相询问求证，有同学连夜联系上了驻瑞士大使馆工作的朋友辗转问询。

　　然而消息还是被无情地证实了。

　　金梅勋是 95 级外语系的同学，美丽、勤奋、热情、幽默，热爱生活，还有一颗大爱而悲悯的心。

　　她多年来为无国界医生组织、全球基金等 NGO 工作，无数次冒着生命危险，远赴战火纷飞、恶疾肆虐的国家和地区，救助那些身罹艾滋病、疟疾、结核病、埃博拉的患者以及处于极大患病风险中的人，像天使一样，带去安慰、医学救治和希望。

而她自己，却要一次次提前注射灭活或者不灭活，成熟或者不成熟的各种疫苗，瞒着年迈的父母，告别爱人和孩子，离开温馨舒适的家，甚至有时要提前写下遗书。

然而执行完任务的她，却很少跟朋友们提及这些功德无量而令人肃然起敬的事。日常的她，是一个云淡风清、气质如兰，而又喜欢营造和享受各种小确幸的生活家、小女子。

她对各地美食名吃如数家珍，还能亲手烹调各式中西美食，从小品到大餐，无不品相和味道上佳。

她作为一枚江南女子，天然地亲近传统文化，雅好诗词歌赋，空灵清新的意境背后是她与自然万物化一的蕙质兰心。

她还会在同学们聚会的时候突然出现，给大家一个大大的惊喜。明眸顾盼，浅笑嫣然，友善风趣，谁能不喜欢这样调皮又可亲的女生呢？

然而这样一位活得认真洒脱的奇女子，却突然身染重病溘然长逝。亲友们椎心泣血，却挽留不住。

很多同学含泪写下了悼念的文字。

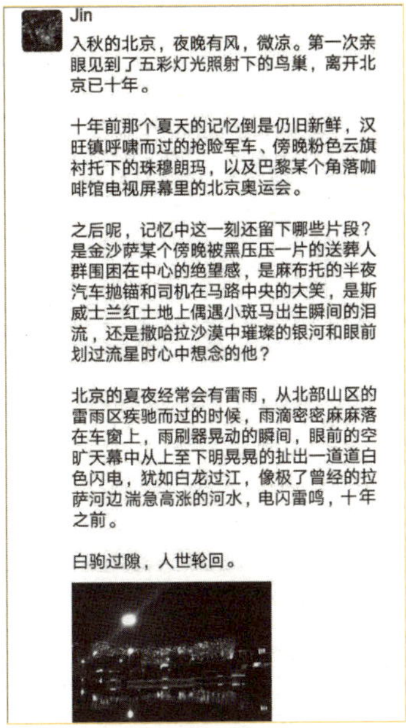
Jin
入秋的北京，夜晚有风，微凉。第一次亲眼见到了五彩灯光照射下的鸟巢，离开北京已十年。

十年前那个夏天的记忆倒是仍旧新鲜，汉旺镇呼啸而过的抢险军车、傍晚粉色云旗衬托下的珠穆朗玛，以及巴黎某个角落咖啡馆电视屏幕里的北京奥运会。

之后呢，记忆中这一刻还留下哪些片段？是金沙萨某个傍晚被黑压压一片的送葬人群围困在中心的绝望感，是麻布托的半夜汽车抛锚和司机在马路中央的大笑，是斯威士兰红土地上偶遇小斑马出生瞬间的泪流，还是撒哈拉沙漠中璀璨的银河和眼前划过流星时心中想念的他？

北京的夏夜经常会有雷雨，从北部山区的雷雨区疾驰而过的时候，雨滴密密麻麻落在车窗上，雨刷器晃动的瞬间，眼前的空旷天幕中从上至下明晃晃的扯出一道道白色闪电，犹如白龙过江，像极了曾经的拉萨河边湍急高涨的河水，电闪雷鸣，十年之前。

白驹过隙，人世轮回。

△金梅勋的朋友圈

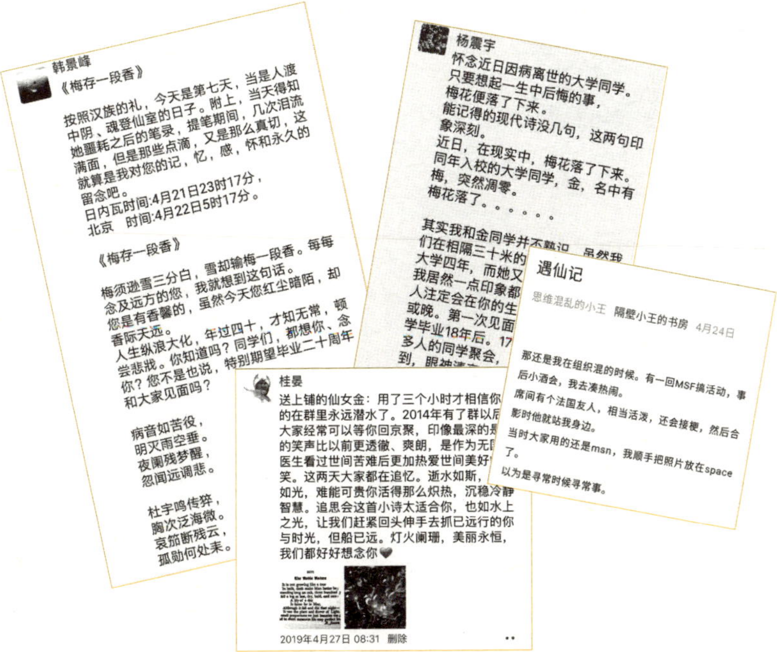
韩景峰
《梅存一段香》
按照汉族的礼，今天是第七天，当是人渡中阴、魂登仙室的日子。附上，当天得知她噩耗之后的笔录，提笔期间，几次泪流满面，但是那些点滴，又是那么真切，这就算是我对您的记，忆，感，怀和永久的留念吧。
日内瓦时间:4月21日23时17分，
北京　时间:4月22日5时17分。

《梅存一段香》

梅须逊雪三分白，雪却输梅一段香。每每念及远方的您，我就想到这句话。您是有香馨的，虽然今天您红尘暗陌，却香际天远。
人生纵浪大化，年过四十，才知无常，顿尝悲戕。你知道吗？同学们，都想你、念你？您不是也说，特别期望毕业二十周年和大家见面吗？

病音如苦役，
明灭雨空垂。
夜阑残梦醒，
忽闻远调悲。

杜宇鸣传猝，
胸次泛海微。
哀笳断残云，
孤勋何处耒。

杨震宇
怀念近日因病离世的大学同学。
只要想起一生中后悔的事，
梅花便落了下来。
能记得的现代诗没几句，这两句印象深刻。
近日，在现实中，梅花落了下来。
同年入校的大学同学，金，名中有梅，突然凋零。
梅花落了。。。。。。

其实我和金同学并不熟识……们在相隔三十米的……大学四年，而她又……我居然一点印象都……人注定会在你的生……或晚。第一次见面……学毕业18年后。17……多人的同学聚会，……到，眼神清……

桂晏
送上铺的仙女金：用了三个小时才相信你……的在群里永远潜水了。2014年有了群以后……大家经常可以等你回京聚，印象最深的是……的笑声比以前更透彻、爽朗，是作为无……医生看过世间苦难后更加热爱世间美好……笑。这两天大家都在追忆。逝水如斯，……如光，难能可贵你活得那么炽热，沉稳冷静智慧。追思会这首小诗太适合你，也如水上之光，让我们赶紧回头伸手去抓已远行的你与时光，但船已远。灯火阑珊，美丽永恒，我们都好好想念你
2019年4月27日 08:31　删除

遇仙记
思维混乱的小王　隔壁小王的书房　4月24日

那还是我在组织混的时候。有一回MSF搞活动，事后小酒会，我去凑热闹。
席间有个法国友人，相当活泼，还会接梗，然后合影时他就站我身边。
当时大家用的还是msn，我顺手把照片放在space了。
以为是寻常时候寻常事。

△追思会上的小诗

同事亲友们为她准备了一场完美的追思会，会上她的老师朗诵了一首很美的小诗。

本来你还要陪着孩子长大，本来你还要帮助很多需要帮助的人，本来你还兴致勃勃地和同学们讨论排练舞蹈，要在返校那天表演。

太多的计划来不及完成，而坚强的你没有把病情告诉任何一位朋友……可能见惯了生死的你，对于生命的理解比一般人要深刻而通透得多。而你多彩丰富的人生厚度，早已超过了大多数人惯常重复的生活。

于亲友们，于这个世界，失去了生动明媚的你；而于你，可能只是换了一种存在的方式，依旧明眸顾盼，浅笑嫣然，依旧如雪中腊梅，金光耀眼，而又清雅无比。

此地金梅此地寒，
那时闲情那时痴。

——金梅勋
R.I.P.

梅香四溢勋汗青

95 国政　刘宏建

"轻轻的我走了，正如我轻轻的来；我轻轻的招手，作别西天的云彩。……悄悄的我走了，正如我悄悄的来；我挥一挥衣袖，不带走一片云彩。"

每每读到徐志摩的这首《再别康桥》时，依稀望见你伴着江南丝竹飘落在白墙瓦黛、翠柳如烟的丁巳画卷江南，抑或多情雅致的秦淮风景能够让你穿过前世风尘听风吟柳，泼墨弄琴，斜凭小轩窗细品你温婉的阕词，与江南烟雨呢喃，和秦淮素梅同行……

诗情画意的水墨江南伴随你度过了折柳作笔、擎雨为墨的书卷少女光阴，孕育了你仙姿佚貌、温婉尔雅的华夏古典之美，织就了你"不蔓不枝，香远益清，亭亭净植，可远观而不可亵玩焉"之玉荷清高，绣下了你"香中别有韵，清极不知寒"的孤傲，清新脱俗的你集江南之美于一身，时而流出的"横笛和愁听，斜枝倚病看"般的清雅宛如李清照的格律，引得众生竞相遣词造句"朔风如解意，容易莫摧残"的胸臆直抒。

浅墨浅赋的小桥流水与细柳长堤让你飘过砚台的重门，携载"从今别却江南路，化作啼鹃带血归"之志飘临燕都！

这座拥有着深厚历史文化底蕴的千年古都，与汇集人文社科精华于一体的高等学府，让你找到了探索未知世界的大门，人民大学外语系则给

了你一把打开这扇大门的钥匙。

饱读诗书的江南佳人与现代文学艺术就此碰撞，重塑了一个具有东西方共同灵魂与整体精神的人文科学理论兼备的知性丽人。除却内在含蓄美的重构，青青校园中的你对音乐专辑而非精选的执着，亦映射着你传统礼仪的内化；对与男同学间"纯洁友谊误解"的巧妙化解，是你"开诚心、布公道"的完美践行；邂逅的青涩校园爱情，让你体会到了"羞脸粉生红"情窦初开的悸动……

一如"流水便随春远，行云终与谁同"，兼具传统与现代、东方与西方完美建构后的你犹如当年别离江南时莞尔一笑再次挥别华夏故园，行云流水般地飘向异域他乡，探索"上善若水，水善利万物而不争，处众人之所恶，故几于道"之路，奔波于世界各地的疟疾、结核病、艾滋病高危区，与一线医护人员一道成为拯救生命的天使。

"路漫漫其修远兮，吾将上下而求索"促使你不断深入精神世界，工作中的现实震撼又让你不断地从文学和艺术深处拷问灵魂。无论是写实性还是表现性的艺术作品都能引起你的共鸣，尤其是西方的印象派、野兽派、立体主义、达达主义、超现实主义的作品更是让你在强烈的视觉冲击下实现与艺术家的审美交流，感知西方艺术带给你的揭示本质的哲理。

相较于东方艺术的含蓄，你更喜欢西方艺术的直接。心灵上某种程度的艺术释然亦会伴随着"身在异乡为异客"的惆怅，儿时的江南依恋不时出现在你的诗词歌赋间，娴熟的赋比兴手法与严格的平仄韵律相得益彰，假以自然抒发思乡之情、感怀之心，尤以《天净沙·吴县》为最，一声"回不去的故乡"寄托了几多无奈……

"相寻梦里路，飞雨落花中"最终让充满理想主义和浪漫主义的你情迷法兰西，花落日内瓦，瑞士优美的自然风景填补了你对江南烟雨的思念，而班得瑞源自大自然的环境旋律无疑弥补了江南丝竹的缺憾，散发着艺术气息的法兰西为你的浪漫人生增添几多异域色彩，世外桃源般的生活随着天使的降临而"采菊东篱下，悠然见南山"。

"谁言寸草心，报得三春晖"的使然，让你只能在世外桃源获得片刻宁静，阿尔卑斯山和珠穆朗玛峰之间架起了你奔波的廊桥，侍奉双亲、相夫教子重新谱就了你心中的生命旋律，班得瑞与江南丝竹交相辉映。即便如此，旅途间隙亦会与同窗把酒话桑麻，追忆青春岁月。

"天有不测风云，人有旦夕祸福"中断了班得瑞与江南丝竹二重奏中的高频音符，和谐的人生旋律戛然而止，香消玉殒的你上演了现实版的曲未终人已散之歌！花落异域的你有众多同窗的追思作伴好还乡，落叶归根、魂归故里乃华夏宗源，古有文姬归汉，今有梅勋东飞。看，西湖断桥已飞雪，长堤柳已乱，烟雨亦下江南，素梅正飘零；听，秦淮河上的琵琶横笛正在旋宫移调演绎着"从今别却江南路，化作啼鹃带血归"……

一别二十年，听故事的人变成了
讲故事的人

95 新闻　胡百精

1995 年 8 月，人大把东门和西门的宿舍楼粉刷了，一群新的陌生人要将青春寄存。玉兰花春天聚齐了又散，校园里大树太少，生机和梦想全靠年轻的面孔托举。

一千五百块学费，有人借遍了所有亲戚；一千亩校园，可以靠近一个年级的所有人，返身回视，最难认识自己；千百里归途，绿皮火车拖曳一路的乡愁；三五页信纸，展平了又折起，惆怅人间，梦好难留。

最野的男生也不敢直视姑娘的眼睛，最美的姑娘仍在谈论人生。

单纯如琥珀，莹洁地敛住了少年本分。心事若紫藤，幽坐，徜徉，疯长，夜深共语。就那么几场讲座几出戏，几首老歌几袭白衣，胡须扎破了脸庞，姑娘的睫毛落了光。

△ 1995 年的那些姑娘

食堂吐槽太多，梦中却依然惦念着；岁月弄丢了，幸好澡票饭票影票车票还记得；宿舍教室图书馆让给别人了，故人不可见，白云犹可期。

八百人大真的能坐下八百人吗？勇敢坐在第一排、长得像"大学生修养"的姑娘嫁人了，可是"实事求是"的石头还长得跟心一样。

△八百人大五四文艺活动（95文史哲实验班李海提供）

当年白发的先生走了，壮盛的白头了。早操打卡的体育老师没退休，背驼了，秋天仍穿上楚楚衣服。微积分还在讲，线性代数没数了。

马原课上斧子又在交换山羊，海德格尔和萨特依旧忧伤。海子把石头还给了石头，顾城看你和看云一样远。西西弗抱石上了西山，从香炉峰滚落后，像玩火的孩子烫伤了手。

△ 95外语桂晏提供

收发室的大爷走了，宿舍楼的大爷走了，操场边捡瓶子的大爷走了，张国荣走了，梅艳芳走了，迈克尔·杰克逊走了，你种在密云山上的树走了。

1997终于到了，香港怎么那么香？

剩下咱们这些中年老小子，听得见隐约的耳语，笑着说往事不要再提。

一别二十年，听故事的人变成了讲故事的人。2019年毕业二十年，且归来开个故事会。

这一次，你讲，我来听。

△ 1996 年暑假，迎 97 京港行活动在天安门广场举行出发仪式，95 中文的 8 位同学此后完成了骑自行车从北京到香港的壮举（95 文史哲实验班杨光提供）

△ 1997 年 6 月 30 日，香港回归之夜天安门广场人民大学集体舞方阵中文系合影（95 文史哲实验班耿希继、95 中文李颜提供）

来时的路

95 统计 唐 克

对人大的初印象是"真入世",说白了就是真乱。1995 年的秋天,我第一次走进人大校门,悲剧的是,我是从西门走进来的。

忘了那时是几点,反正有很多人,熙熙攘攘,特别像菜市场。右手边还有个食杂店是点睛之笔。后来的几年里,方便了给学九楼里的她买吃的。再很多年后,不知有没有熬过北京治理穿墙打洞的伟大行动。

走到宿舍里,各色人等,南腔北调,从此就成了兄弟。命运的奇妙就在于它的不可知。谁能想到,最"社会我王哥"的王煜后来去了澳大利亚,成了最规规矩矩的注册会计师;笑起来最淫邪的阿甘成了精算师;动物学专家成了人民警察;看起来最靠谱的炜哥混了最不靠谱的金融圈;从小就不会画画的我现在对一帮建筑师指手画脚;还有一人江湖渺渺,不知所踪。

人大的特色,就是"人",到处都是人,和半高不矮半新不旧的楼。山、湖、标志性建筑这些东西,就不要在这里想了。有个礼堂,也叫"八百人大教室",让人油然想起"八百标兵奔北坡"。别人讲大学生活"一塔湖图",我记忆中如雷贯耳的,其实是特别有烟火气的"便民市场"。

所以人大的校徽……其实是一件写实主义的艺术品。

但我最爱的,就是人大的人。

受教过的大师有很多,我不务正业多年,大多记不清了，但独独对当年教线性规划和运筹学的胡显佑老师印象最深。胡大师是高等数学教材的三位编者之一，学问精深，自是担得起大师之名。我是数学学渣，唯独就胡老师的课听得懂，他讲单纯形法求最优解，说：你们看这个公式，是不是个球面啊，用这个式子切一刀，再切一刀……直到最后的球心。我眼前一直有个西瓜在晃啊晃，然后就明白了。从此我知道了，最深刻的道理可以用最直白的语言来阐释，学得懂必然能说得懂，专业多是蒙人，微言可解大义，并一直践行。

有一次课后，那时正是早春，枝头吐翠，见到胡老师拿着讲义，一路划着新绿的灌木远去，少年心性，跃然眼前。我就在想，以后我到这个年纪时，是否能阅尽千帆，仍是少年？

说起来胡老师并不是本系的老师，我和他甚至没有单独一面的交情。但他就是这样在我青春懵懂之时，顽固地影响了我。而这样的大师风范、言传身教，在人大俯仰皆是，无时无刻，春风化雨，潜入身心。

说起西瓜，就想起当年那个小姑娘，教我打太极拳：一个大西瓜，中间切一刀，一半交给你，一半交给我……二十年来，各有缘法，江湖路远，你可安好？

还有我的同学们，我是多么爱你们啊！新生辩论赛冠军队的队友们！打着人大市场调查协会名义一起出去"骗钱"的同伙们！敢于直面西门外"老陈火锅"口水锅底的真猛士们！貌似和我认真讨论毕业以后一起去卖保险的某人！还有我的国标舞伴，当初盯着哆哆嗦嗦的我，认真而严肃地说：我们跳不好就是因为你把我搂得太松了……哈哈，现在终于不哆嗦了，可是体重加了百分之五十的我，估计还是搂不紧。

那时年轻，时光很慢，我们好像有一辈子的时间去挥霍，可是一转眼，二十年过去了。

那时我们写信，用寻呼机，后来有了电脑，201上网卡。网速真是慢啊，一张岛国风景图片要下一整晚，中间还不能出错，出错就只有半张！没过几年，手机普及了，寻呼台全倒了。没人手写信了，都变成了电子邮件，再后来又变成了MSN。没想过MSN竟然也会停止服务，都去移动互联了。那MSN上的人呢？那些写在MSN上跨越城市和跨越海洋的话呢？好像也都消失了。

唯有记忆不会消失。那些好的坏的、幸福的痛苦的、高尚的卑劣的、年轻的记忆，和每天晚自习结束前操场上隐约飘来的《雪绒花》舞曲，以及人大的人、人大的石头、人大的名字，共同铸成了我们来时的路。

故人来

95 货币　林颖婷

隔着二十载的岁月长河
携着不褪色的青葱记忆
坐在容颜改的当年校园
伴着永不变的同窗情谊
让我们共追忆似水年华

浊酒一杯
釅茶一盏
冰心一片
共叙往昔

仍记否
玉兰树下
紫藤园里
教一教二教三课室里
学一学八学九宿舍中
尘土飞扬的大操场上
灯光迷离的活动中心
时光里羞涩的懵懂少年
岁月中微笑的青葱少女
定格在褪色的相册中
长存在犹新的记忆里

时光荏苒
二十载后

故人归来
光影交错
记忆中的面孔是否依然
或意气风发
或功成名就
或平凡幸福
或简单快乐
我们都活成了想要的样子
来吧

在祖国七十华诞之际
让我们举杯同庆
邀九天明月
揽漫天星辰
齐抒风华正茂同窗情！

——于回京参加毕业
20年返校活动万里高空有
感而书

纪念"老陈火锅"

95 统计　袁　彬

1995 年 9 月，我作为一名四川考生进入中国人民大学，迎来了自己学子生涯最有意义和最精彩的一段时期。记得当时一个学长从北京火车站将我接到人民大学时，我心里充满着对学校生活的期盼，充满着对融入北京这个首都城市发展过程的激动。随着学校生活的重归平静和逐渐适应，北京城市的光环渐渐褪去，甚至有些失望的地方。学习、生活以及同学间发生的点点滴滴多如天空中的星星，但每一点滴却又不是那么突出，刚开始实在不知从何说起。渐渐地，脑海中开始出现将这些点滴聚集在一起的一个中心，更确切地说是一个场所——人大西门外的"老陈火锅"店。这些记忆的点滴，如同烫火锅时的串串，如流星般飞向和聚集在这家火锅店。

毕业 20 周年回忆一家火锅店，而且是比较低档的火锅店，听起来是有点"不合时宜"。但可以自豪地说，对人大 95 级的学生，甚至前后几级的学生提起"老陈火锅"这四个字，那简直是如雷贯耳，不知道的都不好意思说自己是人大学生。作为一名四川人，这个地方对我而言更是多了一份乡情。

1995 年来到人民大学时，人大西门说白了就是一片田地，完全没有现在海淀万柳地区寸土寸金的气派。如同大多数城市的郊区，这里也自发地发展出一条以卖杂货为主的小街，有五金店、理发按摩店，卖菜的、卖盗版光盘的，一句话评价就是"俗不可耐"的一条土路，杂乱中充满了北京中关村发展初期的原始气息。

"老陈火锅"就在这条土路上，一个四十岁左右的四川人开的，还记得留着黑黑的小胡子，不太洁净的那种感觉。"不太洁净"也成了本科四年期间我们对"老陈火锅"最常见的评价，并从所有去过的学生餐后的各种身体反应中表现出来。但是，可能也是这种"不太洁净"的条件所造就，"老陈火锅"的味道不摆了，鲜香麻辣的地道四川牛油火锅，而且价格便宜，还可"自带"肉食，因此尽管其身负"不太洁净"的"美誉"，仍然吸粉无数，成为那时生活"贫瘠"的我们改善生活、沟通交流的"顶级会所"。

　　首先要说的是"老陈火锅"是我们学生品尝美食、放纵青春的地方。95级的本科生们，家庭富裕的并不多，多数同学家里每月提供的生活费用是200～400元（我是属于下限）。因此，每当夜晚降临的时候，同学们相约一起，拎着从城乡超市购买的"自带"香肠、牛肉等无法在火锅店消费的"高价"食物，去"老陈火锅"店点上便宜又好吃的豆皮、土豆、平菇基础三件套，一人一碗麻酱或蒜泥香油。牛油火锅底由于是"循环利用"制作的，因此完全免费！兄弟姐妹们一般都是在食堂里憋了好几天出来改善生活的，因此涮火锅是以"多、快、省"的特征进行的。"多"就是吃得多，素菜、荤菜甚至麻酱都经常不够吃；"快"当然是指吃得快，简直是一扫而光，颇有风卷残云之势；"省"也是"快"的一种表现，就是打开锅盖，放菜入锅等环节是能省则省，尽量礼让别人去做，揭开锅盖的人一般回头过来就发现锅里的烫菜都被夹光了！吃完火锅一个严重的后遗症常常是持续一周的拉肚子，这是"不太洁净"的直接体现。我们506宿舍的廖炜同学（广西柳州人士）甚至创下了持续两周拉肚子，仍然坚持学习的历史纪录，也是人大学子轻伤不下火线的典型代表。也正是这个"不太洁净"的"老陈火锅"，成了我们打牙祭、放松学习

压力、放飞青春、体会自由不受羁绊的"圣地"。在这里，不分男女，我们都能不拘小节，充分展现"人为食亡"的潇洒。

"老陈火锅"也是我们成长和成熟的地方。95 统计班 48 人，来自五湖四海，很多人是不能吃辣的，但这个"老陈火锅"却能迅速成为连接大家的纽带，成为使大家从同学成为朋友的地方。"老陈火锅"首先改造了那些不能吃辣的同学，无论是山东人、黑龙江人还是广西人，统统被"老陈火锅"征服为火锅人，纷纷成为吃辣能人、抗辣名将。这儿有时成为生日的场所，不需要生日蛋糕，有豆皮和平菇就行了；这儿会成为朋友聚会发牢骚的地方，火锅一涮解千愁，当然有时要配点啤酒和香烟；这儿成为约会的地方，男生请女生吃这么"低俗"的"循环利用"火锅，一点儿也不觉得丢面子，反而能让双方聊得火热，使男生豪情万丈，觉得自己就是那个白马王子，无所不能，女生也变得不拘小节，敢爱敢恨。朋友在这儿相聚，有情人在这儿成双，同学们更加亲密，恋人们更加热辣。四年一过，火锅男女们各奔前程，萦绕在心、牵连你我的仍然是这"老陈火锅"。

"老陈火锅"还是男生们"参政议政"的地方，这个火锅店似乎成了男生们的社会实战场所，成为了解社会、准备进入社会的地方。记得最清楚的是 2001 年。[①] 美国纽约双子大楼恐怖袭击发生那天，我们班几个同学不约而同奔向"老陈火锅"，在那儿可以收看重庆卫视的直播，"老陈火锅"还自发聚集了其他几桌的人大学生，足见大家的心意相通。于是几桌人边看直播，边感叹逝者的不幸，也批驳美国自己种下恶果产生了这样的悲剧，几桌人甚至站起来在火热的火锅前举杯，感慨天有不测风云，人有旦夕祸福，吃了火锅回宿舍睡觉吧。也记得"老陈火锅"的老板很积极，跟我们一起对着电视直播起哄，还给我们提供靠近电视的位置，一改以前抠门的形象。

"老陈火锅"更是我们学期结束庆祝的地方。每到期末考试结束，"老陈火锅"就人满为患，学子们暂时放松后的兴奋和热闹，配上那热气腾腾的辣汤，或加上夏热的暑气，还有桌上的啤酒，火锅店里的气氛简直到了要爆炸的程度。各人总结着一学期的收获和教训，憧憬着下学期的改变，情绪宣泄在火锅翻滚的汤料中，遗憾留存在杯中之酒中。"老陈火锅"总是能让学子们从紧张到放松，再重归热情和兴奋。火锅虽然低廉，但更让我们觉得可以亲近，可以倾诉，无须顾忌什么，而这种轻松感在别的地方无法轻易又廉价地获得。

后来随着中关村的飞速发展和城中村的整治，人民大学西门这些杂乱的街巷都消失了，取而代之的是高楼大厦，是北京最贵的住宅区之一，是北京最好的中小学学区之一。"老陈火锅"因拆迁而消失了，我们毕业后也各奔东西，有了自己的事业、自己的家庭，也"不屑"于去"老陈火锅"这种地方吃饭。不愿再去"老陈火锅"这种餐馆，无可厚非，时代在进步，生活方式在改变，生活条件在提升，"老陈火锅"的环境和卫生条件确实已经不容于这个社会，这是我们社会进步的一个体现。

---

① 虽然 2001 年已经本科毕业，进入硕士学习阶段，但在"老陈火锅"发生的故事仍然代表着人大的生活，与本科阶段并无区别，因此也在此文中讲述。

　　但是，在本科毕业 20 周年之际，回到学校，回首过去，沿着时间线串起点点滴滴，"老陈火锅"仍然可以在其中醒目地出现，它代表了我们曾经有过的青春，有着任何地方和任何时候不能再体验到的放松和肆意妄为，没有高档餐馆中的那种刻意包装，没有商务宴请中的严肃拘谨，也没有家人聚餐中的长幼规矩。因此，纪念"老陈火锅"不是要否定现在生活消费的文明和进步，而是追忆我们 95 级本科生那一段 20 岁左右学生岁月带给我们的潇洒，这才是对我们毕业 20 周年与母校共同庆祝的最好纪念。祝同学们和人民大学前程似锦，永创辉煌！

二十年
青年磨成中年
添了油腻　多了达练

二十年
女孩变身女神
去了青涩　多了韵颜

二十年
密云水库边种下的树已然参天
东区食堂的水煮肉还让你垂涎

点名系列

"800人"里的你，成就了今天的我

95 文史哲实验班　李　海

"800人"里的你

　　5 月的一天，收到耿老师的任务：收集当年 800 人大教室的演出照片。我爬到阁楼的角落，翻开一个落满灰尘的纸箱，厚厚的一摞照片打开了记忆的闸门。

　　本来不想写什么，说实话是怕自己的文笔给中文系的同学们丢脸。可是和老同学施艳聊着照片上的情景，那段时光中的一切记忆、情感犹如洪水般扑面而来，内心控制不住地跌宕起伏，我热泪盈眶又故作镇定地对微信另一端的施艳说：谢谢你，聊这些回忆很美好……感觉自己心理健康了好多（跟着一个捂脸哭笑的表情）。

　　她回：需要倾吐一下，因为那个记忆平时是感觉不到它存在的。

是呀，我把对自己此生影响很大的一段记忆，封存在了角落里，落了灰。20年来，偶尔到北京和同宿舍的兄弟聚会，也越来越少地聊到当年的细节，话题往往都是当下，乃至行业交流。

有一种奇怪的力量，让我们都不得不沉浸在现实的生活和工作里，哪怕抽离片刻也成了奢侈。

今天，既然我从角落翻出这个箱子，那就从里面取几样，和亲爱的同学们一起奢侈一下。

△李海寄出的落满了灰尘的"小盒子"

碎了一地的"东北面子"

我是1996年进的人大话剧团，当时的团长蒋学涛正在为年度大戏《暗恋桃花源》招募团队，导演是中戏导演系的一个漂亮的大四女生。我有幸被选中饰演剧中的"老陶"这个角色。新闻系的王小节饰演我的妻子春花。

入团之前，我其实没有经过任何戏剧的专业训练，完全是好奇，觉得好玩，或者也可以说，合唱团人太多，没有出风头的机会，对，这个是重点。

顺便插一句，我是报了合唱团的名，当时面试时，记得同一级的骨干赵音奇评价我说："你音域很高，适合男高音……"（哈哈，老赵，你记得吗？）

入团没多久开始排练了，导演让我们一个个站在"800人"的舞台上念台词。我有一句台词——山河破碎。刚念完，导演说："停，再念。"

"山河破碎。""再念！""山河破碎！""再念！！"我急了："导演！有问题吗？！"导演说："你觉得你没问题吗？"

我愣了半天，旁边几个同学已经笑趴了。这里的梗可能会有人知道，东北人读"破"这个字的发音是"pe"，而且浑然不自知。导演说："你跟着我读，山河po碎。""山河pe碎。""po碎！""pe碎！！"场下已经人仰马翻，我红着脸完全蒙了。

最后导演也没辙了，说："我给你一个建议，你回去拿一个录音机，把你念的台词录下来，自己听听，再和别人的发音比较一下。"

带着屈辱，我非常听话地这么做了，然后才发现我一直非常自信的普通话原来有这么大问题。

大学里第一次和同学争论东北人的普通话，是军训的时候和一个国贸系的北京帅哥（忘了叫什么了，所以顺便寻找此人），我非常自信地说我们东北人的普通话是最标准的，比北京人标准。

听完我的录音，"pe"字如晴天霹雳，"东北普通话"的高大形象瞬间崩塌了！之所以要提这件小事，是因为对于我而言它一点都不小。从那时起，我真的对语言艺术有了敬畏之心，特意训练自己纠正所有的不标准发音，练吐字归音，以至于后来可以顺利地通过"普通话测试"，拿到"一级甲等"，为成为新闻节目的主持人奠定了基础。

《暗恋桃花源》里的"绿帽子"

舞台剧的排练过程辛苦而有趣。导演为了让我们这些清纯无知的小白体验人物的内心世界，讲各种故事，包括黄段子。

《暗恋桃花源》这部戏毕竟是展现复杂的情感纠葛的，我演的老陶戴着绿头巾，也真的戴了"绿帽子"。连"帽子"怎么戴都没搞懂的我，要表现"帽子"绿了的感觉，难度可想而知。

导演是怎么让我知道"绿帽子"的感觉的，我就不说了，免得被小编[①]和谐掉，反正结果就是在演出结束后，认出我的人都叫："哎，老陶！"我一个师姐在食堂吃饭，坐在我对面，盯着我说："怎么看你都觉得你是老陶……"我的天啊，这是表扬还是……好吧，师姐，谢谢你的表扬。

为了让我们的肢体语言更有表现力，导演会让我们做各种训练，训练我们放下自我，放下面子，演动物，演疯子，摸爬滚打，哭笑怒骂，转瞬之间你可能经历了各种生物形态、各种人生。

《暗恋桃花源》里有个情节，表现的是老陶、春花、袁老板三人复杂情感的痛苦，三个人都想以死发泄，纷纷做出要死的架势。

排练时，导演让我们所有演员一起发挥想象力，想出一种死的方式，而且不许重复。于是，十几个人一个接一个出列"去死"，从简单的割腕、吃药开始，后面演的人只能越来越离谱地发挥，出现了"自己把自己掐死""做俯卧撑累死"这样的无厘头方式，结果，我们正式演出就是采纳了这样的方案，让三个人的寻死之路显得荒诞可笑，可恰恰观众的

① 指人大95级同学毕业20年返校活动的微信公众号的编辑。

反应就是：爆笑过后，一片沉静。是的，喜剧的背后就是悲剧。

一入社团深似海，从此再无星期天。一部复杂的话剧要用两三个月来排练，我和小伙伴们在这样的日子里沉淀了纯洁的友谊。没错，真的纯洁啊！好多人都觉得我和王小节一直在演热烈的男女关系（还有一部《洒满月光的荒原》，我俩也是演恋人，而且小节的角色是被人欺负怀了孕。我的天，在剧里我头顶好像都是绿的！），就没擦出火花吗？事实是，真的没有！嘿嘿，我这样说，你们会浮想联翩吗？尽管小节现在是央视北京记者站的站长，但毕竟我不出名，就算老实交代，也上不了热搜，还是算了吧。

《洒满月光的荒原》后的新生

对，就像上面说过的，这次我又"绿"了。不过这时到了1997年，我和小伙伴们已经算是专业的业余演员了，我"绿"得更有水准了，而且我们都发自内心地爱上了话剧表演。

这次的导演是原中央实验话剧院、现中国国家话剧院的田沁鑫老师。当年，田导还默默无闻，现在可是了不得，已经成为中国当代最具实力和影响力的舞台剧导演。

这部戏很沉重，讲述一群将青春奉献给"北大荒"的垦荒队员的凄美爱情故事：马兆新（由我扮演）无法接受女友细草（王小节饰）被奸污的事实而亲手将其嫁给了一个马车夫；宁姗姗替爱人苏家琪奔赴战场英勇牺牲；同样爱恋苏家琪

△当年给我们导演《洒满月光的荒原》的是原中央实验话剧院、现中国国家话剧院的田沁鑫老师

的李天甜则最终被疯狂的沼泽所吞没。

就像编剧李龙云先生所说的："在这里，'荒原'不仅仅是个空间概念，还是个心理概念……人，总要某种信仰的支撑才能生存。但当旧有的信仰在人身上逐渐失去力量，而生活往往又不能迅速提供一个新的信仰来弥补人精神上的空虚时，人的头脑里就会出现一个可怕的空间，人性的天平随之打翻，人性开始流动。这种'两次信仰之间的状态'，就是心理荒原状态。"

演出后聚餐，我们团的人和导演一起喝到一塌糊涂，抱在一起痛哭。哭啥？为演出的成功？为几个月的付出？为战斗的友谊？为了喜爱的话剧？说不清，反正就是一个劲地哭。不过那时我个人确实发生了很大的转变。

△当时我宿舍的兄弟们都在帮忙做剧务，他们都是幕后英雄，感谢他们，干杯！

作为一个生于东北长于东北的山东人后裔，我从小就被"学而优则仕"的思想左右着，从小学到大学，一路都在追逐"当官"的目标。班委会、学生会、社团，我总想拼个一官半职，似乎只有那样才会证明自己的价值，被家里人说有出息，甚至还会成为爸妈炫耀的资本。甚至还想过毕业留在北京哪个部委，将来要衣锦还乡。于是我一直按部就班，拼命地往前冲。可是，突然，如果我发现，我跑错方向了，会怎样？

"两次信仰之间的状态"发生在马兆新身上，"两种人生目标之间的状态"发生在我身上。

真的是话剧团的经历改变了我，解放了原本向往自由的我。透过很多剧中人物，我感悟到了人生的多变、无常和多种可能性，我开始关注自己的内心，而不在乎别人要我怎样。

1998 年春季开学后，我放弃了所有能放下的学生会、社团职务，放弃"仕途规划"，开始了新的目标——成为一个媒体人。于是就有了后来一位快乐的福建电视台记者，一位有内涵的主持人，一位干练的制片人，一位不怎么会当官的新闻中心副主任。哈哈，毕竟要结尾，让我自卖自夸一下哈。不过我已经告别媒体 13 年了，这 13 年一直在做一个女同学可能会感兴趣的行业——医疗美容。（小编注：有兴趣的同学回复后台可以联系李海哟。）

这里分享的，是我青春岁月中最美好的回忆，最为重要的转折。感恩话剧团的伙伴和老师，感恩"800 人"大教室的舞台，感恩我亲爱的人大。当年 800 人里的你，无论台上台下，都绝不是照片或者记忆。他一直都在，他成就了现在的你，他还在你心里。

也在我心里。施艳，你说呢？

那些年打过的工

95 企管　施　艳

95回校系列（一）

作者：李海

"800人"里的你，成就了今天的我

……

这里分享的，是我青春岁月中最美好的回忆，最为重要的转折。感恩话剧团的伙伴和老师，感恩"800人"大教室的舞台，感恩我亲爱的人大。当年800人里的你，无论台上台下，都绝不是照片或者记忆。他一直都在，他成就了现在的你，他还在你心里。

也在我心里。施艳，你说呢？

1

有人说天秤座是最觉得自己有病的星座，我是典型。

2013年夏天去深圳送师兄华健斌，他是心梗突发走的，在38岁盛年。我想起1999年的初春，我坐了十几个小时的绿皮火车南下深圳报到，第一次见到华健斌，他说一定要做到主任级，果然，他去世时的职务是中兴集团财务公司总经理。

南下深圳第一个见到的是"奚先生"——奚丹，我记得当时就是这么称呼他的。他是中兴的 HR，我们人大的几拨都是他面来的，他现在是腾讯总办的高级副总裁；第二个见到的是窦瑞刚，我们都叫他"豆豆"，自从他担任了腾讯公益基金会秘书长之后，我们尊称他"窦师兄"；第三、四个见到的是我们同一届到深圳的许伊茹、林晓颖，她俩是南方人，比我到得还早；然后是 94 级的陈仁忠、华健斌，我们那时候叫华健斌"华仔"。

93 级的王昌国是我们的大师兄，也是到中兴的第一个人大人，他时常调侃："亡（王）国昌国都是我。"我们特别感谢他，正是他出色的工作表现，才给了师弟、师妹们机会。所以现在我和同事们经常说三个"尊重"，即尊重年长的（尊老爱幼），尊重专业的（举韩寒踢足球打台球的"栗子"），还有尊重先来的，正是因为他们的努力才创造了我们的就业机会。送华仔时，这些人都到齐了。此外还有 94 级的李硕，也是我大学入学报到那天接我的师姐。

△送华仔那天，我们一起回到深圳莲塘曾经的宿舍前合影，唏嘘物是人非。那时候的中兴很先锋，吸引了大量有理想和热情的年轻人。

1995 年大学报到那天，我父母都没有跟来，我记得和我父亲在上海火车站把包裹托运了以后，他替我把行李箱拿上火车，那个行李箱很贵，是我小姑花了 400 多元在淮海路买的。我和我父亲就此别过，既没有挥泪，也没有背影。直到一个星期以后，我才在宿舍蚊

△ 1998 年商学院第一届"风之韵"（商学院主办的全校性文化活动，第一学期是"风载我歌行"，第二学期是"风之韵"）

帐里面哭了一鼻子，理由好像是感冒了。

我在火车上碰到了第一个女同学，她叫姚莉莉，新闻系的。我拿到录取通知书的一刻就想知道谁取代了我的第一志愿，真巧啊……现在想想，学经济也挺好。

那时候京沪铁路还需要开 17 个小时，火车快到北京站时，睡眼惺忪的我狐疑着：那些桥下面的河床，它们为什么是干涸的？后来才知道是向下挖的立交。

报到那天，在学一楼摆摊迎接新生的还有一个帅哥叫郝兵，他帮我提行李，从东门步行到西门。我记得他很高，操着沈阳普通话介绍我们系的名牌活动"风载我歌行"，我迅速记住了它的 slogan：风载我歌，歌载我行，我歌风歌，风行我行。

20 年过去了，这个活动已经变成了全北京大学生的音乐盛会。

去深圳报到的那个初春，莲塘还是一个工业园区，在 710 栋能隐隐闻到从对面香港郊区吹来的气味，有人说那里有一个养猪场。几个师兄用平板车帮我拉床板和简易衣柜，那是我在这个社会开始立足的全部家当，现在想来依然心里暖暖的。

那时候不拼爹，校友情是可以支撑艰难度日的。何况青春年少哪有什么艰难？

在莲塘的小饭馆聚餐，华仔总是最后一个到，他要加班。他说他的理想是做到主任。中兴很长时间以来的岗位是按照科长、部长、主任、副总裁、总裁五级设定的，这个很"国企"。

那时的中兴没有像现在因为中美贸易战而举世瞩目，我去中兴，纯粹是因为工资高。1998—1999 年，中兴能开出 7 万～ 12 万的年薪。

在金融危机 + 公务员分流的双重夹击下，上世纪末"继往开来"的毕业生就业形势并不乐观，在那个时代的我看来，一个职场小白，选择就剩下两种：工资相对高、培训相对多。工资高说明它的人均效率高（所有坑蒙拐骗的单位除外），培训多说明附加值高。我们这些一脚踏入通信行业的同学，多半是不知道踏入了民族通信业风起云涌飞速发展的 20 年。

△ 2004 年随商务部出访非洲时在巴黎转机，打卡巴黎圣母院，如今的哥特式塔尖已经荡然无存

后来我们95级的几个经常去师兄合租的屋子蹭饭，一起看2000年那场盛况空前的女足世界杯，一起去老东门蹦迪、华强北淘货，遇到工作中想不通的问题，一起吐槽。只有华仔会说：等到明年你们就不这么想了，因为习惯了。

再后来，2000年下半年，因为运营商的投资下降或者是受互联网泡沫破灭波及，总之我们遭遇了"分流"。"分流"大意是工作年限不足2年的都要去市场一线。然后，许伊茹去了广州，林晓颖去了巴西，人都散了。又过了一段时间，我也被派到了北京。

我们这拨人很久都不再聚会了，大家纷纷进入了快车道。但知道大家都过得挺好，似乎华仔的生活要经营得更有规划一些。偶尔有他在的时候，我就半开玩笑回忆起在莲塘小饭馆他所谈及的理想。是的，那遥不可及的理想都实现了，可是他走了。如今华仔走了快6年了，我手机里依然存有他的手机号，我们都很想念他。

2

从深圳回来我感觉自己也要心梗了，背了holter做了平板查了彩超，也没查出什么，大夫说倒是40岁左右的男性容易心梗。3年后，我在北京八宝山又送走了一个同事，何平，他也是突发心梗，42岁。1998年在长安大戏院的"中兴之春"团拜演出后台，是我第一次见到何平，我那时候企图留在北京，和他搭讪，他除了说他叫何平之外，再没多说什么。

那时候，中兴的创始人侯为贵，56岁，华为的创始人任正非，54岁。华为的年销售额不到100亿人民币，中兴和华为的差距非常小，在某些市场、某些技术领域中兴甚至是领先的，比如CDMA、PHS（现在的年轻人恐怕很少听说在固话往移动电话发展的进程中还有小灵通PHS的存在），以至于任总写下了著名的《华为的冬天》。

△ 2000年给小灵通拍的产品册照片

那时候，中兴、华为正以牛和狼的形象对簿公堂，没几年就烧到了海外。

那时候，巨大金中华、烽火普天下的热闹，还没有互联网巨头什么事儿；深圳第一届高交会上观众因为一个企鹅公仔疯抢，我不知道若干年后腾讯会是我的第二个东家；金山新上任的CEO叫雷军，我更不知道他会是我的第三任大老板。

那时候，我们提倡干一行爱一行，我以为会在中兴干一辈子。

时间过去太多了！

那是"科技以人为本"的诺基亚如日中天的时代，爱立信还是刘德华和关之琳代言，每年秋天在国展举办的国际通信展热闹过现在各种时髦的展览，盛况空前的标志就是美女如云，人流如织。

我们仰望国际馆的摩托罗拉、北电、朗讯、爱立信、诺基亚、西门子、NEC、阿尔卡特们和展位上的美女，如同仰望星空一般。

"初生牛犊""乳臭未干"是描写职场新人特点的，我现在看到那些刚毕业的孩子，就想：愿你们能够保持内心的纯真和不畏时事的勇气，久一些再久一些！

时间过去太多了！

当诺基亚西门子上海贝尔阿尔卡特朗讯这些如雷贯耳的名词不需要加顿号就联袂出现时，通信业的大洗牌已然在进行中了。这标志着中兴和华为披荆斩棘，在国际市场杀开了一条血路，中国通信业市场的"七国八制"宣告结束。

那时候的腾讯已经上市，年轻人用着QQ，没有人会想到这个憨态可掬的企鹅后来一度成为亚洲市值最大的上市企业。那时候腾讯去找中国移动谈电信增值业务分成的难度不亚于中兴、华为卖设备给运营商，还在实行双向收费、富得流油的中国移动，飞信用户增长迅猛，也不会想到有一天会被微信"OTT"（过顶传球）。

时间真的是过去太多了！

当"北京欢迎你"唱响在鸟巢时，中国移动率先试商用基于中国标准的3G网络TD-SCDMA，半年后，3G的三张牌照（另外两张是欧洲标准WCDMA和美国标准CDMA2000）悉数正式发出。

2009年的人们不知道3G究竟意味着什么。除了传送彩信可以更快一点，也许还能传个文件？人们不知道，移动互联网的滚滚车轮已经呼啸而来……

一年后，小米、美团诞生，2011年1月微信上线，2012年滴滴、今日头条诞生。2014年年底，小米成为当年全球估值最高的独角兽明星企业，世界上也有了除BAT之外的另一个组合：TMD。

转眼，毕业快 20 年了！

回想自己踏入 ICT 行业，完全是老天的安排。黄仁宇治历史喜欢看横切面，而如果让我去纵切 ICT 行业发展 20 年，则会吃惊地发现，自己误打误撞走在了通信制造业、（移动）互联网、物联网的这个发展脉络上。

1996 年夏天，我和人大商学院的师哥师姐跟随黄卫伟、杨杜、包政老师（华为六君子中的三位）去华为，华为创始人任正非总裁站在会议室门口，毕恭毕敬地给每个人发名片表达他做《华为基本法》的初衷，毕业时我却去了他的竞争对手中兴通讯。

△ 1996 年夏天，我和人大商学院的师哥师姐跟随黄卫伟等老师去华为，
彼时，后来名噪一时的《华为基本法》刚开始研究

记得那天骑自行车去投简历，我在人大旧图书馆门前的招聘栏多看了一眼，手里的简历本来是去投建行的，自行车调转方向投去了中兴。

拿到中兴的 offer 后，一天在学院楼门口遇见黄卫伟老师。他问：你怎么不去华为？我问：去华为能做什么？他说：做秘书，干好了可以转业务部门。我说：去中兴可以直接到业务部门。

确实，直到现在我仍然认为论单打独斗，华为人不一定比得过中兴，但是论团队作战，中兴就短板了，这里面的原因很多。我感谢中兴，从一无所有的穷学生，到立足社会，我在中兴收获很多。

6

刚进人大时，同宿舍的北京姑娘李婷婷带我去她妈妈学校礼堂看演出，乘公交车坐到木樨地，看到"木樨地"这个名字觉得实在是好笑。

没想到我从深圳派回北京，在木樨地国宏大厦进进出出达六年之久。

那会儿租了会城门的房子，一个人住两居室，月租金1900元。刚开始也不知道省钱，后来才知道可以找一个合租的分摊租金。中联部的大高楼还没有盖，河边有很多小饭馆……

在国宏大厦的那段岁月，我完成了从小巴拉子到小头目的转换，也解决了房子和车子，变成了某人的妻子。

那时候买房子和买车子只差30万元，以至于现在每天开着车都觉得驮着半套房，唯一的好处是家里不需要为买车而苦苦等待抽签摇号了。

在中兴长了不少见识，去了不少国家，出入了不少场所，也见到了不少名人。这些没有影响到我的价值观，做一个本分的职业打工者是我的定位。

2010年年底，米聊上线，一个多月后，微信开发成功，433天实现了用户从零到一亿的增长。从来没有用过QQ的我看到hotmail挂掉了，觉得可以加入腾讯了。

加入小米，则是一个美丽的意外。越是靠近的记忆越模糊，这一段，要留到30年返校去写。

7

逝者如斯夫！

有人说人大学生是脑袋瓜子加笔杆子和嘴皮子，回首打工岁月，我觉得还应该加上"弯得下腰，抬得起头，沉得住气"。

往者不可谏，来者犹可追。

可是聪明的徐立盛，你告诉我，我们的日子为什么一去不复返呢？

聚·二十年

95 商品学　徐立盛

95回校系列（二）

作者：施艳

那些年打过的工

……

回首打工岁月，我觉得还应该加上"弯得下腰，抬得起头，沉的住气"。

往者不可谏，来者犹可追。

可是聪明的徐立盛，你告诉我，我们的日子为什么一去不复返呢？

二十年
青年磨成中年
添了油腻　多了达练

二十年
女孩变身女神
去了青涩　多了韵颜

二十年
密云水库边种下的树已然参天
东区食堂的水煮肉还让你垂涎

二十年
学二变成了东风
学活边已找不到那家犇羴鱻

二十年
已记不清老师的嘱托
却还想得起女神的容颜

二十年
实事求是的大石　硬硬的还在
学子的牵挂　柔柔的依然

商品学啊
我们很小　一年一班
三十四个兄弟姐妹
天南地北　十一女二十三男
我们又很大
我们的辩手捧得桂冠
我们的接力赛跻身前三
还有我们的足球和篮球队
场上场下　声势震天
更别说我们那群爱学习的姑娘了
晶晶　吕南　小鸡蛋

还记得我们做过的的实验
小心翼翼　瓶瓶罐罐
还记得我们的草莓酱
没有添加　润润甜甜
还有那件扎染 T 恤啊
一亮相　就那么亮眼
二十年很长
你我已经天各一方　难得一见
二十年很短
当年的记忆时常出现在眼前
二十年前
你我从中关村大街 59 号分别
二十年后
我们期待在这里相见

10 月 3 日，我们相约
人大同欢
徐沁园，你来吗？

大三的那个夏天
——机房、世界杯和笔仙

95 信息　徐沁园

95回校系列（三）

作者：徐立盛

聚·二十年

……

二十年后

我们期待在这里相见

10月3日，我们相约

人大同欢

徐沁园，你来吗？

Lights the traveller in the dark.

大三的那个夏天，北京地震了。

好像是 6 月份，距离大三的期末考试还有一个多月。

人大东门北侧的学一宿舍楼，也是我们系女生从大二开始入住的宿舍楼，出现了裂缝。楼北面在建工地的一个大坑，被指挖坏了宿舍楼的地基。这个大坑后来盖起了现在的文化大厦。

于是学一楼成为危楼，要尽快维修，不能再住。

楼里的各系大部分选择提前放假，唯独我们信息系，提出了一个继续上课直至正常期末考的奇葩方案：女生们集中到信息楼的机房去住一个月。

为了写这篇回忆我上网查了一下，发现1998年只有1月发生过张北地震时，我有点懵。

但在机房住了一个月这事儿是不会错的。

信息楼二层整个儿封起来，作为临时的女生宿舍。大二和大三两个年级各一个大机房，挨着两边的墙放满长条桌，再铺上宿舍搬来的褥子，齐活。

△那时的信息楼，现在已经改成了理工楼

我们班一共17个女生，17个人在一间房里睡了一个月，这是我住过的时间最长、人数最多的大通铺。

机房没有窗户，门是玻璃的，我们是不是往上糊了报纸？记不清了。

机房里是满顶的日光灯，我们是不是也按时自己熄灯来着？记不清了。

大家似乎支起竹竿挂上了蚊帐，机房里有蚊子吗？记不清了。

铺面到底有多宽，桌子到底有多硬？记不清了。

那么多人睡在一间屋里，有没有过吵闹失眠？记不清了。

没课的时候我们会带着兔子到信息楼前的花坛里偷吃青草，封闭机房里哪儿来的兔子？！记不清了……

写到这儿我简直要扔下笔，合着这一连串记不清就是我的"回忆"。

有理论研究说，人对过去的记忆其实是不可信的，因为很多模糊不清的细节，会被下意识的想象所替代。

记不清就记不清吧，想象就想象吧，反正，在机房里住的这一个月，于我们是很特别的大学经历。

其实刚想起住机房这事儿的时候，我还有些混淆，究竟是1997年还是1998年。但另一件事儿让我明确了时间点——世界杯。我们班女生里好像没有真球迷吧？至少我印象中没有。不过看世界杯的新闻可是当时一大乐事。那时没有电视和网络，只有报纸。是谁拿来的报纸？什么报纸呢？也完全不记得了。

体育版连篇累牍都是帅哥照，印象最深的，是大家纷纷传阅的某球员对贝克汉姆的评价：

"他太帅了，在场上遇到他，我都不知道是应该传球，还是应该上去亲他一下。"

就是那个时候，我知道了齐达内、罗纳尔多、贝克汉姆、欧文……直到现在，这也几乎是我足球知识中的最大储备。

另一大娱乐盛事是玩笔仙。

作为女生宿舍的这段时间，信息楼这两层就没有再出现过男性的身影，大楼门口也特意安置了看门的大妈。用大家的话说："阴气太盛。"

是不是阴气盛了，就会出现灵异的想象？

笔仙这项娱乐，不知道是从什么时候、什么人开始兴起的，但它确实只出现在信息楼里，之前之后在学一楼宿舍我们好像都没有玩过。

△ 那时的信息学院和我们

机房门外有个小厅，那个类似柜台的大台子就是我们的娱乐室。一角堆着世界杯的报纸，一角放着玩笔仙的白纸。

两个人并排坐下，铺开白纸，挨着的两只手十指交叉，中间竖直地放上一支笔。

有特定的咒语，大概就是"笔仙笔仙请出来 / 请回去"之类的，用来呼唤和送回笔仙。呼唤不一定能来，来了必须要送回去。

当呼唤之后，笔在白纸上划下大于 5 公分的道子，就说明笔仙来了。然后就可以提问，由它在纸上写出答案。

由此，我们陆续知道了每个人生命的秘密。

包括什么时候结婚、能有几个孩子、老公姓什么、暗恋的男生是哪里人之类一切问题的答案。

它就像孩子想象出来的小精灵，写出一些你自己想要猜测的答案，陪着你玩。

让我们对笔仙惊诧莫名的，是 W 有一次玩的数学计算：提问一个心算不出来的两位数乘法，它快速写出正确答案。在看起来没有用计算器的情况下，这真的很能唬人。

所以这到底是怎么做到的？现在问起，她也已经记不起来了。

其后很多年，每次看到出现叫做"笔仙""碟仙"的垃圾恐怖电影，我都会想起心中可爱的小宠物——笔仙。

人时常喜欢回忆，回忆过去的美好时光，其实也是在回忆那时年轻的自己。

二十多年过去了，学一早就改了名字，那个大坑已经是高耸的文化大厦，而信息楼也变成了理工楼。

只有那个夏天，还留在我们的记忆里。

林晓颖，你呢？

记忆的微光
——致我们与人大有关的青春

95 国经　林晓颖

95回校系列（四）
作者：徐沁园

大三的那个夏天
　——机房、世界杯和笔仙

••••••

人时常喜欢回忆，回忆过去的美好时光，其实也是在回忆那时年轻的自己。

••••••

只有那个夏天，还留在我们的记忆里。

林晓颖，你呢？

其实一直不太敢写关于大学的回忆，不知道是不是上学太早的缘故，大学阶段心智成熟慢半拍，懵懂的时间居多，然后好像又在岁月的裹挟下仓促地塞进了太多东西，林林总总，年纪大了生怕记错。

20 周年返校，同学贺翎来约稿，想想，还是写点吧，只是时间久远，难以系统描述，只能将记忆中零散点滴撷取一二，点缀一下各位同学回忆录的灿灿星河。

从哪里说起呢？就从到北京的那天吧。

高考填报志愿时，因为对首都的谜之向往，所有的志愿都填了北京的院校，又因为对国际贸易的迷之爱好，第一志愿便选择了北清人中唯一在福建招国经贸的人大。

火车到站是早晨，天空阴霾飘着雨，九月初在南方还是夏季，可在北京的雨中已然入秋，我穿着 T 恤热裤扛着行李出站时，被凛冽的空气激出了一个大大的喷嚏，这才明白郁达夫写的"一层秋雨一层凉"是神马意思。

我可能是班里唯一没有家人陪着入学的，好在北京的亲戚倾巢出动，接车，办入学手续，整理宿舍，购买生活用品，设宴洗尘，如家人般温暖了那个寒冷的早秋及其后的一千多个日子。

于是在北京学习生活的大幕徐徐拉开，舞台色彩斑斓，剧情五味杂陈，青春的底色又是那么热情、明亮，充满生命力。

关于口音

入学第一波冲击就是来自五湖四海的同学们的南腔北调了。有次一位东北同学问我"赶不赶趟儿"，我以为这是是否赶时间的意思，于是笑呵呵地回复"不赶不赶……"后施施然走了，留下那位同学在风中凌乱；还有一些省份 l/n, shi/si 等不分，不一而足，常常有同学被逗着说一些有趣的绕口令；然而作为一名土生土长的胡建人，大胡建口音一出，谁与争锋？

记得当时学九楼下小卖部的北京阿姨从大一开始纠正我的普通话发音，整整纠正了四年，最后还有一个 in 死活发不准，恐怕也是她的人生憾事吧。当然经过四年的语言环境洗礼，同学们尤其是女生的普通话都有了长足的进步，相比刚入学时大有提高。

关于军训

开学没多久就是军训了，我们军训是在河北涿州赫赫有名的 38 军，为期大约一个月。

据说军训在男女生方面的关键词不太相同，对于女生而言是"黑、饿、胖"，男生则是"黑、饿、瘦"。

军营生活特别有意思，首先38军没有女兵，故我们进驻的都是男兵宿舍，以前常常有人说最尴尬的事是走错男厕所，而我们这下是明目张胆地尴尬了一个月。

△黑胖如我

然后就是叠豆腐块、拔军姿、饭前拉歌，熄灯后偷偷点蜡吃零食 & 打牌，以及半夜集合拉练，披着军大衣通宵站岗。简陋的宿舍没有窗帘却睡不醒，食堂的饭怎么都吃不饱，拔军姿拔得腿肚子抽筋，军装上积着洗不掉的白色盐花。

最后的射击考试，八百度近视的我在根本看不见靶子的情况下居然打出了8环的好成绩，惊喜意外之余只听班长在旁边淡定地说："有人打到你靶上了。"

咳，真心感谢这位英雄，希望我的子弹也能造福别人的靶子吧。不管怎么说，总之最后挥泪告别军营和班长，又黑又胖地返了校。

关于社团

作为从小学到高中都混迹于校合唱团的"校园小歌手"，人大合唱团必须是我第一个打卡社团。

当时的排练在阶梯教室，团长请了中央音乐学院的老师来教学，老师非常专业，不用麦克风的歌声气势磅礴地响彻了整个阶梯教室，让我们肃然起敬。教我们气息和发声的时候，老师要求我们气蕴丹田，并想象自己的腰腹部是一个结实的大花盆，而声音是从这个花盆里长出的细细花茎，经由胸腔延伸至后脑，然后在头顶开出一朵花来，她说："学美声的，腰都细不了。"女生们闻言都忧心忡忡地摸了摸自己的小蛮腰。

那个时候最开心就是晚上排练完，在树影斑驳的校园道路上，仗着天黑，一边骑车一边旁若无人地大声唱歌。在合唱团期间我们排过许多经典曲目，如《黄河》系列、《祖国颂》、《在银色的月光下》、《拉骆驼的黑小伙》等，也经常参加一些校际的演出和比赛。

另一个社团是我们系自己组织的舞蹈团，叫"红舞鞋"，是我们当时的女生班长杜乔和一位专业的舞蹈演员同学周加李创办的，舞蹈团网罗了系里从大一到大四喜爱舞蹈的一

批男孩女孩。

△ "一二·九" 合唱比赛

参加过多次春晚的周加李是一位很棒的老师,我们在她的指导下挥汗如雨地练功,不顾伤痛地排练节目。在周加李同学专业能力的加持下,我们的苦练成效显著,国经系的几个舞蹈作品《中国娃》《青青世界》《长大后我就成了你》等横扫学校"五四"文艺汇演,并代表人大参加了"97香港回归北京高校巡演"。团员们也在这一过程中结下了深厚的友谊,一直延续至今。

关于《风景》

中学时代我曾经与一伙喜欢写字画画的男女同学创办了校刊《三人行》,当时我们设计的LOGO居然与人大的校徽颇有异曲同工之妙,貌似一种冥冥中的缘分。于是当班委会策划创办班刊《风景》的时候,我也便兴冲冲地参与了。

现在看起来当时的《风景》,手写+手绘的版面精美,诚意满满,参与的同学们个个才华横溢,他们是:王小虎、赵

△当年《风景》的各期封面

耀、张治清、李林、刘海川、王心意、王春波、纪沫、杜乔、谢冰、陈艳梅、胡俊慧、王佳菲、李丽……他们文好、字好、画好，让我惊艳之余所学颇多。尤其记得有一期王心意同学贡献了一首英文小诗，韵律优美，含义隽永，真是亮瞎了我的卡姿兰大眼睛。

关于学习

作为人大1995年考分最高、学费也最高的院系，国经系当年是学霸云集，记得班里省状元（全省高考前十）就有十几位，因此四年来学习氛围浓厚，凌晨的图书馆排队占座，教学楼上晚自习，深夜的宿舍走道偷光练英语……都是那些年与学习有关的记忆。

20年过去了，当年的学霸们在各自的工作领域都颇有建树，拥有了自己的别样人生。至于我，遗憾的是本科学习后没有在校进一步深造，庆幸的是工作后正好赶上中国通信厂商开启波澜壮阔的国际化历程，有幸成为公司第一位国际商务的负责人，有机会去往全球超过30个国家，参与了几乎所有大T（跨国运营商）项目的商务谈判以及框架合同拟制签订，并带了许多公司国际商务的"徒子徒孙"（因中兴有以师带徒的传统）。

我相信，勤于学业，不负韶光，虽未必功成名就，但能让我们去想去的地方，做想做的事，在面临人生的各种选择时，能够从容淡定，不至于慌乱与窘迫。也借此机会感谢人大赋予我们知识与底蕴，感谢当时的班主任胡曙光老师、各位基础课及专业课的老师们四年来的传道授业解惑。

△班主任胡曙光老师的毕业赠言

关于离别

大一快到暑假的一天早晨，五楼停水，于是我拎着脸盆牙具往四楼水房走，突然迎面走来一个男生，额，说好的"一婶当关万夫莫开"的宿舍管理呢？我吓得大叫一声，扔了

脸盆就往楼上跑。后来才知道，四楼的学姐们那会大四毕业准备离校了，特殊时期允许男生上楼协助搬行李。每年的这个时候，基本就是各种放歌纵酒，度尽劫波兄弟在，西门一醉泯恩仇。

直到时光流转，轮到自己走到了这个岔路口。大四我有差不多半年在深圳中兴公司实习（那时一起去深圳的还有工商的两位非常优秀的女同学施艳和许伊茹，那是另外一段故事了），回校的时候已然错过了不少饭局和悲欢离合，但有限的几次相聚依然浓墨重彩，情深意切。

喝醉的时候仿佛能看见四年的时光从指间缓缓流逝，所有的风景都那么美丽，所有的面孔都那么可亲，所有的未来却飘忽如天边的云彩，然而时间终归是往前走着，并不为谁而停留。

△我们班足球队与部分女生在雨中的合影，足球队的成员有：赵万里、王心意、李林、薛峰、王锡蛟、王春波、司小超、朱吉、王小虎、张治清、赵耀、刘海川、罗越

行文至此，也是到了这篇唠唠叨叨的文字的尾声了，当然还有许多没来得及写上的，比如曾经一言难尽但现在则充满回忆杀的人大食堂，比如我们班足球队的追风少年们，比如已经永远消失的西门宝藏街和小市场，比如那些年我们游历过的北京景点，比如曾让南方同学尖叫而北方同学嗤之以鼻的北京的初雪，比如让我不小心进了医院的义务献血，比如东门的当代和双安，比如那年让女生们爱上巴乔的世界杯……

有些岁月
总以为是来日方长
有些情境
当时只道是寻常

杨柏生，你也来讲讲吧?

另：补上去年为人大玉兰花填的一首词，送给我们与人大有关的青春：

唐多令·人大玉兰花

浅草满芳洲，
沙鸥逐碧流。
剪剪风，又过西楼。
姑射严妆春几树，
残照晚，暮尘收。

新月上梢头，
寒烟锁别愁。
旧书声，曾入梦否?
最忆轻狂年少事，
天涯远，试吴钩。

人大人的青春往事

95 农经　杨柏生

FAVORITE MOMENT

95回校系列（五）
作者：林晓颖

记忆的微光
——致我们与人大有关的青春

有些岁月
总以为是来日方长
有些情境
当时只道是寻常

杨柏生，你也来讲讲吧？

　　在离开人大整整二十年之际，回望人生走过的岁月，大学四年时光留下的回忆是如此美好、如此难忘……

　　1995 年 9 月 5 日，是人大新生报到的日子。天空下着小雨，微微有点凉意。从北京站一出站，就能看到首都各大院校迎新的横幅，如同一面面随风舞动的鲜艳旗帜。在各色旗帜组成的海洋中，"中国人民大学农业经济系"分外醒目，也格外亲切。聚集在这面旗帜下，兴奋、激动的我们好像一下子找到了组织。

师兄师姐们冒着细雨，帮助我们搬运行李，一路上不厌其烦地介绍学校和本系的基本情况。一辆辆大巴车将我们带到了首都西北郊的人民大学。印象中，盼望已久的大学校园生活是从人大东门开始的。

我们班只有二十人，可能是全校人数最少的班级之一。同学们陆续到齐后，用带有方言的普通话自报家门。十八个男生，两个女生，其中黑龙江、山东、湖南、湖北、江苏、浙江、四川等省各来了两人，吉林、宁夏、河南、安徽、江西、广西等省区就来了一名代表，北上广深等一线城市则连代表也没有。

从这份名单中足以看出招生老师们的良苦用心，希望来自农村地区的学子们能在解决农业大国的"三农"问题方面有所作为。毫无疑问，各位同学都非常优秀，成绩了得，大多数是县市级以上的文理科状元，有的高考数学还得了满分，更有牛人在高中时就入了党。

此外，还有一位留学生，来自非洲中部的乍得。他一米九的高个，一口雪白的牙齿，一身黑得发亮的皮肤。经常坐在教室的最后一排，写得一手如蚂蚁游走的小字。课下交流时我们觉得他汉语说得不错，但要参与课堂讨论还是比较困难。在农业贸易学课间，他主动说起，乍得的棉花出口受阻，

△大老黑与年少轻狂的我们

原来的市场有很多被"Made in China"占领了，让我们从侧面了解到中国的国际影响。这位乍得小伙总是面带微笑，怪不得不久就有了个日本女朋友。

有一次，我和一位朋友在人大东门对面的当代商城闲逛时，突然，一个"大老黑"从背后猛拍我的肩膀。我们俩都以为是光天化日遇上了劫匪，吓得惊魂未定。没想到，对方马上露出标志性的洁白的牙齿："嗨！你好！"我才意识到是他。

当时学二楼514、515室是95级农经专业的大本营，门对门，有十六位兄弟居住于此，其他两位兄弟和两位姐妹散居在其他宿舍。入学当天晚上，两个宿舍的头等大事，就是完全按照年龄次序排出各位同学的尊位。在以宿舍为单位开展的活动中，都统一使用老大、老二等称呼。只有在外交场合或偶尔的不友好情境下，才称对方的尊姓大名，但叫尊姓大名，每次都觉得怪不舒服的。

不过，对于排行第八的最小的兄弟，东北人就按照他们的套路叫他老小或老幺。我们宿舍老小出身高贵，是典型的高富帅，入学时全家总动员，父母和姐姐借机来京游玩了几天，异常热闹，惹得我们这些寒门子弟好生羡慕、嫉妒，只有近观感叹的份儿。

△大学生活丰富多彩，在浩瀚的知识海洋遨游，岂能没有美酒相伴。醉卧 514 君莫笑，倒床酣睡梦更香

那时正流行看港台影视剧，有识之士结合老小的姓名，给公子哥取了一个异常时髦的名字"阿飞"。此名与他的身份极为吻合、相得益彰，大家不用举手表决，全部赞同。

直至今天同学们联络或聚会时，仍然会喊出那些熟悉的名字，让我们感到不管分开了多久，都还在一个宿舍，还是一个温馨的大家庭。

人大是每个学子心中的圣地，也是那个自己一天可以骂她千百遍却不许别人骂她一句的地方。作为新中国创办的第一所新型社会主义大学，人大在全国高校中排名靠前，曾培养过许许多多的党政领导干部。由于理工科专业方面的短板，人大只能屈居众所周知的两所著名高校之后，但在我们心中，第三把交椅非人大莫属。这种想法根深蒂固，几乎不容置疑。

有一段时间，社会上出现了不同机构评出的全国高校排行榜，人大被排在七八名甚至在十名开外，众人皆怒。河南人老四满面通红、一脸愤怒，把当天的报纸"啪"地一声狠狠地甩在桌上："你们看看，这是什么排名？"对面宿舍老大飞快地接过话茬："搞个啥子排名？纯粹瞎扯！"那几天，大伙儿特别郁闷，干什么都打不起精神。兄弟姐妹们对人大的忠诚与热爱由此可见一斑。

后来，《中国青年报》刊登了一篇宣称"今日大学生素质堪忧"的文章，提到了在人大调研发现厕所卫生差，原因是许多人上完厕所不冲水，由此得出结论说大学生素质成问题。对面宿舍有位兄弟看完报道后，愤怒地说道：这是负责任的报道吗？怎么做的调研？厕所卫生差明明是因为许多马桶不好使，竟然这样给我们人大人扣帽子？！由此还激愤地写了一篇读者来信发给《中国青年报》。

入学不久，男生们马上发现了一个严重的问题。本班男女比例严重失衡，应该是全校最高的9∶1。对于以人文科学著称的人大来说，这个数字可以载入史册。那些幻想能在大学谈一场轰轰烈烈的恋爱的男生，自然就要失望了。

不用说，两位女生成为比熊猫还要珍稀的动物，需要重点保护，严加看护。如果某天某堂小课有某位女生翘课，那必定会成为当天最热门的话题，男生们总是四处打听，直至问到水落石出方才踏实。

在"近水楼台先得月""肥水不流外人田"思想的鼓动下，个别男生跃跃欲试，开始主动进攻了。万万没有想到的是，一些隐藏在暗处的对手以迅雷不及掩耳之势，抢在本班男生前面。

军训刚结束，一位女同学就收到军训时部队班长寄来的一封更比一封厚的情书。另一位女同学的芳心也很快就被上大三的同门师兄俘获。眼睁睁看着本班两位女生先后花落人家，男生们很长一段时间都长吁短叹，没精打采，无地自容，只好拿"兔子不吃窝边草"聊以慰藉，眼睛向外，另谋出路。

幸运的是，在校学生会的牵线搭桥下，514室与中国政法大学一个女生宿舍结成联谊关系，此前的自卑情绪才一扫而光。作为对师兄的效仿，本宿舍两位兄弟也分别将丘比特之箭射向低两级的同门师妹，极大地为本班男生挽回了颜面。每个人都感觉到前所未有地扬眉吐气。

也有暂时失败的。对门住在上铺的一位老兄节衣缩食好几个月时间，在时任系学生会主席我们宿舍老六鼓动下，买了一束九十九朵玫瑰送给某系一位暗恋许久的女生，却遭到了冷冰冰的拒绝。老兄深受打击，闭门谢客好几个月，并在床尾的横梁上手书"禁欲"二字，以表心志。

那时每逢中午或晚饭后，隔壁宿舍总会重复播放两首经典的曲子：齐秦演唱的《无情的雨无情的你》和郑智化的《水手》。每次我们从学二楼中间的楼梯口爬楼时，就能听到熟悉的旋律：无情的雨轻轻把我打醒，让我的泪和雨水一样冰。风雨中，这点痛算什么。擦干泪，不要怕，至少我们还有梦。

或忧伤或悲壮的调子，总是在不经意间拨动我们无惧的心弦，激起我们青春的斗志，鼓舞我们屡败屡战，继续向着爱情的高地进发。

大学的课堂远比高中时丰富多彩。从日本东京大学留学归来的金洪云老师视野开阔，应邀给我们班开了个小灶——日文基础班。他还邀请自己的老师讲授日本农业经济管理课程，并亲自担任翻译。课程结束后，金老师还给我们每个人赠送了一条领带。

如今，我们大多数早已将所学的日文知识都还给了老师，只记得平假名、片假名等名词，但金老师"他山之石、可以攻玉"的理念让我们不再夜郎自大、孤芳自赏。

△日本教授课后与我们合影

郑风田老师幽默风趣、激情洋溢，讲授管理学原理时，兴之所至，有时会就势坐到前排课桌上慷慨陈词。他通过国外的管理学案例，引导我们学会从具体的管理问题中追寻不同的答案。

吕亚荣老师倡导实践出真知，鼓励大家从农村来，到农村去，深入基层一线调查研究，从农村生动实践中"解剖麻雀"、探求本真，让我们零距离触摸这个农业大国毛细血管的轻微搏动，感知江湖之远最底层社会的冷暖热凉，见微知著，一叶知秋。

夏阳老师认真严厉，讲授计算机基础知识，为我们播下了信息化的种子。当我们在学校机房 286 电脑中输入一连串 DOS 命令时，既有获得正确答案的喜悦，也有陷入死循环的苦恼。

陈惠珍老师平易近人，将我们从狭小的课堂教学引向更广阔的社会大课堂。记得在考察北京植物园时，她还带了满满一盆在家做好的红烧肉。师生们席地而坐，以大地为桌，以手为筷，每人三五块，乐享美食、忘乎所以，指点江山、纵论天下。

我想，每个 95 级农经人都会感怀这样温馨如家的场景，口腔某个角落的味蕾会永远留存那美味的记忆。还有周诚、严瑞珍等一批名师大家以广博的学识和人格的魅力，带领着一代代农经人奋力前行。

人大四年的学习和生活如此深刻地影响了我们、改变了我们，让我们这些多数来自农村的学子，看问题的角度、方式和境界都发生了巨大的改变。那种骄傲和优越感，似乎给

人带来了可以藐视一切、横扫天下的伟力，令人对诗和远方充满无限的向往和憧憬。一位何姓同学在随团领略大美西藏后，豪放地写下了"世上从来就没有一张地图存在，路标只在人的心里"的诗句。

无论是学富五车教授的课堂，还是八百人大教室的"人大代表人大行"、经济学家讲座，以及其他明星大咖的讲座，都大大开阔了我们的视野，拓展了我们的格局，影响到我们的人生规划。

从大二起，就有同学开始准备 TOEFL、GRE 考试，有的开始规划到中国经济研究中心读研，有的在学生工作中大展拳脚，有的则努力想办法谋事挣钱。虽然志趣不尽相同，但都相互激励。

一路走来，回望过往，离开象牙塔后，我们更多地感受到人生的五颜六色、酸甜苦辣，但奋斗始终是青春最亮丽的底色、最感人的记忆，那些经历惊艳了岁月，温柔了时光。我们青春无悔，我们奋斗无价。

记得大学生修养课上，刘向兵老师让大家以"十年后的我"为题，想象十年后的你我将会怎样。现在看来，这类人生规划依然过于深沉。在变化如此之快的年代，谁能预料未来十年以后的变化？

时代的车轮滚滚向前，从不会为谁而做片刻的停留。如今，两个十年都已过去了，又一个十年正在路上。无论曾经的梦想是否实现，我们都会铭记在人大的光辉岁月，继续追寻新的梦想，以"舍我其谁"的雄心、"不知天高地厚"的壮志，矢志坚守，执着向前。

青春不老，未来可期。与往事干杯，与明天拥抱。在二十年这个时间节点上，向我们可爱的人大，向我们敬爱的师长，向我们亲爱的兄弟姐妹，献上深深的祝福：下一个十年，一切更美好，迎来新巨变！

来，黄海明，让我们一起吧！

追忆人大似水流年

95 国管　黄海明

95回校系列（六）

作者：**杨柏生**

人大人的青春往事

青春不老，未来可期。与往事干杯，与明天拥抱。在二十年这个时间节点上，向我们可爱的人大，向我们敬爱的师长，向我们亲爱的兄弟姐妹，献上深深的祝福：下一个十年，一切更美好，迎来新巨变！

来，黄海明，让我们一起吧！

去年这个时候，班里的同学就开始张罗二十周年聚会的事，今年 5 月份老孟牵头召开了筹委会，提出每个同学都要写点什么。自己一直想努力去写，不过耽于生活和事务，迟迟没有动笔。

上个月看到微信群老孟稍带埋怨的话语，想想自己还是写点什么吧，虽然不能像老孟、亚峰那样有文采，但是也要记下流水账，不为别的，只为纪念那中关村大街 59 号的似水流年、青葱岁月。

> **进校伊始**

高考对于我而言，是人生中蛮重要的一件事。因为在农村，高考甚至意味着你一生轨迹或者说道路的改变。

有时候看书上讲"鲤鱼跳龙门"，虽然说有点夸张，但是对于农村的孩子而言，重要性却怎么强调也不为过。所以，自从拿到录取通知书后，我一直都期盼着来到自己梦想中的学府深造，希冀通过自己的努力改变命运，也改变一家人的境遇。

从梅州到北京并没有直达的交通工具，首先需要从梅州坐汽车到广州，一路颠簸大概十几个小时，到了广州汽车站。几个同学摸索着找到了广州火车站，大家在一起又坐了快四十个小时的火车，腿都肿起来了，终于到了北京站。

初秋的北京给我的印象蛮好的，空气中有点湿润，还有点甜，到处弥漫着青草的香味，还有墨绿色的松柏在小雨的滋润下，显得特别青翠，一切都是那么新鲜，那么宏大，那么美好。坐着学校安排的公共汽车，我来到了人大。

坦白说，刚来人大的时候，多少有点失望，觉得校园是那样局促，人与人之间是那样陌生。我们高中几个同学正好在一起，于是刚开始的几天就是互相串门，到处去看高中同学的校园、宿舍还有其他什么的。

很快，系里通知开会了，我记得是在学八楼的一个教室里，大家选举班长还有副班长以及各类委员之类，于是大家一顿青涩的介绍，反正也记不住。

印象比较深的就是李曦，北京的孩子大大咧咧的，比较随和，还有就是班主任一个大背头，蛮有气派的。

然后，我的大学生活就开始了。

军训点滴

刚到学校几天后，就开始军训。记得大家坐在北京那种长长的公共汽车上，背靠着被子和行李，兴奋地唱起了歌，两个多小时后就来到了涿州。

军训最让我记忆深刻的，一是每天吃饭前都要唱歌，晚上也要唱歌，中午午休也要唱歌，唱得你激情昂扬、奋不顾身。当然，唱得好不是目的，只有认真唱，唱好了，才能进去吃馒头，现在想起来，军营的管理简单直接有效，倒是值得我们日常管理借鉴学习。

二是饭量特别大，我早餐基本要吃8个以上馒头，粥是稀粥，根本看不见米粒，又没有咸菜，腐乳是两块，十个人分。记得老孟那时候还是挺谦让的，总是把腐乳让给我们吃，现在想起来挺不好意思的。有时候早餐吃完后，我顺带往兜里揣两个馒头，上午中间休息的时候再拿出来做点心填饱肚子。

三是衣服一个月都没洗，都泛白了，应该是盐的原因，中间记得好像是校长要来看我们，终于有机会洗一次澡，有的同学趁机就洗了衣服，可怜后来有的衣服没有干，只好穿上去参加检阅。

军训记忆最深刻的是康健和王奇，李曦也很有意思，各种搞怪、各种逗，而且好像军训的那个班长后来都没辙了，也就放任自流了。

去拉练的时候，康健绑被子的绳子掉了，他抱着被子跟跟跄跄地跑回来的样子至今难忘，王奇踢正步的样子，现在想起来还是搞笑，甚至我看到军训王奇戴帽子的照片就想笑，也不知道为什么。

军训时候印象很深刻的还有徐聪和李浩，这时才发现自己的同学唱歌那么好听，感觉像是专业的，还有就是亚峰的被子，我一直搞不明白他怎么可以叠得那么整齐。

师恩难忘

岁月经年，很多事忘得七七八八了，但是回忆四年学生岁月，老师的恩情不敢忘，虽然很多老师的名字不记得了，但是他们的音容笑貌，还存在自己的记忆里。

最不能忘怀的是黎玖高老师。黎老师是我们大学的班主任，第一次见面的时候，感觉这个老师很严肃，不苟言笑，甚至带着一种说不出的威严。后来刚开学不久，他就带着我们全班同学在学校南门的"羊蝎子李"那里吃了一顿饭，后来又去学校里的那家韩国菜撮了一顿，所费好像还不菲。

慢慢地觉得这个老师还是挺好相处的，很有才华，做事果断，也很乐于帮助人，于是相处起来就不像刚开始那样拘束了。

记得中间黎老师还经常会问大家有什么需要帮助的没有，当然我也没有太多这方面的想法，但是估计得到他帮助的同学应该也挺感激的。那个时候滴水之恩，是值得涌泉相报的。

最儒雅的是许光建老师。许老师给我们上课比较晚，记得快大四了，上价格学。经常解释"翘尾"或者其他一个什么概念，可以演算一个上午，然后一直笑眯眯地看着我们，意思是：你懂了吗？你不懂的话我再和你解释解释。让你都不好意思问。

有一次因为前一天晚上我头痛，老孟给了个药给我吃，可能是吃错了，当天晚上我就过敏，从头到脚都红彤彤的，第二天早上上课许老师看到我这样，很温和地和我说了句"海明，早上还喝酒了啊"，让我觉得很尴尬。

后来读研究生的时候，许老师虽然人在东瀛，但是时不时通过邮件、电话来询问我的学习和论文，至今仍然觉得愧对老师的栽培。

最有才气的是顾海兵老师。顾老师给我印象最深的就是他对一个名词或者动词概念的理解，通过分类可以形成很多维度的阐述，这个直到今天对我影响还很大。

工作中对于年轻人，有时候我也会学顾老师，教育他们要对一个词的内涵和外延进行深入了解，通过分类全面掌握词语的意思。

最有思想的是陈璋老师。陈老师是我读研时的班主任，上学的时候他就个传说，开着白色的捷达车，总是跟你谈哲学、思维，倒是令你总觉得不闷，蛮有意思的。

陈老师的课堂尤其活跃，学生和老师之间沟通交流特别多，还记得上课时很多同学都会和老师争辩，陈老师的口头禅是"你以后就懂了"。

最亲和的是吴春波老师。吴老师与其说是亲和，不如贴切地说是飘逸。那时候感觉他有点像剑客，就是那种冷不丁戴个斗笠，回到校园，遍杀群敌的那种。听吴老师的课蛮舒服的，简单清新，还有很多新词，可能是吴老师的业务根底与日本有关的原因吧。

最令人怀念的是靳晓黎老师。靳老师是个好人，虽然她现在天国，但是我想她在天国一定过得很好。她总是对业务知识那么认真，每个名词都希望解释透彻，课间还不忘和你交流。记得当时课间休息的时候，她总是会问这问那的，让你觉得她就像自己的慈母，循循善诱，可惜天妒好人，哎……

还有很多，如刘瑞老师、武少俊老师、刘援朝老师、罗滨燕老师、谢利民老师等，不能一一提到，深表歉意。

同窗情深

大学给我印象最深的是同学情谊，这种情谊在大学毕业后依然如故。记得刚毕业到广州的时候，虎啸、子明、勇刚和我，基本上只要是周末没事，就会待在一起吃饭喝酒，想着也挺开心、挺让人回味的，或许，这种习惯也就是延续了大学时候的感觉，让你欲罢不能。

勤奋学习。上大学的时候，我不甚爱学习，基本上是泡在图书馆的时间多，即使是在自习室，也是看图书馆借的书多。那时候记得三剑客（周敏、小廖、雷阳）学习成绩特别好，而且总是结伴而行，老大和小史也是我们男同学中的佼佼者，还记得老大总是很快交卷，但是分数总是很高，至今我仍然灰常佩服。小史的笔记做得不错，就是太啰嗦了，不够简洁。如果说笔记做得最好的，那么我个人意见还是小廖。

勤工俭学。上大学第一次勤工俭学我记得是晓娜找的，是去做社会调查，每份不记得是10元、15元还是20元了，总之对于那个时候的我们来说，感觉挺好的。也就是那次的勤工俭学，我学会了如何对陌生人开口，如何与陌生人交流，如何在很艰难的情况下把一件事情干完，收获挺多的。

鞍山实习。鞍山实习我记得好像不是所有同学都去了，我是和小廖、小叶分到了某局，到的当天就来了一顿大酒，那个接待我们的局长吃完午饭之后就带我们去歌厅，不过那个感觉确实挺飘的，自由自在啊。每天中午大家都会到鞍山市民广场集合，还记得老孟最喜欢玩深沉，坐在某棵树下，特像诗人。每天很早就回到宿舍，大家就七八人待在一个屋子里，说着不搭边的话，挺开心的。

宿舍情谊。我们宿舍的几个人，相对来说其实在班里都算比较外向的，不像514、510那样活跃，不过大家晚上下课后，就着一个小桌子打乒乓球，也蛮好玩的。尤其是剑锋，每天都是乐此不疲，还拉着娄一定要陪他打球。

还有就是拖拉机，天天打得不亦乐乎。不过我们宿舍打牌比较文雅，不像潘祜容易着急，也不像大水那样喜欢叫嚣。每天最开心的其实还是晚上熄灯之后，大家谈着一些见闻和开心的事，常常都是半夜才入睡。记得几次都到了晚上2点了，道传还是崔突然说肚子饿，于是几个人跑出去觅食，活脱脱是饿鬼投胎转世啊。

同学之间的这种感情，对于今天已至不惑之年的我们来说，更是难得宝贵，没有社会中的尔虞我诈，没有工作中的个别勾心斗角，只有如沐春风的爱意，还有抢争上游的进取精神，所以总是令人怀念。

生活点滴

大学四年求学之余，课余生活蛮多有趣有意义的事，姑且记之。

踢足球。大学四年我在学习之外最大的收获，莫过于踢足球。人大可能是传统的原因，到处洋溢着浓厚的足球气氛，不论是大足球场，还是排球场，甚至足球场边上码两块小板砖就能开踢。

最快乐的还是周三下午的足球，每次都是我们踢了许久，才看到崔和子明颠着小步，跑来加入。那时候每个人踢球都很有特点，比如李浩的撞墙，比如小叶的撞人，比如王奇的踩球，比如李曦的玩野，比如唐舰的认真，真是好玩。

还有每年一次的比赛，那是相当精彩，总是牵动着我们那段时间的心情，踢赢了喝酒，输了倒也不见得多失落。

吃麻辣烫。记得第一次吃麻辣烫是1995年的冬天，唐舰约了我和94级的贺士彬一起商量点事，于是大家去了学校西门的麻辣烫店，那时候西门好像只有一家麻辣烫，后来闻名海淀的"老陈火锅"啊什么的，是很久以后的事了。

只记得那东西非常辣，吃一片就得喝好多啤酒。不过后来越来越喜欢吃，毕业离开学校之前，基本每天都是在麻辣烫店里待着，喝啤酒、吃西瓜、唱歌，想起来蛮放纵的。

东区食堂的水煮肉片和辣子鸡。如果我没有记错的话，那时候的水煮肉片是两块钱一份，算是比较贵的。不过上学的时候，可能是油水少，总想排队去吃一次。

上午下课后，早早地去排队，记得还有潘祜、兰勇、小叶都是常客，大家打好菜后，坐在一张大桌子面前，开心地吃肉，甚至是辣椒都不放过。这次二十周年聚会要是可以去再吃一次就好了。

还有很多，不胜枚举。

大学四年，在充实的学习和生活中，过得很快。如果说有什么遗憾的话，就是太多的精力和时间放在学习上了，或者说太心无旁骛了。曾经也有喜欢的女孩，不过默默地放在自己的心里。曾经也有想去游玩的地方，不过囿于经济条件，没能去成。总之，如果可以让我重来一次，那么我会在认真读书之余，好好享受这美好的学生生活。

离别之际

四年的大学时间过得很快。在我的意识里，可能是要照顾父母的原因，从来没有想过留在北京工作生活，总觉得自己的归宿是在南方。后来的学生生活，其实感觉就如上了一趟列车一样，是时间在推着你走，而你只能随着这轰隆隆的列车往前赶，很快四年的生活就结束了。

最后一天晚上，我记得宿舍几个同学出去喝酒，这也是我们宿舍的传统，可能这个传统最大的因素就是广为，感觉他是爱喝酒。只要有高兴的事或者某个什么纪念日，大家就要去喝酒，有时候是二锅头，有时候是桂花陈，有时候是河套王。还记得有次喝多了，道传在学校操场不知所以地走路，第二天早上才看到拖鞋都被走断了。

最后一天喝的是吴著的河套王，娄和小史也在。第二天早上，我本想悄悄地走，不过当我和几个男同学走到学校西门学九楼的时候，看到舒莹、小廖、燕春、歆颖在那里等我们，当时眼泪就差点流了出来。

大学时候很多照片都不见了，不过这张照片我一直留着，不为别的，是想纪念那纯真的校园感情。

不知不觉中，毕业二十年的日子越来越近了，我不断回忆人大求学的岁月，回忆真挚的师恩友情，回忆可爱的同学之谊，回忆那难以忘却的校园风景（好听叫简单清新，不好听叫短小精干），有些同学大学毕业后见了很多次，有的在外地也见过面，甚是开心，比如兰勇，比如李莹，有的甚至至今尚未谋面，也不知道还有没有机会再见。

同时，我也在想，当时在学校读书的时候，校长、老师谆谆教导我们要实事求是，毕业后这些年，我们真的做到了吗？其实，离开学校二十年后，我理解实事求是，应该就是不忘初心，应该是在力所能及的范围里，做一些对家庭、对朋友、对社会有益的事，或者更大点说，为社会的进步贡献一点自己的力量。直到有一天自己什么都做不动的时候，可以无悔地说，我来过了。

真希望自己一辈子都可以一如既往地这样做下去，保持一颗向上的心！

我爱你，人大！

我爱你，我亲爱的同学！

（乱写了一通，提及的同学千万不要生我的气啊。）

赵丙星，该你出场了！

奇妙的同学缘分

95 商品学　赵丙星

95回校系列（七）

作者：黄海明

追忆人大似水流年

......

真希望自己一辈子都可以一如既往地这样做下去，保持一颗向上的心！

我爱你，人大！

我爱你，我亲爱的同学！

赵丙星，该你出场了！

　　毕业20周年返校活动在即，陆陆续续看到一些同届同学的回忆文章、照片，其中有不少名字非常熟悉，脑海里马上浮现出他们当年的样子，往事历历在目，鲜活有如昨天，尽管对方可能并不知道关注他的人是谁。

　　然而如果有人问在这20年间你曾经见过几个同届（但不同班）同学，你的回答是怎样的呢？我的回答是：只有3个。

　　也许统计学的同学可以告诉我时间跨度20年，地点不限，1 000多人，其中两人相见的概率应该是多大。不过无论大与小，在我看来，形容这样的相见可能没有比缘分这个词来得更贴切了。

那就说说这三次吧！

第一次是在毕业后不久，在首都机场飞往澳大利亚航班的值机柜台前的排队人群中，突然闪现出一个熟悉的面孔，虽然相距约有 20 米，但仍然引起了我的注意。这不是大学时室友经常提起的外语 Z 美女吗？很想过去打个招呼，不过一来正在工作之中，二来想想上学时也并未与她有过交流，现在贸然过去可能也会比较尴尬，于是就默默祝福同学在澳大利亚学习顺利吧！

第二次和同届同学相见居然是因为老婆（彼时还是女友，和女友认识起源于"已经错过了人大的本科生，不能再错过研究生"的想法）。当第一次见到女友的室友 X 同学时，听到她说也是人大 95 的，国政专业时，自己感到又惊讶又尴尬，惊讶的是这事好巧，尴尬的是自己居然回忆不起任何一名国政同学的名字（自责中）。

不过很快我就找到了原因，商品和国政专业学习方面似乎少有交集，气质也都比较低调，连宿舍都是一东一西，彼此相见不相识似乎也情有可原。X 同学待人真诚大方，颇有风范，让我再次对山东人有了好感，也为女友有这样的同学室友感到由衷的高兴。

第三次更为神奇，发生在 15 年前万里之外的阿塞拜疆。彼时我作为跟班随官方代表团赴阿塞拜疆参加国际会议并与阿方相关部门会谈，其间有幸得到我驻阿使馆工作人员的陪同。其中担任翻译的是一位和我年龄相仿的年轻人，当参赞介绍他是中国屈指可数熟练掌握阿塞拜疆语的人才时，我心中充满了崇敬，而当我得知他竟和我同为人大 95 级时更是不敢相信。

原来 W 同学是俄语专业，后来又公派赴阿塞拜疆学习阿语，毕业后因成绩突出被外交部招录，成为一名外交官。虽然在校期间也未曾与 W 同学有过交流，但得知我们曾有过一段共同的经历后立刻有了非常亲近的感觉，尤其是在春节期间离家万里的异国他乡，只可惜时间短暂，彼此都任务在身，未及深入交流，实为憾事。后来回国后虽未与 W 同学再有联系，但还一直保存着当时的照片和他的邮箱地址。

很难想象究竟是什么让我们这些原来并不熟悉的同届同学在毕业后能够偶遇，也许这就是缘分的奇妙吧！

它发生的概率不高，甚至可能很低，来的时候毫无预兆，走的时候可能悄无声息，甚至可能永不再来，不一定是轰轰烈烈，也不一定天长地久，只是那一刻的相见就足以让人感叹和回味。

人大 95，我们都是有缘人。下一次相见的会是谁呢？

暴春，会是你吗？

一些时光的碎片与对视

95 统计　暴　春

　　临近大学毕业 20 周年，当时的同学们越来越频繁地谈论起曾经的人和事。陈静问：记不记得排练过一首名字叫"灯光"的合唱曲目？我的确能想起军训某个晚上在某个宿舍，同学们围坐在两张高低床边一起哼唱这首歌的情景。我记得听见一位男生说了一句话，里面有"好听"这两个字。其他印象再没有了——也许我潜意识觉得那个活动到了"好听"两个字这里就已经可以结束了（哈哈）。

　　我还记得"一二·九"合唱排练，尤其记得看到同学们唱歌时每副面孔都仿佛闪着光，我感受到的每个注视都那么温暖，充满快乐和信任。我潜意识觉得这个活动在这个幸福的体验中也可以结束了。不过二十多年之后，我想对当时的自己说，如果除了合唱本

身，也能跟大家一起查阅一些历史文献，收集数据（比如当时普通人的具体生活和遭遇），设定一些类似"如何不让这段历史重演"的主题，用统计学视角多了解和讨论一下当时的事件（以及对事件中人物后续的生活、后代的影响），应该会更有意义。我在以色列生活了几年，最近注意到每逢犹太人大屠杀纪念日，学校都会从罹难者数据库调出罹难者个人信息，向低年级同学发放附带这些信息的纪念蜡烛，对高年级同学则布置调查作业，通过各种途径尽可能了解更多罹难者曾经身处的生活环境，有时会组织高年级同学到罹难者所在国去获得更直观的信息和体验。纪念日当晚，我女儿带回的蜡烛没有烧尽，所以我们等阵亡将士纪念日和独立日的夜晚继续点燃，仿佛是和这个陌生的灵魂尽可能多地共度这些与 TA 有关的重要时刻。

我也记得当时参加过一个小合唱，曲目是某位老师指定的一首很哀怨的属于弃妇主题的歌。我记得成员们都很不喜欢，也都觉得与整个活动气氛非常不协调。我现在回想当时的自己，其实可以尝试向老师提问或者建议，就像前文提及的合唱之外的调查与思考——当时却都没有这样做，只顾参加活动完成任务，也太肤浅了。相信现在的学生会比我当时做得好很多。我记得看过一个视频，是系里在校的同学们聚餐时合唱了一首汪峰的作品《我爱你中国》，也都是散发着光彩的年轻面孔，却有一种不同的自信、昂扬，我觉得他们比我们当时深刻得多、坚定得多，他们所唱的"我为你流泪，也为你自豪"的意思，他们都懂得。

除此外，我记得有这样的周末清晨：出了寝室就看见宿舍楼道尽头窗外的太阳像个大红气球上升到五层特意停下来望一望似的。经过其他寝室可以听见门里匀细的呼吸声。洗漱完回到房间，室友们还在熟睡，散发着温暖清甜的体香。有时陈静醒了，轻轻说"怎么今天这么早啊"。

也有窘迫的时候，比如冬天，学校规定晨跑，还要去操场边请值班的体育老师在"晨跑卡"上盖章。我记得寒风划割着脸，操场很挤，值班的老师（们）蜷坐着等待的样子也有点可怜。有同学仿制了晨跑印章，还分享给大家都把章盖齐，这是非常值得感激的。不过二十多年后，我想对当时的自己说，也许可以通过学生会向学校提出多种达到锻炼目的的建议，比如徒手（自重）健身打卡、瑜伽、拳击等，当然也可以包括晨跑。我猜，现在学校鼓励的锻炼方式应该有很多了，而且条件也会好很多。我记得当时协和的同学能选修格斗课，我想对当时的自己说，快去"蹭"这门课。

我记得西区食堂有一位员工，是一个跟我们同龄的女孩，脸圆圆的像红苹果，笑起来也甜。我记得我和室友们带她来寝室玩。她的同事们也非常友善，我记得经常我刚走进食堂，他们就会打招呼，说"今天有（你喜欢的）茄子"，或者"今天（你喜欢的）茄子在楼上"。这个周末在超市买肉的时候，我请排在我后面的一个抱着小婴儿的妈妈站到我前面，那个妈妈道谢后先买，买完却不离开，说要帮我看看我买的预分装的绞肉是否真的新鲜，卖肉的俄罗斯好汉们被她的质疑冒犯到了，又气又笑地拍着胸脯保证是早晨刚到的。我记得我在学校兼职的时候，一个负责人曾经说，人们对你友善，只因为你还是个小女孩。我想对他说我现在已经是中年老母亲了，周围的人都还友善。

我记得有一次上课迟到了，在空空的教三楼梯上咚咚跑，忽然遇到一个下楼的人，我顾不上看他，但也注意到了他裤子前面是解开的，还好能趁着咚咚的惯性一路跑进教室。我记得当时正讲课的何老师被打断思路了，我边向最后一排走（跑），边听他嘟囔着说，刚才讲到哪儿了，大家都笑了，我的心情也缓和了。我当时已经能明白那个人是有病的，乃至可以说他是不幸的。事过二十多年，我想对当时的自己说，其实可以通过学生组织向学校反映，请教学场所的看守人员尽到责任，应该可以避免类似的问题发生。我想现在学校的管理水平应该更高了。

我记得当时也花了很多时间参加校外（男）朋友们的活动，比如晚会、球类比赛、专业展览或者一些社会服务（义务清洁街道栏杆、去养老院慰问等），有时就是跟他们的朋友一起消磨一些时间，比如在某个湖边坐一会儿，听其中一个人弹弹吉他。我想对当时的自己说，怎样分配时间都好，但无须总是为了取悦某人。

晚上11点前要回到宿舍楼，而且因为平时有用灯限制，所以并不熬夜——周末没有用电时限，如果室友不反对，就不眠不休看完一部小说，或者写信。寝室卫生轮流打扫，我记得我妈妈给寝室选了暗红色花朵条纹图案的布，做了门帘和书架帘。李茜爱写毛笔字，冯慧君会编出漂亮的辫子。我记得一次我病了，睡到中午闻见饭菜香，是裴蔚专门买回来给我，然后又匆匆出去了。我记得我们跟张琅学说浦江话，她说浦江话没有文字，但我觉得那句"几刚图委细皓（这个人很漂亮）"有可能可以写成"介个人委实好"，羡慕南方人浅浅说话的样子。也跟李茜学过一首苗族的歌，"啊溪里溪，啊溪里溪"，像是银项圈婆娑响的声音。也跟隔壁宿舍银花学过一首朝鲜族歌，羡慕朝鲜族女孩肩部的圆活，随歌轻耸都是韵律。

我还能想起来当时很多课程，当时就没有理解学习的目的，也没有理解那些课程特有的研究方法。我想对当时的自己说，应该把这些疑问专门记录下来，随时找出碎片时间慢慢解决。有的课程使自己至今受益，比如"应用文写作""逻辑学""科技档案检索"。

当时自己敬佩很多同班同学、高年级同学，还有外系的同学，我想对当时的自己说，对自己所敬佩的人，觉得需要忠告和建议的时候，可以径直去试着请教。自己当时匆匆忙忙做的很多事情所花费的时间，其实可以省出来大部分换作这样的请教。

之前偶然听到一首新歌《至此》，乐队名字叫"房东的猫"，成员们也都是非常从容、坚定的年轻人，我觉得与这几句非常有共鸣：

……没有结局的回忆
在失去后圆满
是那些说来也无憾的遗憾
给了我抵抗世界的臂弯
……
其实人生至此
岁月磨平心事
有些回忆会被珍藏着
有些曲折我会忘了
我们都要向过去告别了……

值此大学毕业二十周年之际，我也才发现自己都并没有跟过去好好道别，当然时光的河流湍急，总可以用作错过的借口，但也总可以找到机会，用那些本想匆匆去做完的事所花费的时间，比如此刻，来完成这个跟过去道别的小小仪式。

1995 年至 1999 年，我远远看着这些已经被我忘掉很多组成部分的日子，异想天开地觉得那时的我也会偶尔看着现在的我，在去往未来的路上我们互相问候也提醒着。

马宏军，你是否和我一样呢？

回 "家"

95 贸经　马宏军

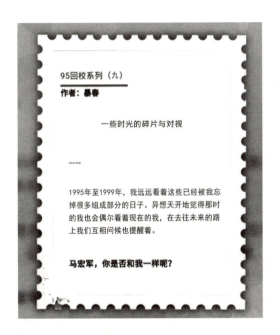

95回校系列（九）

作者：暴春

一些时光的碎片与对视

······

1995年至1999年，我远远看着这些已经被我忘掉很多组成部分的日子。异想天开地觉得那时的我也会偶尔看着现在的我，在去往未来的路上我们互相问候也提醒着。

马宏军，你是否和我一样呢？

　　岁月如梭，不知不觉，大学毕业都20年了，翻看上学时的照片，仿佛初进校园，又仿佛刚刚毕业。松博问我，可否写点回忆的东西，我下意识地答应了，从小对老师就低眉顺目，何况还是教授布置的作业呢？记得有一次聚餐，班主任吴冠之老师随手扔给我一根烟，还给我点上，真是激动的心，颤抖的手，惊骇到我仿佛无法呼吸，原来老师和学生还可以这样相处。独处的时候，或者生活中相近的场景下，我的思绪会不经意间同时走进另一个熟悉的空间。我又走到了人大新图书馆前面那块小草坪，一个英俊的男孩在高声介绍自己："我叫黄黇，黇是驯顺的小鹿，我来自湖南湘潭，毛主席的家乡。"我们真是文盲，

一段时间，好多人都叫他黄黄占。

1995年还没有互联网，中国人民大学是我上高三才知道的学校，初听这个名字，很诧异，中国哪个大学不是中国人民的大学，感觉这个名字很朴实，就跟我的家乡"博克图"一样。记得父亲送我报到，我们早晨六点多到的学校，从东门进去，一片竹林遮住了校园，幻想着校园像莫斯科国立大学那样深不见底，可不到20分钟，帮我找宿舍楼的父亲就回来了，只说了一句，人民大学好小，当时我的心好凉。经过短暂的拘谨，渐渐开始油滑。早晨去风雨操场打卡，牢记哪个老师蘸的印油多，可以用手连续复制几个，这一周就可以睡懒觉了。在西方经济学史课堂上，松博用近乎无知的眼神问刚毕业不久的美女老师："什么是改造世界呢？"真的，这句话在我的脑海里回响了20年，那天松博的眼神很清澈，语调拿捏得也好，我特恨自己，这么无聊的话，我怎么就不能这么顺畅地说出来呢？

东区饭堂，3块5的水煮肉片，2块钱一两的牛肉都是我的最爱，到了夏天，再打上一杯苹果味的汽水，校园生活真是太体面了。只是7月初，快到暑假考试，北京太热了，教室和宿舍都没有空调，晚上，我也学着南方同学，在水房里，一盆水泼下来，趁着凉劲儿，赶紧上床，10分钟之内睡不着，又得再起来去泼一盆。北方大学的住宿条件不知道现在改善了没有，广州这边的还好些，每个宿舍都有独立的洗手间，甚至有一些还有空调。直到今天，我还偶尔梦到学2楼510，非常真切，阿朱、黄天、老大、阿牛、兰子、小范、小马，梦里，我要去南方了，逐一和他们告别，泪水和着不舍流到心里。有时候，梦到人民大学的毕业证不算了，要重新高考，抓紧复习，什么都不会了，醒来半天回不过神来。

人大的"牛羊鱼"，招待高中同学经常去的点儿，主要是分量大，价格还实惠，偷偷带几个馒头，老板娘也不说。五四狂欢夜，光顾着满校园吃东西了，特别是免费品尝的项

目，人太多，我总是挤不进去。若干年后，我的夫人说，人大五四狂欢夜，她也和高中同学去过，我心生后悔，特别幻想穿越时间，宁可不吃东西也要满学校找到她，直接牵手，告诉她，你是图图的妈妈！课堂上，印象最深的，就是"西方经济学"，老师总是拿馒头来讲解边际效用递减；对我影响最深的，还真是吴冠之老师讲的"市场营销学"，消费者细分，营销和推销的区分，尽管我现在的工作和市场距离好远，但这些理念用在我儿子身上也让我受益匪浅。

我们 95 贸经班的同学也各自特点鲜明。最让我大跌眼镜的，就是 511 的老曹。这次 20 年相聚，回人大最想见的就是老曹，他简直就是《阿呆拜寿》里的招福。老曹在大学期间，给我的感觉，为人稍显木纳，他看书，你叫破天喊他，他也不理，感觉语言表达也很让人着急，可就是这么一个主，现在在同学微信群里，侃侃而谈，理性而睿智，和上学时判若两人。我要是见到老曹，一定敬他一杯烈酒，当面一解这么多年的疑惑。

小许姑娘也十几年没见了，见面肯定又是一顿掐，和许姑娘掐架，就像大热天捧起一茶缸茉莉花茶，咕咚咕咚一气儿喝下，擦擦嘴，过瘾！最有特点的就是飞仔了，浓浓的海南普通话，好多金句，比如"又浪费了我 40 粒子弹"，"×××，过来耶！"周星驰招牌式的胸和肚子比腿先动的走路姿势，我对床的好兄弟阿朱，大学四年，就是这样走路的。阿朱的最大优势就是，他可以很热烈地和你聊任何事情，如果你突然停下问他，这部电影你看过吗，他会很理直气壮地反驳："太过分了！没看过就不能聊吗？"真是奇才！同学的趣事好多好多，待见面时再互揭黑历史……

浮生千山路，24 年前，我们 36 个从祖国的四面八方，相逢在人民大学，相逢在实事求是石旁、在大草坪边，相逢在在阶梯教室、在东区食堂，共同度过了难忘的青春时光。

20 年前，我们挥手告别，从此各自天涯。转眼间，意气风发的我们已经步入不惑之年，亲爱的兄弟姐妹，我们已经 1 个月，几个月，1 年，几年，十几年，20 年没见了，无论今生怎样，下一辈子我们都不会再见了。快来吧，趁着我们头发还没掉光，趁着我们脸上的皱纹还不是太多，趁着男同学的肚腩还不算太大还不是很油腻，咱们相约，2019 年 10 月 3 日人民大学，"实事求是"前，可否欢聚？康贵根，你呢？

关于人大的记忆

95 营销　康贵根

95回校系列（十）

作者：马宏军

回"家"

……

快来吧，趁着我们头发还没掉光，趁着我们脸上的皱纹还不是太多，趁着男同学的肚腩还不算太大还不是很油腻，咱们相约，2019年10月3日人民大学，"实事求是"前，可否欢聚？

康贵根，你呢？

编者按：本文写于2000年秋天，是作者毕业一年后写就的，这可能是迄今为止最贴合当年人大情状的投稿。

序

秋天到了，现在应该是人大从东门到西门的路上落满树叶的时候了。我大概是在五年前第一次踏入人大校园的，那个时候人大流行的表述是"做……人大人"，刚高考完的我，对这种有病句嫌疑的句子特别敏感，看了就想它到底是什么意思，是人大的人"多"呢，还是人大的人"大"呢？反正后来一直都没搞清楚。到现在，只还清楚记得东门左边"中国人民大学"的金字。

从这个"人大人"开始了四年的大学生活，我不是什么学生干部，在班级里也没什么发言权，属于人微言轻之人，也就是最普通的老百姓。刚上大学的时候，对生活无限热爱，有着新入校的喜悦与对新环境的恐惧，随着时间的推移慢慢转变为对大学的熟悉与对人大的悲观，再变成对生活的熟视无睹，再变成毕业时的留恋，经历了一个完整的生活阶段，也在大学里尝试了很多的第一次：第一次想家，第一次牵女生的手，第一次喝得不醒人事……

到现在我还是倔强地认为，大学生活对我的一生都有很重要的影响，如果没有了这四年，简直无法想象现在的我会是什么样子。但它和生活中所有美好的事物一样，都是短暂的，都是会结束的。

毕业一年以来，我一直希望能重温大学的旧梦，但当我在一个冬天的上午，走在人大校园的时候，我才发现，这里已经不属于我，我也已经不属于这里。我从东门走到西门，从学二走到学九，没有找到一个熟悉的面孔。

大学生活就像一本美好的纪念册，合上以后就不能再翻开了。

同　屋

到学校报到是一个下雨的早上，从学二到灰楼的路两边，都是各个系拉起的横幅，就像一些大的展览会的参展单位一样，在等待新生的来临。

接待我的是一个女生（我不知道她到底是老师还是学生，后来听前辈说是大三的），她很热情，看了看我的入学通知书，就把钥匙发给我，接着去排队买饭票（那个时候还用饭票），在灰楼拿了一本人大指南。这一切因为有老乡带，所以办得又快又轻松，当时觉得老乡关系真是好。

宿舍在学二，刚进门就有一股怪异的味道迎面扑来，特别是到二层的时候（后来才知道大四的住在二层），但到了我入住的五层就好多了。开了房门，我发现里面除了床、桌子椅子和一个空空的铁架子，什么都没有，但很干净，被子什么的都是新的，条件跟北京最普通的招待所差不多，跟家里是没法比了。老乡跟我交代了一些基本的事情，就上课去了。房间里只剩下我一个人，可以好好想想大学生活的开始了。

虽然是坐夜车到的北京，可我一点都没有觉得累，反倒觉得很兴奋，窗外传来只有在电影里才能听到的那种骆驼祥子拉的人力车的喇叭声，开窗望去，原来是学生们自行车上的铃。头一次看到这种双层的铁床，坐下去还会叽叽乱响，不知道以前睡过多少人了。

大概快到中午的时候，来了一个同屋，也是一个人来的，只带了一个小的皮箱，好像不是来这里长住，而是短期旅行。我先介绍了一下我自己，然后问他叫什么名字，说了两遍才听出来他叫高强。他似乎很疲惫，没说什么话就倒在床上睡着了。

过了一会儿又来了一个，是跟表姐一起来的，自我介绍说是广东人，可名字怎么都听不清楚，只听得出姓文，我就叫他为小文了。小文看上去很单纯，而且个子不高，所以显得年纪很小，跟刚才高强的老成正好相反，他们两个睡上下床。这个时候我才发现我的上铺没有被子，原来我这个床是一个人睡的。

楼道里和窗外传来叮叮当当的金属撞击的声音和欢快的歌声，往窗外望去，学生都高兴地放声高歌，拿着饭盒向一个方向走去，这个时候才想起从早上到现在还没吃饭。拿出饭盒，融入这个打饭的队伍中，感觉出奇地好。食堂里很乱，好不容易等到打饭，又不知道自己吃多少合适，就随便要了半斤饭，菜又不知道哪个好吃，更不知道可以打两个半份，就要了一份黄豆芽。吃到后来实在是吃不下就扔掉了，那个很龌龊的汽油桶里原来有很多没有吃掉的东西。

吃完中饭回来，高强还在睡，宿舍里又多了一个人，黑黑的皮肤，说是海南岛来的——姓旁，所以后来就叫彷徨，他也只有一个旅行包。他住上床，上去的时候床晃得很厉害，我还怕床倒下去，可他还是毫不在意的样子，自称高中就住校了。没过多久，宿舍的门又一次开了，进来了好几个人，大概是二女一男，一看就是南方人，他们叽里呱啦说着我们听不懂的家乡话，对我们好奇的眼光毫不在乎，那个男的个子不高，很瘦，他就住彷徨的下面，彷徨也从床上坐起来，惊恐地看着这三个人。男的转头过来看看我，自我介绍说："叫我阿伟就行了。"这个介绍，如果换了现在，我肯定就会想起辉瑞公司著名的蓝色小药丸了。阿伟接着说："我来自浮兰（湖南）。"幸亏我还听过毛主席的讲话，知道那个是湖南口音。

到了那天晚上，我们宿舍五个人就都到齐了，因为头一次见面，大家都比较拘谨，小文跟表姐说广东话，阿伟跟姐姐和妈妈说湖南话，高强还在睡觉，我自己在看小说，11点熄灯以后就睡了。大学生活的第一天就这样开始又结束了。

军 训

军训是入校两个星期以后进行的，先去学校武装部领取军训装备，其中包括军装、水壶、武装带（皮带），还有军鞋、捆被子的绳子等。军装不是上衣太长，就是裤子太肥，特别是裤子的腰围足足有五尺多，比秀水街里卖给老外的牛仔裤还肥大。

随着军训日期的临近，关于军训的各种谣言开始泛滥，当然大多是说军训如何痛苦，部队的教官如何恐怖，还说某系的女生竟然绝食数日后宣称患了新生入学不适应症，要求不参加军训，等等。这些传闻显然有巨大的负面影响，带动了一大批人钻营如何逃避军训。新生军训分两个地方，我们系被分到那个条件更差、教官更严厉的地方。

D县属于河北保定，那里有个高炮营。一个秋高气爽的下午，这里开进来好几辆大巴，车还没停稳，穿着崭新、不合身的军装的"战士"们就被教官喊下车，再被分成几个连和若干个班，我成了二连四排三班的战士。分好了班，马上跑步到礼堂开会，会上营长指示大家要服从命令，不服从指挥的，教官有权警告，甚至进行拳头教育。

第二天，军训正式开始，虽然对其艰巨性有所准备，但这里毕竟是军营，强度跟新兵训练差不多，半天下来两条腿就不听话了。最要命的是吃饭之前还要唱军歌，歌声最响亮的先进去吃，而且要在十分钟内解决问题，吃完饭盒没有洗洁精，军训期间饭盒从来没洗干净过。中午回去后学习叠军被，教官做示范，这个倒是技术活，我虽然掌握了要领，无奈我住上铺，先天条件使得被子叠出来总是软绵绵的，就因为这个没少挨教官训。虽然来人大的都是高 IQ，但有的人天生身体就不太协调，走路顺拐者有之，一扭一扭者有之，教官气得七窍生烟，对这些"战士"开小灶，无奈朽木不可雕，最后只能放弃努力，检阅时把这些同志踢出队伍。正步和匍匐前进是军训中最辛苦的训练科目，练正步要长时间地抬腿，匍匐前进更是没有电视里那么好玩，最可怕的是肚皮贴地的蛤蟆式（低姿），训练场上都是黄土，前面的人爬过以后，后面的人只能吃黄土，爬了三十米，各个都成了来自黄土高原的老乡。

没过几天，班里就出现"非战斗减员"了。睡我下铺的兴旺同志突然患了"军训综合征"，头晕目眩，四肢无力，情绪低落，大便干燥，时而还有呕吐并发症。教官无奈，只好让他先去部队诊疗所看病，后几天这小子的训练强度急转直下，太阳大时，还能去阴凉处歇息，气得我们恨不得人人都得说不出名字的怪病。

拉歌乃军训一大乐趣，军训中学会了一些军旅歌曲，这种歌曲的唱法有点独特，只求气势，不求歌喉。只要嗓门大就 OK！就那么几支歌，你唱过来，我唱过去，唱到力尽人亡。一般来说，是比较好斗的连先自唱一首，而后吆喝"× 连的，来一个"，如对方不理会，又叫"叫你唱，你不唱，扭扭捏捏不像样，像什么，像姑娘"。但最后一句在与女生拉歌的时候就出现了问题，人家本来是姑娘，这样就失去了讽刺功能，后来连长想个办法，把"姑娘"改成"面汤"。

白天训练，晚上政治学习，就这样苦日子一天一天过去，最后练到军帽晒成黄色，军装上衣后背出现了一个白色的圆圈，军鞋破了一个大洞。经过 18 天的军训，最后一天的检阅后，我们终于坐上了回城的大巴。有一部分"战士"临走还哭了，我就觉得特别开心，能离开这个 18 天来就洗过一次澡，没有自由、没有个体的地方。车开到城市的边缘，看到穿着非军绿色衣服的人，就像看到了外星人一样兴奋。这时我发现兴旺在我旁边大呼小叫的，好像军训结束了，他的病就好了。该死，我恨不能上去 %&$*@#。

回到人大是吃晚饭的时候，校园广播中在放着 *Going Home*，下了大巴，一口气跑到学二 512 室，看到墙上写着"你们辛苦了，欢迎回家"，突然觉得自己是回到了家，人大就是我在北京的家！

食　堂

军训结束以后，还有两个星期的时间才开始上课，这样的安排好像是为了让新生有充

分的时间来了解这个陌生的校园。跟每个新生一样，没过几天我就沉浸在对人大的深深失望当中，原以为学校大到要好几天才能走完，没想到看着人大指南，一天就逛得差不多了。方圆不大，却像山间小路一样长；面积根本比不上北大、清华，想找个湖泊得到心理上的平衡，中心花园里的也只能说是小水池。

人大不大其实有深层次原因，它处在从三环进入中关村的路口，而且附近是被誉为人大商圈的商业地带，根本没有扩张的余地，如果实在要扩张，就只能到郊区买地皮了。

人大声称要建某个建筑，不管大小，一般的工期都为四年或更长。比如，我入校的时候听说要在学九后面即西区食堂附近造一个人工湖以弥补人大没有湖的缺憾，后来到毕业的时候，才建了一个小花园，别说人工湖，连小水池都没有。这样的例子还有灰楼北面的科研楼，也是建好了，我也毕业了。

言归正传，人大在我入校的时候有东区、西区、教工、留学生四个食堂，如果经常在学校吃饭，一个月左右就能将各个食堂的情况摸得比较清楚了。因为我住学二，所以对东区情有独钟，中午的水煮肉片是一天都不能少。东区靠学二和学一，以男生为主（学一原为男生楼），西区靠学八、学九，以女生为主。教工正好是两个方向的交集，情侣们经常约在这里一起吃饭，然后一起去上晚自习。情侣们是食堂的一道风景，一起打饭，吃的时候如胶似漆地我给你喂一口，你给我喂一口，让我们这些旁观者担心两个人的疾病会不会交叉感染。这种情景对单身汉来说是一种无比的刺激，所以情侣们还算有自知之明，一般坐得比较集中，互不打扰。

每天中午和晚上是东区食堂最热闹的时候，这个时候一层的门口会挤满眼睛发绿的饿狼们，每个人手里的不锈钢饭盒都叮当作响，好像在向里面的人示威，催他们快点开门一样。食堂的师傅都比较体恤民情，会早点开门。门一开，饿狼们就像冲开闸门的洪水一样涌入食堂，扑向在门外想了千百遍的地方，特别是水煮肉的台子前挤满了人（那时菜都没有进入窗口，所以不用排队），每个人都伸出饭盒，期盼幸运地被打菜的师傅相中。中午吃饭有两个高峰：第一个是开门到11：50左右，这时候吃饭的要么是上午没有课的，要么是第4节逃课来吃饭的；第二个高峰是12：00到关门，这个时候吃饭的是正经的上课人士，如果12点15分以后才到食堂，那只能买到馒头了。打饭的时候老有人插队，其实这也可以理解，可能是肚子太饿了。但有些人是悠闲地走来走去，看到稍微认识一点的人就插，全然不顾排在后面的人，其实大家都很饿，如果有了好的秩序，大家就都能吃到，就因为这些人可耻的行为，使得秩序很混乱。插队是我在大学里最痛恨的行为之一。

新生的时候很单纯，什么课都认真上，所以经常只能吃到馒头，后来就开始有选择性地逃课，中午能吃到米饭了。由于吃饭时间过于集中，高峰时间都没有地方坐，后来就把饭带到宿舍里吃。一来安静，二来能边吃边听音乐，打饭回来正好是小白主持的点播节目。

我在校的四年间，东区的食堂有了很大的变化。开始只有玉米粥，没有大米粥，而且中午的水煮肉越来越肥。大概从大三开始，学校的后勤工作进行了改革，食堂实行承包制。渐渐地，饭菜花样多了，师傅的态度也越来越好，地面比以前干净了，还设立了放置饭盒的柜子，以后不用带饭盒上课了。但有得必有失，后来就不能用不锈钢饭盒向中午拖堂的老师示威了。

宿　舍

住宿乃人生大事，自从那个下雨的早上住进了学二，就开始了与这个弥漫着怪异味道的老楼四年纠缠不清的恋情。

学二位于人大的东门附近，出门有当代，南有双安利客隆，北有麦当劳肯德基，而且交通方便，所以这里是人大所有宿舍中地理位置最好的。对于每天早上睡懒觉的人来说，当代的升旗仪式还有闹钟的功能。入学第一天对这个楼的印象不是很好，因为楼道光线昏暗，因为厕所污物横流，还有其他很多很多，后来发现男生宿舍都是这样。我住的房间正对着厕所，所以即使在北京最热的夏天，我们也不敢开门，但房间还算干净，不像有些房间，虽然远离厕所，可苍蝇照样满天飞。比起蟑螂来，苍蝇的危害简直是小巫见大巫了。军训回来就发现房间里到处是这种叫"小强"的东西，看到人来了就四处逃窜，晚上熄灯以后，宿舍就是它们的天下了，而且数量和体积跟时间成正比。"小强"的危害是有目共睹的，放在抽屉里的信笺被它们吃得像邮票一样有了锯齿边，挂在外面的衣服不多时日就被咬了个洞，最恶心的是它们经常从喝水的杯子和吃饭的饭盒里爬出来，如果前一天睡觉之前在杯子里泡好热水没有喝的话，第二天就会有很多蟑螂沉尸杯底。虽然校方进行了很多次灭蟑严打运动，可总是收效甚微，严打刚结束，"小强"们又从宿舍的各个死角探出头来，我们只能天天过着"与螂共舞"的日子。终于有一天，校方不知道请来了何方神圣，带来了传说中的灭蟑特效药，这种白色粉末对"小强"有致命的杀伤力，经过两天的全校性的运动，终于使"小强"在人大暂时绝迹。

北京的夏天一年比一年炎热，房间里的温度其实跟外面差不了多少，就凭学校发的那几张澡票根本满足不了我们的需求（当时澡票是配给制，每人每星期平均1.5张），所以男生的洗澡问题基本都是在宿舍水房解决的。一到天黑，男生就开始出动了，关了水房的灯，开始在黑暗中摸索着净身，后来人多了干脆开着灯，反正大家都是男人嘛。大二的时候，学校突然宣布把学一改造成女生宿舍，这下麻烦可大了，学二的水房在面朝学一的一面，这岂不是让女生欣赏《光猪N壮士》了吗？可这么热的天不洗澡简直是要人命，最后男生还是舍身求浴——照洗不误。更有甚者，中午吃完饭，不顾光天化日、朗朗乾坤，光着屁股冲凉。有些女生在男朋友的宿舍里吃完午饭，到水房洗饭盒，被吓得魂飞魄散，扔下饭盒就跑。以后到了夏天，就很少有女生在男生楼出现了。

直到上个世纪的最后一年，学二的房间里都没有电话，整个楼的通信功能只能靠一楼值班室的一部破电话来完成。晚上9点以后，想打通这个电话几乎是不可能的，除非运气特别好。电话不外乎两种，一种是父母打来的，另一种是家乡的女朋友打来的，这些看接

电话的人的姿势就知道了。姿势比较端正的是父母的电话；姿势随意，老往椅子上靠的是女朋友的电话。学校有规定，接电话不能超过五分钟，那么多的思念，那么多的离愁，好多人都是一边看表一边打电话。其实，谁不是分分秒秒计算幸福？

学九是人大的女儿国，周五和周六晚上，这里会有很多很多男士在门口徘徊，没装电话的时候，找人要在楼下值班室通过传呼器来叫，这条线路可称得上是人大第一 hotline。1996 年的时候，校方出台了有偿传呼制度，呼叫一次 0.2RMB。这下在学生中炸开了锅，正式推行的第二天，学九门口的海报栏上就贴出了写着"不在沉默中死亡，就在沉默中爆发"等名句的大字报，并且直接导致学校勤工俭学中心 BP 机一度脱销。

除了一层和五层，学二每个楼层的 11 号和 12 号房间是活动室，有两台破得不能再破的电视机被放置在靠墙的位置上，这里平时很安静，到了有体育比赛的时候，这里就是最热闹的地方。特别是有球赛的时候，几十号人围着这个破电视助威呐喊，声音大到教二都能听到，中国跟韩国的比赛我从来不看，因为只要听到呐喊声响起了几次，中国队就进了几个球，但每次我总是会失望的。一旦中国队输了，就会有很多啤酒瓶从天而降，这个时候最好不要在学二周边徘徊。1998 年法国世界杯期间，有很多宿舍都买了电视，到清晨球赛快开始的时候，就会有人从楼道的电灯上接出电线，想看的都用椅子给自己占座，最经典的阿根廷对英格兰的比赛，加时又点球，踢到第二天的早上，当阿根廷罚进最后一个制胜的点球时，我实在是忍不住心中升腾的兴奋之火，跑到窗口对着外面大喊——WIN！！！

四年时间，我就是在学二这个老楼里度过，从陌生和厌烦，一直到喜欢她不愿离她而去，毕业的时候我都不敢多看她一眼，生怕失去离开的勇气。工作以后我曾经回去过一次，学二值班室的大爷还认识我，问我来干什么，我说我来看老朋友。那天没能进去看看，因为她的新朋友还没有回来，大门紧锁，她已经不认识我这个老朋友了。

上课的幸福与逃课的快乐

考大学，大了说是学习文化，用知识武装自己，小了说是为了将来找个好工作。

有了在人大上课的权利是一种幸福，如果单说文科方面，全国没有几个大学敢站出来拍着胸脯说比人大强。说到上课，就不能不说说人大的"四大名捕"了。

"第一次亲密接触型名捕"是"西方经济学"的刘老师，这门课全校 80% 以上的人都上过，他是大学里很多人碰到的第一个"名捕"。开始很无聊，不是供给，就是需求，我一度觉得只要会讲供给和需求就能成为一个经济学家了。虽然如此，但很少有人敢冒不及格的危险不来听课，后来随着课程的深入，觉得"西方经济学"很有意思，但考试是很痛苦的，结果是终于通过，但只拿了中，这个是大学里面第一个中。

"笑里藏刀型名捕"就是"货币银行学"的李老师，他最有名的是第一堂课介绍个人情况，关于这点，想必只要上过课的同学都晓得。但李世银老师讲得是非常好，而且老鼓动大家买股票，说自己给大家选，保证不会亏，班里也有几个人受他的鼓动买了点。老李后来又说，他只在大家上他的课的时间内指导，课教完了就不负责任了。那几个买股票的不知道后来亏了还是赚了。

"冷酷无情型名捕"（第一大名捕）是教"计量经济学"的沈老师，这位经济学系的老师一般不给别的系上课，就那年我们运气不好，选到了他。第一堂课，"名捕"就说在座的有 40% 的人要不及格，教室顿时一片哗然，"名捕"还振振有辞，说这个不及格率是学校的规定。我们上这个课的时候是大三的下学期，这以后就基本没有什么有可能导致不及格的科目，没人想晚节不保。学这门课很辛苦，都是数学相关的东西，对文科生来说没有比这个更难的了。为了"计量经济学"不知死了多少脑细胞。最后考试的时候是晚上，我紧张得连晚饭都吃不下去，进考场犹如进法场般悲壮。平时考试都是提前交卷的，可那天晚上考试时间在考生的要求下一再延长，一共考了三个半小时，交了考卷，有如世界末日来临。大部分男生一路喊着 F××× 跑回宿舍，大声招呼拖拉机手们打牌。我只想一个人安静地待着，实在太累了。一个假期以后，成绩公布，班级里有 4 个人不及格，这个结果大家还算可以接受。跟我们一起上课的经济学班就没那么幸运了，被"名捕"大义灭亲，逮了 8 个人。

大学里，只碰到三个"名捕"，第四个没有碰到，所以也无从去了解了。相对于必修课，选修就轻松多了。四年里只要修满学分就可以，没有时间限制，没有课程限制，随自己的兴趣爱好选。大家选得比较多的是金老师的"涉外工作实务"，这门课在教三的大教室上，可总是人满为患。女生上这门课特别起劲儿，星期五上课，星期三就开始占座。老师讲的无非是些书上都有的礼仪，看来女生对自己先天不足的认识比男生强烈。其他比较热门的有档案系开的"北京导游"，开始以为是教大家如何做北京的导游，上了课才知道是老师给大家做导游。"80 年代文艺思潮"人也挺多，我就听了关于崔健的专题，老师也是崔健的粉丝，讲得很生动。我对选修的态度是听自己有兴趣的，容易考过的。容易过的课只能告诉大家一门——"大学生健康修养"，是校医院开设的，最后是开卷考试，去考的基本都有好分数。

与上课的幸福并列的是逃课的快乐。有些课老师讲得不好，或者本来就是无聊的课程。每当逃出教室，走在安静的路上，总有一种反叛的快感。开始是男生逃，后来女生也逃，最后全班没有不逃课的。这个就像吸大麻一样，越堕落，越快乐。到了大三，经常性逃课的就有一半以上了。有时候女生见了我，打招呼都是"好久不见了"，因为除了上课很少能碰到我。

我开始逃课是为了打工，那时候不上课还有一种深深的负罪感。后来就觉得逃课没什么不好，但逃课不能只为了玩，最好赚点社会经验。因为毕业的时候，用人单位非常看重这个。高翔最喜欢逃课（大学报到的那天，他就睡了整整 24 个小时），逃课的主要内容就是睡觉，但这个神奇的高翔四年中竟然没有一门不及格。特别是计量经济学，这个"流氓"竟然拿了个中，班级里最好的成绩也不过是良。第二喜欢逃课的是我，因为打工，因为跟朋友吃

饭，或去图书馆看小录像，反正不上课。可我没有高翔运气，大三的时候因为办护照，没怎么去上"会计学"，结果被逮，成了我大学生活的一个遗憾。我一直想找这个老师论理，可她教完我们就去英国留学了。阿伟特别喜欢上课，几乎不逃课，而且喜欢到自习室看书学习，可我们都怀疑这小子去自习室的动机不纯，因为他常常坐在好看的女生旁边。

大学不仅仅是学习知识的地方，还有更重要的东西等我们去体验，可以上课学习知识，也可以逃课做自己的事情。自由意味着选择权，而可选择性是大学的精神所在。在人大，上课和逃课都让我很快乐。

打 工

现在学生打工已经是司空见惯的事情了，可在五年以前，真的去打工，除了家教以外，还不是那么容易的事情。

我打的第一份工是通过同伴的女性朋友介绍的，这位来自东北的女生颇有能力，现在在北京的娱乐圈里闯荡，不要户口，不要稳定工作和固定收入，是一个自由节目创作人。我的那份工作是推销一种可以在酒店里享受优惠的打折卡，现在这种卡还在卖，如果有一天你突然收到陌生女人的电话，告诉你被选中成为××公司的贵宾，并可以享受低价购买打折卡的服务，那就是这个东西了。我要做的工作是去客户那里说服对方买下来。因为前面已经做了简单的介绍，并跟对方约好了时间，所以比那些推门而入的推销者受到的待遇要好一些。这种推销成功率在60%到70%之间，前面提到的女生已经发了笔小财，所以工作前一天晚上，我眼红耳热心乱跳，睡不着觉，好像明天就要发财了。

钱并不是那么容易赚的，第一天去推销就觉得自己真的是太笨了，人家说了一句不要，我就不知道说什么好，干了一天还没有开和。但赚钱的欲望使我再一次鼓起勇气出发了。第二天还稍好些，那个老板一听说我是学生，而且是第一次出来打工，什么都没说，立马掏钱买下来。其实这样的老板很多，他们看多了世态炎凉，对校园的生活非常怀念，只要看出你是学生，而且不油嘴滑舌，就很爽快地买下来。

这个工作钱好赚，但也辛苦，从早到晚一直在外面跑，只要总部打个CALL机告诉我在多长时间内到什么地方，我就要利用一切交通工具（不能打车，赚的钱打了车就没有了）快马加鞭，到达目的地找到"有关人士"，开始我的Marketing。对方一般不太相信我，如果怎么说都没有用，就要学会知难而退，等待再一次的推销。有的时候运气不好，早上从人大到玉泉营，再到方庄，再去草原胡同的总部，一天都没有生意，这种时候，回到人大已经是晚上8点以后，只能到人大菜市场吃点包子。路上看到教一灯火通明，看着专心上课的学生，突然觉得自己是个"失学儿童"，在教室外面看着幸福地上课的小伙伴。

打工的日子有苦有甜，可一件事情让我陷入了矛盾，并最后结束了我的打工生涯。有一天我在安定门附近，快5点了，我看了看表正要回人大，突然CALL机响了，回了总部的电话，总部告诉我说有个大客户在长富宫附近，5：20下班，让我快点过去。我马上跑到安定门地铁站，坐到建国门，下了地铁一路跑到长富宫。到了那里已经是大汗淋漓，时间是 5：25。客户不是香港人就是台湾人，他听完我的介绍后就用国语跟我说，他觉得这个卡不好，所以他不想要了。我能看出来他一开始就没有想要，我说为了赶到这里来，我除了坐地铁，就是跑着过来的。他低头想了想，掏出了钱包，拿出钱包里的 100 元和 50元以外的零钞，放到我的面前："你卖一张卡挣多少钱？这些就作为给你的报酬或打车回去的车钱。请你收下，不然我会觉得惭愧的。"说完，去了另一个房间，只剩下我和桌子上的钱。我想了想（但不知道想了什么），还是把那些钱拿走了。回到寝室躺在床上，我无法入睡，我不知道应不应该把钱收下。我一天赚的钱不比那些钱多多少，出来打工，说白了不就是为了钱吗？我去见那个家伙不也是付出了劳动吗？但这些钱总觉得是施舍，甚至是用更可贵的东西换来的。因为这件事情，我结束了我的打工生涯。辞工的时候，老板觉得特别可惜，说不管什么时候都欢迎我回去。

现在想起打工时候的事情，觉得那时的经历对自己现在的工作有很大的帮助，并且让我了解了社会，这些都是比钱更重要的收获。

饮食男女

人大的学生实在是运气，周边是人大商圈，买东西不用愁，而且学校里面和附近都有很多吃饭的好地方。

大一的时候只知道在学校食堂吃饭，从来没有尝试过在外面吃饭的滋味，后来就渐渐发现周围有很多好地方。学校里面，我喜欢去的地方是乡音阁，那里主要以韩国料理为主。以前去那里的人主要是留学生，后来中国人就渐渐多了起来。既然是韩国料理，那肯定要吃吃冷面和拌饭。冷面相信很多人都吃过，特别是在北京最热的日子里，当你什么都不想吃的时候，我建议去吃冷面，这个东西非常解暑。拌饭是把米饭、辣椒酱、蛋黄、紫菜、生菜、黄瓜、胡萝卜、肉丝等放到一个大的饭碗里，端上来的时候是简单地叠放在一起，你的任务就是把这些东西都混合在一起，混合越彻底越好，然后就可以吃了。这道菜（其实应该是饭）一般来说是喝了很多酒以后开始吃的，因为韩国人喜欢喝酒，而且有个习惯是喝酒的时候就不吃饭，喝完了才开始吃饭，所以它是韩国人酒后的米饭。其他好吃的东东还有土豆饼、酱汤等。土豆饼是把土豆弄成糊状后煎出来的，这道菜在家里也可以自己做，但不一定会好吃，因为土豆变成糊状后要放一段时间，对这个时间的掌握不是能轻易学来的。酱汤是跟泡菜齐名的韩国菜，韩国人一般在家里吃饭的时候，只要有酱汤和泡菜，就能吃饭了。酱汤是用大豆发酵以后的豆饼做成的，味道主要跟发酵的环境和时间有关系。以前韩国人的家里也可以自己做豆饼，现在这种技术已经变成机械化大生产，没有必要再麻烦贤惠的韩国媳妇了。

乡音阁的对面是"牛羊鱼"，其实那个地方应该是"犇羴鱻"。这种小店一般是四川人开的，经营的主要是川菜。学生们喜欢吃刺激的食物，所以川菜便宜又刺激的特点特别适合学生的口味。那里的水煮肉和土豆丝是几乎每次去必点的两道菜，至今到了川菜馆，我都点这些菜，经常被同事说没有水准。有一次去华东师大看一个读研究生的同学，在学校附近的川菜馆吃饭，又点了这两样，害得女同学又伤感了好一阵。原来东门外面，真维斯的胡同里有很多好吃的地方，大三的时候这些餐饮店全部搬了地方，那个胡同也拆光了，只剩下硕果仅存的三得利和家常菜。家常菜服务态度不太好，价格便宜；三得利环境还可以，但价格相对高一些。对当时还是学生的我们来说经常是很难取舍，左右为难。所以请男生吃饭，就去家常菜；请女生，一般去三得利。

西门外街对面的那条马路原来没有那么宽，还没修路的时候那里也是川菜的天下，靠近学九有利的位置，造就了那里繁荣的餐饮业。周五和周六的晚上是生意最火爆的时候，认识的不认识的男男女女在这里都成为知己，中国人的大部分事情果然是在吃饭的时候得到解决的。寂寞的男生和无聊的女生在这里得到想得到的东西，男生喝了酒就会无耻地看着女生傻笑，女生则小心地保持着朋友和情人之间的红线，可不能让对面的傻小子一顿饭就解决问题。一个晚上下来，大家都是心情舒畅，男生尽可以在从学九到学二的路上胡思乱想，女生回去则轻描淡写地对房间里的女生说去吃饭了。

西门外有个餐馆是我很喜欢去的，从西门穿马路，过了餐厅集中的地方，再过一条横马路就到了，具体名字不太清楚，招牌上是一个很大的招财猫，老板是以前在人大留学的日本人，他来人大之前是一个不错的拳击手，在日本的四国地区是业余拳击冠军，长得很帅，但鼻子有点歪，那是拳击场留给他的纪念。他非常乐观，自称是喜欢吹大牛的猴子（名片上就这么印的），有的时候显得神经质，但绝对是善意的。他开的店很干净，菜也可口，主要是湘菜系列。里面环境幽雅，价格公道，童叟无欺。

考研与工作的边缘

大一的日子在迷惘中度过，大二的日子在快乐中度过，大三的日子呢……就要考虑考研还是工作了。过去都没什么人考研，随着经济的发展及大学生的增加，留京变得越来越困难，在这种情况下，考研不失为一种好选择，因为一旦上了研究生，留京就变成可以选择的事情。虽然不能说全部考研的人都是怀有这种功利性的目的，但不可否认的是本着研究学问的目的考研的人越来越少了。

大三上学期是下决定的时候，要想考研，这个时候就要开始针对性地复习数学了。对人大的学生来说，文科好像不是什么问题，重要的是基础课里的数学，因为很多理工科院校的同志们都是数学非常出色而专业课方面逊色一些。当时班里上课，很多人都在看《微积分》和《线性代数》，从此号称加入了全民考研的行列，除了像我这样实在是考不上的，没人不考研。当时同屋里 5 个人，我和高翔肯定不考；阿伟肯定考；小文要考中大，但以他平时的表现，也不像个要考研的人；彷徨是左右摇摆，可自从买了几本考研书以后，就从来没翻过。大三暑假的酷暑淘汰了很多经不起考验的同志，到了大四的上学期，只剩下几个铁杆考研分子了。其中就有阿伟和小文，他们考研的精神一点都不比当年高考的时候差，考研的录取率比高考低，不得不如此啊！这帮人早上 5：30 就起床去旧图自习室占座，然后晨读，吃了早饭后就去自习室，泡到晚上 10：50 旧图关门为止，回到房间里吃点夜宵就睡觉。他们回来的时候，寝室里的牌局还没有结束，很打扰他们睡觉。有时候阿伟或者小文在床帘的那一边嘟哝几句，只要是被我们听到，就被无情地镇压下去。我总是带头的，也很得意，但现在想起，心中有无限的愧疚，其实那时是他们最需要睡眠的时候。

考研的人互相称呼战友，一些从来不认识的人在自习室里变成了最亲密的朋友，他们经常就考研的资料和消息互相串联。考研资料是除了托福、GRE 书籍以外最抢手的图书，而且都很贵，上考研班也是个大的投资，很少听说有没上考研班就上研究生的，如果目标是重点大学就更不用说了。考研辅导大师到了冬季就纷纷开班授课。谁都不知道到底上考研班有没有帮助，我想，起码上过的人有个心理上的安全感，总比没上过的人强点吧。还听说理工的考研班报名的时候被学生挤破了铁门，足以看出考研是冬天里的一把火。

想起大四的时候我干了一件傻事，去菜市场的一个小店里印了名片，准备寄简历的时候一同寄出，现在再想起来就想笑。找工作与考研并列为大四的两大主题，大四的痛苦莫过于找不到工作。准备简历是一个很关键的环节，可我嫌麻烦，参照前辈的简历做了个很简单的，就开始守株待兔了。那年就业形势严峻，最早来学校要人的是 P&G，展开了为期 1个多月的笔试及面试活动以后，把他们认为最优秀的人挑走了。P&G 前脚刚走，各大会计师事务所就拍马赶到，把会计系的才女们搜刮走。后面才开始有国有企业来招聘。从这里可以看出，国内的企业对人才的理解程度远远没有外企来得透彻，怪不得老竞争不过人家，从开始就落后了。

为了找工作，我还和杨震去国展参加了几场招聘会。到了国展一看，整个马路都是人，不仅有本地的大学生，还有从外地赶来的同志们。看到此等人潮汹涌的场面，我们也没有了找工作的心思，可既然来了，就进去看看吧。进去以后更是大开眼界，根本没几个公司要无工作经验的本科生，好不容易有个巨龙不要工作经验，可全场没有工作经验的都把简历往里扔，我都怀疑招聘的人会不会嫌太多太重，扔掉一部分。

到了最关键的 11 月，我的 CALL 机被偷了，如果把那个家伙找出来，打成二维也不能熄灭我心中的怒火。这不是钱的问题，简历上印的就是那个号码，如果联系不到，我就失去了工作机会。灾难和幸运好像是相生相伴的。就在几个星期后的一天，跟杨震一起在实验楼上网聊天的时候，他的 CALL 机响了，说有个面试要不要去看看，我就去参加了有生以来第一次面试，居然通过，最后加入了那个总部在深圳的公司。

我觉得好多事情是拼命追求的时候没有结果，而耐心等待的时候会峰回路转，我的第一份工作和现在的工作都是在等待中得到的。这些使我明白，有的时候需要的是坚忍与等待。

新图前的合影

考研成绩出来时，工作也找好了，到了 5 月的上旬，所有让人担心的事情已经全部结束，留下了两个月的时间准备离开人大。学校是有新陈代谢的，旧的不去，新的不来，我开始舍不得人大的时候，却要离开了。

那段日子里，以前所有不爽的事情都变得美好。上课变成了奢侈，给过不及格的老师也感到亲切，甚至有早上 7：00 起床，吃完早饭去图书馆上自习的冲动。可是谁都不能阻止时间的脚步，我们到了毕业的时分。

西门外酒店的生意迎来了黄金季节，很多毕业生都抓紧时间与好朋友再聚一聚，我也是其中之一。印象深的一次是跟秀君还有震震到西门外日本拳击手开的店去撮饭。我们都挺高兴，说彷徨喜欢自吹自擂，说阿伟走路像扭秧歌，说我就喜欢说别人，从来不说自己……说着说着就喝高了。回去的时候路过摩托罗拉公寓，我对着路边的公寓长啸一声，全楼的声控灯同时亮了起来，觉得自己特像《月球漫步者》里的 Michael Jackson。

每年毕业生毕业之前都会有个传统项目，就是把自己用过的教科书低价卖给在校生，也算回报学校了。东门主要的 Market 位于学一学二到东区食堂的路上，上午 10 点左右就开始有人把摊子摆出来。开始我们还有点不好意思，虽说学的是 Marketing，可真的去做还是头一次，就当作走入社会的第一步吧。

到了 5 月末，北京已经很热了。一个大热天，我们班在东门外找了个酒店吃了散伙饭。那天的啤酒温度太高，无法下咽，弄得广大男生没有实现一醉方休的愿望，原本偷窥一小撮居心不良者把握最后机会向心仪的女生表白的希望也落空了。好像很多该发生的事情没有发生，没有人说豪言壮语，也没有人痛哭流泪，一切都平平淡淡、从从容容。现在我才明白，那时我们心里只有对工作和读研的憧憬，而没有领悟到眼前这一切的美好与珍贵。

6 月里的一天，除了陈佳和秀君因在南方实习而没到外，全班都来到新图前面。大一的时候听图书馆的馆长说过新图是毕业生最喜欢留影的地方，一晃四年过去，我们也迎来了这一天。摄像师按个头调整位置，先让小文站到女生的队列里去，小文摇了摇头，像老农一样叹了口气，站过去了。摄像师调整了镜头，又让阿伟站过去，阿伟尴尬地笑了笑，在大家的哄笑中也站过去了。"站好，微笑……好，保持住，一、二、三！"镁光灯一闪，酷哥辣妹们的倩影永远留在了底片上。

我一直感叹相机的发明，它能永远留住时间的脚步。虽然我们已经开始步入中年，但只要翻开陈年的相册，看到当时稚嫩的脸庞，就好像时光倒流。

我一直渴望时光机的发明，可以让我回到当时的新图前，让我再看看当时的我，当时的你，还有当时弥漫在人大校园里的大草坪的芳草的气息。

姚健英，该你了！

关于人大的点滴回忆

95 国税　姚健英

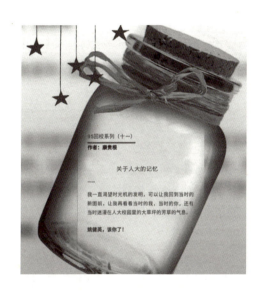

1995 年 9 月，如丑小鸭的我，跟着母亲从北方的一座十八线小城市出发，乘坐将近 12 个小时的绿皮火车，来到了坐落在海淀区海淀路 175 号（现改为中关村大街 59 号）的中国人民大学。当时的我，对这所学校没有任何了解，只知道这是位于祖国首都的一所名校。985、211 的说法是后来才出现的。

现在家乡的亲朋，会在孩子高中，甚至初中、小学时，到北京看看清华、北大，让孩子对未来增加感性认识，有憧憬，有目标。我常想，如果当时父母提前带我来北京，可能我不会选校园不够大、教学楼不够高、过于安静低调的人大。

然而，这就是缘分，是冥冥中命运的安排。此后经年，为人大被赞喜，为人大被怼怒，为自己是人大人而低调地傲娇。

财金学院 95 国税班

△人大合影必选背景

至今仍清楚记得，1995 年人大在辽宁省只招收 16 个学生。查阅招生目录后，母亲毫不犹豫地帮我选了"国际税收"专业（在母亲的理解中，"税收"是铁饭碗，"国际"高大上）。就这样，我成了 95 国税班的一分子。财政金融学院 95 国税班 14 男 17 女，来自全国 25 个省、自治区、直辖市，现如今分布在大江南北 11 个城市，但无论走到哪里，我们都有共同的标签——95 国税！95 国税班的同学普遍爱学习，甚少逃课，晚间大多流连于教室和图书馆。记忆中比较大型的集体活动有学交谊舞、"一二·九"大合唱、春游野三坡、秋游圆明园，留下了许多青涩而美好的回忆。对我影响最深远的是秋游圆明园，由于我不会骑自行车，彼时的班长潘伟骑着他的二八自行车载着我往返，甚是辛苦。为了不拖班级活动的后腿，我苦练骑车本领，并以初生牛犊不怕虎的精神，在乐于助人的宋国华同学的陪伴下骑行到了北京林业大学看望高中同学，途中屡次与大货车擦肩而过，现在想起来还有些后怕。

大学里最惊心动魄的一件事是蟑螂事件。某周末晨起，左耳簌簌作响，似有虫子动于其中，大惊。幸有聪明果敢的刘立栋同学，拉起我直奔海淀医院。医生看罢，淡定地说"耳中有一蟑螂"，取出尚动。从那之后，我很长时间都耳塞棉球入睡，蟑螂阴影持续至今。

△ 1996 年全班圆明园合影

学九楼611趣事

学九楼611宿舍住着来自四个省及直辖市的六个姑娘。温柔可人的老大、苗条友爱的老二和爽朗大气的老五都是北京姑娘，文静的老三、活泼的老四和可爱的老六分别来自辽宁、江苏和江西。关于611宿舍的趣事，记忆最深刻的是方言。

1. 东北方言。一日清晨，老三起床找梳头的工具未果，问："谁看到我的木梳了？"良久，有人问："什么是木梳？"答曰："梳头工具。""是木头的吗？为什么叫木梳？"然后就是一阵欢快的笑声。

2. 江苏方言。一天晚上，宿舍电话响起，老四的母亲来电，老四接过电话，一开始以普通话交流，几秒钟后便讲起了家乡话，语速越来越快，语调越来越急，疑似吵架。老四挂了电话，我们察言观色许久，才小心翼翼地问："与母亲大人有意见分歧么？"答曰："没有呀，交谈很愉快。"毕业后我嫁了江苏老公，迅速听懂了江苏方言，大学四年的江苏室友功不可没。

3. 江西方言。一日，我和老五、老六一起拎着热水瓶爬往六楼。爬至五层，六妹悠悠地说："好热（饿/乐）呀！"我和五妹异口同声地问："是热，是饿，还是乐？"六妹清了清嗓子，正色道："热（饿/乐）！"引发我俩笑声一片。至今，我都不知道六妹是热，是饿，还是乐。

毕业与相聚

"你总说毕业遥遥无期，转眼就各奔东西。"同窗四年，到快分别的那一百多天，突然莫名伤感，倍感珍惜，同学聚会的频率骤然提高，聚餐、喝酒、K歌、拍照、送别……我们享受着相聚的最后时光，以前因为鸡毛蒜皮的小事引起的摩擦谁都不再记得，流淌心田的唯有涓涓的同窗情。

直到现在，只要有京外的同学出差来京，微信群中叮咚一响，就张罗起一次同学聚会，无关功利，仅在乎友情，但遗憾的是一直没有聚齐31个人。

"你问我几时能一起回去，看看我们的宿舍我们的过去。"20年过去了，期待10月3日，95国税班团聚！

白彦锋，该你了！

△学九楼611宿舍的六姐妹（左起朱丽芳、王薇、封静、梁颖鑫、姚健英、刘静）

大学毕业 20 年回首：
苦其心志、劳其筋骨、饿其体肤

95 国税　白彦锋

　　记得中学那时候去图书馆翻阅杂志的时候，如果看到的是"大学毕业 20 年回首"这样的题目，我一定会想，作者肯定是一位垂暮老人，或者至少历尽沧桑。确实，大学毕业 20 年之后的我们，虽未垂暮，但也已经不再年轻。《燃烧我的卡路里》等歌曲是听上中学的女儿唱的，《三生三世十里桃花》的"追剧"是我妻子看的，而我们距离这个人工智能、大数据的时代似乎越来越远了。

　　确实，对于我们这些农村孩子来说，1995 年进入位于北京的中国人民大学读书，就像是换了一个世界。那时候，尽管我们宿舍楼旁边、东门外的中关村大街还不宽，在北京这里堪称"西郊"，但是对于我们来说，这确实是座大城市。后来，中关村大街拓宽，路两边几乎可以长到我们宿舍楼"腰部"的大杨树被无情地锯掉了，那刺耳的电锯声至今还在我的耳边回响。

　　我们宿舍楼旁边就是 332、320 等车站，公交车的报站声既聒噪又温馨。说它聒噪，是因为它经常吵到我们休息；说它温馨，是因为这代表了城市的声音，是自己寒窗苦读梦寐以求的。还有和我们宿舍楼隔路相望的当代商城。如果早班车的聒噪不足以把我们吵醒，那么每天准时八点半开始的升旗仪式肯定能够让你睡意全无，因为先放国歌，再放当代商城的"城歌"。听着国歌，你即使不肃立，那么"苏醒"应该是必需的尊重吧。然而，现在，随着网络经济的兴起，很多实体店难以为继了，真不知道伴随我们大学生活的当代商城还能撑到什么时候。

　　记得我们东区食堂有一种特甜的炒土豆片，非常下饭，令人难忘。说到吃，献血之后，不少女生送来了好吃的，好像大家着实改善了不少。那时候我们囊中羞涩，去西区棚户区的"犇骉羴"小吃店吃个刀削面就算"打牙祭"了，但现在经济条件改善之后，吃饭却成了不少人的负担。那个小店的名字如此特殊、如此接地气，以至于多年之后，很多同学依然念念不忘。当然，可能也是我们自己太缺乏阅历，没见过什么大世面。现在，学校那个角落早已面目全非，似乎很多高楼拔地而起。尽管看上去气派辉煌，但是和我们有什么关系呢？反而让人觉得疏远了不少。

我们的宿舍生活总是让人很难忘的。那时候电脑游戏还不是特别盛行，更没有被冠上"精神疾病"之名那么极端。大热天，大家在走廊打牌的情景让人非常难忘，但最后好像拍案而起、不欢而散的时候也是有的。真的不理解，为什么现在大学里，有那么多学生有心理疾患，看来是他们吃的苦太少了。"天将降大任于斯人也，必先苦其心志，劳其筋骨，饿其体肤"。现在想想，农村的劳作、物质的匮乏、乡下人的自卑，当时都经历过了。但现在看来，都不是坏事。

还有一件事情印象深刻。一位外地的同学——当时我们班上绝大多数都是外地的同学，假期结束返校的时候，是坐了大概一天的硬座回来的。想想现在人们坐飞机、坐高铁一日千里，我们那时候坐火车卧铺都是奢侈。那位同学晚上太困了——现在真是难以想象，年纪大了经常失眠，那时候的年轻人睡眠不足，一睡就十分香甜——于是趴在座位前面的小桌上睡着了。第二天醒来，他发现自己座位底下包里放的学费不翼而飞了。《天下无贼》的场景就出现在现实生活当中，当时让大家唏嘘了很久。

那时候好像都是阳光灿烂的日子。上"审计"课，我们寝室的陈小二因为中午去学生活动中心的卡拉 OK 泛听社打工（兼会女朋友、后来的妻子），下午上课的时候用手支着下巴打瞌睡，老师也不提醒，而是径直走过来猛拍桌子，吓得他顿时精神了不少。想想那时候的老师都特别负责任，而现在的老师还要对付看手机的同学们，真是"道高一尺，魔高一丈"。"市场营销"课上，老师问我将来会买什么颜色的汽车，我心说，自己自行车都是二手的，除了铃铛不响到处都响，更不要说汽车了，压根就没有概念。但是，现在的北上广深很多城市都已车满为患，开始限行限购了。

给自己上课的老师那时候也不觉得多么牛，但是这些老师中不少后来甚至走进了中南海，成了总理的座上宾，有的走进了部委，成了部委领导，真是让人刮目相看。

张腊，你现在咋样了？

袅袅歌声化不开

95 信息　张　腊

最近人大 95 级校友会正在紧锣密鼓筹备中，各类纪念性的文字洋洋洒洒，点燃了此起彼落的欢腾，也敲开了我的记忆之门。记忆虽然日渐斑驳模糊，但 1995 年的冬天最亲切也最清澈。

那时，我们入学不久，就听说要扛起信息学院参加校"一二·九"大合唱汇演的大旗，惊喜之余，特别不敢相信。其实，人大的"一二·九"大合唱历史悠久，这个光荣的任务历来都是由课业轻松的大一新生完成的。我们又听说大合唱不以学习为目的，因此甚

至要欢呼了。

11月的一个午后，同学们说说笑笑来到教室排练，而指挥邓利文早已候在讲台上。

邓利文是我们92级的师哥，酷爱音乐，据说已经带了三届合唱队了，相当有经验。

他个子不高，有着艺术家特有的干瘦，披着惊世骇俗的长发，漫不经心又有些傲慢，这在"天天向上"的人大校园里就过于拉风了。很快，我就觉得这位师兄入错了行。别的事情他不感兴趣，但一接触音乐，便神采飞扬如痴如醉，仿佛进入了人生之妙境。听说他后来发行了自己的磁带专辑（那时候还鲜有光盘），向着自己的音乐梦想迈进了一步，也为他高兴。今天想来，他生错了时代，如果晚出生十几年，社会更加包容，或摇滚或民谣，即使不是音乐网红，也更自在吧。

事后回想，邓利文指挥一群五音不全的师弟师妹，累肯定是累，但绰绰有余。指挥间歇，他冒出的音乐词汇，对门外汉的我们来说显得那么专业。他又那么敬业，对待和声的破坏分子，严厉又粗暴。我对他又敬又怕。

我们的参赛曲目是冼星海作曲的《黄水谣》。我很快就被这首革命歌曲朴素的音调、优美的旋律征服了。看来，音乐真是全世界的语言。

第一次排练，罗毅用手风琴信手拉了一段曲子，就确立了他伴奏的地位。

邓利文领着大家唱了一小段《黄水谣》，就让每个同学单独唱，以区分出高中低声部。每个同学在邓利文高压的气场下，勇敢地接受检查。很快，南腔北调们各自归位，就开始正式排练了。女低音和男高音是稀缺资源，虽然凋零但有派头。

这样以后，曲不离口，每日定时定点去排练。

我虽然兴奋，但唱不好。好在混在合唱队中，只要别人唱得好，我像南郭先生一样就可以了。但有一次，可能是我被感染了没收住音量，我旁边的同学忍无可忍地提醒我："你唱得不准就不要那么大声了。"我羞愧难当，但已经挺克制了呀——原来是自己听不到自己的声音。

邓利文说"合唱是听的艺术"，所以每个声部练习的时候，其他声部要认真听。我也就唱着自己的，听着别人的。

《黄水谣》不仅曲调优美，而且配合歌词演唱更是妙不可言。起始抒情，人们在奔流不息的黄河岸边，在肥沃的土地上辛勤耕耘，如身处桃花源。接着"自从鬼子来，百姓遭了秧"，以悲痛的音调和缓慢的速度，点燃了人民仇恨的怒火，随后铿锵有力，声振林木。最后黄河奔腾依旧，美好家园不再，歌声悲愤慷慨，浓浓的忧伤，久久难平复。

这样扣人心弦的旋律自然感染着每个人的情绪。

等到了第二段"自从鬼子来"，节奏变得紧张而悲壮时，我们的情绪开始高涨，歌声变得高亢，邓利文便不由自主沉醉其中，越发风度翩翩。我们被自己和邓利文深深感动，趁着激情澎湃便放开喉咙吼起来……突然，邓利文眉头一皱，头发一甩，手臂一挥，一声断喝"停！"，荡漾在教室上空的歌声被吓了个趔趄，戛然而止，我们便开始了反复的练习……

其实，每日午后的排练是对抗人性的。胆子肥点的听着听着就睡着了，也有人唱着唱着睡着了，邓利文很痛心，怒我们不争，气氛又紧张起来。

犯困的时候，我不敢睡，目光便越过窗户：苏式教学楼旁的道路上，冬日的大风卷起地上散落的树叶，呼啸不已，来去匆匆的路人不由得裹紧衣领，在肃杀中奋力前行。而歌声在教室里回荡，在耳边轰鸣，暖融融的，冬去春要来了……

这样磕磕绊绊排练了一个多月，同学之间感情日深，有点今天团队建设的效果。

比赛那个晚上我们在后台候场，练完了比赛曲目，罗毅还兴致颇高地拉了《西班牙斗牛士》助兴，那激情昂扬的音乐似乎至今还在耳边久久回响。同学们嬉笑打闹着，挥洒着青春的光景，憧憬着正在进行中的大学生活。至于后来在台上怎么唱的，怎么得的奖，全不记得了。

大二的时候，不知是不是95信息过于生猛，我们又代表信息学院高歌了一曲。已经毕业的邓利文回校指导算是点到为止，韦莹指挥着我们以"天籁之音"夺冠。

1996年夏天就毕业的邓利文，虽是名人，但有点"事了拂衣去"的风采，再无消息。前不久听说他去年在某次同学聚会上高歌一曲。他当年的诚恳和严厉，早在我们心头化成深深的敬意。

再过两年，我们也毕业了。

离开学校的时候，我们依然青春洋溢，光芒万丈，坐着各自命运的火车，伴着余音袅袅的歌声，驶向无限的远方。

如今奔波半生，当年的同学早已天各一方。青春变成了追忆，歌声也成了回响。四十有余的我们，"惑"与"不惑"，"闻"与"不闻"依旧还是横亘在面前的人生问题，但那段滋养终身的光亮，时时照耀进柴米油盐的日子。

来日相逢之时，长天之下，我们再放歌一曲，共叙陶然之情。

王鼎，来加入我们吧！

最闪亮的校园生活序曲，24年挥之难忘

95 社会学 王 鼎

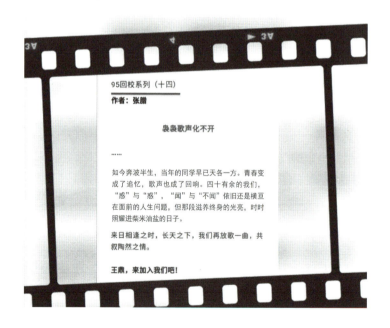

95回校系列（十四）

作者：张腊

袅袅歌声化不开

**** ****

如今奔波半生，当年的同学早已天各一方。青春变成了追忆，歌声也成了回响。四十有余的我们，"惑"与"惑"，"闻"与"不闻"依旧还是横亘在面前的人生问题，但那段滋养终身的光亮，时时照耀进柴米油盐的日子。

来日相逢之时，长天之下，我们再放歌一曲，共叙陶然之情。

王鼎，来加入我们吧！

凡是过往，皆为序章。大学军训拉开了美好校园生活的序幕。她犹如一首华彩乐章的前奏，引领我们在梦想开花的地方，走入各自无与伦比的芳华时代……1995年到1999年，是我们共同经历、永生难忘的四年。在这段流金的岁月里，我们发现了学习的动力、乐趣，确定了人生的新梦想、新使命，这一切深深地影响着我们每一个人，已成为人生中最美好最温暖的记忆。二十年，弹指一挥间；重聚前，心潮更澎湃。时光似水，思念如风。人生难得是相聚，再相逢时已不惑。梦回人大，思校情切；万千思绪，萦绕心间。四年的点滴往事历经二十年的漫长翻晒，思念已如夏谷般金灿。在那些思念的夏谷中，军训这颗

饱满的谷粒总会忽地跳将出来，吸引着每个人睁大的眼睛。

最枯燥的事：站军姿

开学后不久，初秋九月，在我们各班级同学刚刚认识、能分清校园东门西门之后，军训就马上开始了。地点在河北定兴和涿州，由历史上战功赫赫的英雄部队38军执教。十八岁左右的青春与火热的军营相逢，会产生怎样的奇迹呢？当一辆辆大巴车驶离北京城，进入河北境内，映入眼帘的是一片片夹杂树木、玉米地的偌大平原。军训基地就在一片平原上，周围人烟稀少，十分适合部队操练。从第一天开始，年轻的教官就开始教我们练习站军姿。后来，站15～30分钟的军姿也成为我们每天的"必修课"。所谓军姿，就是要以一名中华人民共和国军人的标准姿态站立：立正站直，目光上仰，重心前移，双手紧贴裤缝。这些动作看似简单，没有任何技术含量，但在炎炎烈日的炙烤下，坚持一动不动地站上一段时间却并非易事。只要站上几分钟，学员们都会热得满头大汗，满脸通红。如果再坚持几分钟，就会有点打晃。身体稍差一点的，赶紧举手示意，同时弱弱地喊一声："报告班长，我要休息！"眼看就要栽倒在地。这些文弱书生特别是城里人哪里受得了这份洋罪。有传言说，本营地某班有某人由于长时间站军姿"倒下"了，但究竟姓甚名谁，没有人亲眼见过。可是，教官一点也不手下留情，他只听他们部队首长的。我们这些大学生是他手下的兵，他当然得抓住机会好好"练练"。几乎每一次站军姿都是一次体能极限的挑战和精神压力的折磨。每次站军姿，我总是咬紧牙关坚持，在被晒得头昏眼花、站得腰酸背痛的艰难时刻，不由自主地想起那句名言：坚持把简单的事情做好就是不简单，坚持把平凡的事情做好就是不平凡，所谓成功，就是在平凡中做出不平凡的坚持。后来读《平凡的世界》，似乎心有灵犀。

比站军姿更折腾人的就是"踢正步"。刚开始时，练习的是分解动作，腿要抬高，脚尖要往下压，腿还要伸直。对于组合在一起的规定动作，大家怎么也做不好。班长毫不留情地拉出来进行单兵教练。在众目睽睽之下，一遍、两遍、三遍……无数次地重复着，直至合格为止。后来，每次在天安门广场观看升旗仪式时，看到士兵们整齐划一迈着正步前行的雄壮场景，我就会倏地想起那些军训日子，那些僵硬笨拙的动作。

最期盼的事：吃饭

有同学开玩笑说，军训的日子撑大我们的胃，没想到自己居然这么能吃。想想也可以理解，这么大半天地训练下来，早已饿疯了。每次训练结束，大家都如烂泥一团，连抬腿的力气都没有。穿着时常未洗、被汗水浸透湿了又干、被盐巴随意涂抹成地图状的军服，

一路有气无力地回到宿舍，就坐等开饭了。这是大家一天最期盼的事情。不得不说，唱革命歌曲是军营里最靓丽的一道风景。上操、训练返回途中等多个场合都要唱歌。仿佛不唱歌，心中积蓄的能量和激素就无法得到释放。印象最深的就是吃饭前还有一个规定动作，让各班学员分开站成一排，互相拉歌：哪个班的学员唱歌唱得最响亮最好，就可以先进入食堂享受简餐。最常拉的有《咱当兵的人》《团结就是力量》《打靶归来》等革命歌曲。带着咕咕叫的肚子大声喊歌，不得不说是一大绝佳的创意。它分明是要挑战你忍饥挨饿的能力。应了那句话，天将降大任于斯人也……拉完歌，大家以百米冲刺的速度冲到食堂，什么绅士啊，什么淑女啊，营养啊，减肥啊，统统抛到脑后，一顿风卷残云。早餐最饿，主食一般是大馒头，菜品大多是几块豆腐乳、两盘青菜。男生们一顿能吃五六个大馒头，女生们也能吃三四个。据说最大饭量者，可以连吃十个馒头，传说中有人还带了一两个馒头以备夜宵之用。北方的中秋季节，是成熟丰收的季节，每次练完返回，遇到那一片农田，多么盼望能到那玉米地或红薯地打点牙祭，只是军训纪律严格，只好忍着。短短的二十多天军训之后，大家明显感到黑了一些瘦了一圈，当然也更加结实了。

最痛苦的事：叠被子

　　起床后叠被子是日常生活小事，但在部队里，要按部队的要求把柔软的被子叠成豆腐块，也是一件难活。一般的流程是：先将被子按长度对折，然后将被头分别对折，再将对折面合起来即可。问题的关键在于要将被子拍出棱角来，方方正正，呈豆腐块状，确实要下一番功夫。有几位大神鼓捣了好几天，终于摸清了门道，弄出了成品，让大家好生羡慕。也有很多聪明人士，为避免重复劳动，多睡几分钟，就在前一晚把被子叠好，不舍得拆，和衣而睡，以此减少早上的慌乱。但即使如此，人多数人还是睡眠不足。每天早上六点就得出早操，有时候都是闭着眼睛、半睡半醒之间晃悠到操场。幸亏操场上没有什么电线杆子等类的障碍物。如有，一定有一些可爱的梦神不放过与它们正面撞击的机会。

最开心的事：打篮球

在枯燥的军训生活期间，几位同学突发奇想、萌生创意，向连营长建议，打破院系班级界限，组织一次精彩激烈的篮球友谊赛。印象深刻的是那个晚上，篮球场上灯火通明，无论是场上奔跑跳跃的身影，还是场下加油助威的呐喊，都一样全情投入，都一样激动人心。那些场景历历在目、恍如昨日，刻骨铭心、挥之不去，积淀在我们年轻的血液里，定格为沉甸甸的关于青春的回忆……如今，归期在即。听说，95级毕业二十年庆典活动正在策划一场篮球赛，10月3日上午，当年住东区和西区的各组一队，很有纪念意义。期待着目睹不惑之年的风采。

最兴奋的事：实弹打靶

听说要用真枪练习打靶，很多人兴奋不已。摸到真枪的那一刻，每个人都在问自己：这是不是在做梦？教官告诉我们：要想精准击中靶心，先要做到三点一线，不能有一丝一毫的偏差。我们按照这些动作要领，把枪托压住右肩锁骨处，眯着左眼，扣动扳机，"砰"的一声，子弹飞出。让子弹再飞一会儿，它还是没有落在靶心。偶尔也有好运气降临，教官从对面打出八环的手势。后来，有同学跑到对面，捡拾几个子弹头和弹壳，偷偷塞进军服兜里，带回学校，作为珍藏的纪念、炫耀的资本。

最恐怖的事：半夜拉练

每人都有半夜站岗的经历，回忆起来，似乎只有痛苦、恐惧，丝毫找不到美好。苍茫草原，四周静谧，营灯昏暗，寒意阵阵，白天热闹的军营一下子变得分外宁静。无边的黑暗裹挟着无名的孤寂一同来袭。两小时的站岗时间过得如此漫长，似乎可以连接成一个白天到另一个白天的整个黑夜。比夜晚站岗更令人气恼的是凌晨半夜拉练。传了多日的拉练没有任何消息。忽一日，天刚蒙蒙亮，营房里传来紧急集合的号声，原来是专门为学员们安排的野外拉练活动。大家借着远处路灯的微光，摸黑起床，手忙脚乱地叠被子、打绑带，带上军用水壶，还要将鞋插在被子后面。一系列动作结束后，背起背包冲出门外。一阵急促的脚步声过后，操场上传来集合、出发的口令，大家一路小跑向目的地进发。

今天看到军训时候的照片，犹如收到了一份请柬，它邀请我们去会晤逝去的昨天。此时此刻，遥想起24年前大学军训的二十多个日日夜夜，仍然热血沸腾，仍然神采飞扬，仍然感慨万千。我们在军训中通过最简单的动作、最艰苦的训练、最长久的坚持，强健了建功时代的体魄，培养了吃苦耐劳的精神，磨炼了钢铁般的意志，塑造了团结协作的品质。

因为梦想，所以选择；因为砥砺，所以精彩；因为经历，所以美好。军训那高亢的前奏，那嘹亮的号角，那标准的正步，如此坚定，如此执着，正引领着我们以一样清纯的美好、一样美好的心情，迎接每天新的太阳。

胡俊慧，到你的啦！

光阴的故事

95 国经　胡俊慧

清晨的上班路上，随手打开 FM103.9，一段熟悉的旋律缓缓流淌："春天的花开秋天的风，以及冬天的落阳，忧郁的青春年少的我，曾经无知地这么想……"老歌里住着回忆，蕴藏着动人的故事。熟悉的旋律，动人的歌词，如水般浸透生命，穿越时光唤醒生命中的某个片断，那段消逝的时光，如初升的日光，在海平面上摇曳着。"需求曲线""帕累托最优""比较优势""导数与微分"一次又一次在脑海中盘旋、回放。记忆的碎片不断重叠、黏合，纷至沓来。不曾想，时光如水，本科毕业已二十周年；不曾想，再相逢，我们已是中年。或许，趁着记忆还未消退，趁着年华尚未老去，写写我们的光阴，说说大学的故事。

秋天的风

依旧清晰地记得 1995 年的 9 月 5 日，我在父母的陪伴下抵达了秋雨濛濛的京城。那时候从武汉到北京特快火车需要 17 个小时，而我一宿未眠；那时候刚从湖北高温炙烤的秋老虎中逃离，迎接我们的是秋意十足的透心凉，让我第一次感受到了巨大的南北差异；那时候一直认为自己普通话在老家是说得非常标准的，而进了宿舍在北方同学面前却再也不敢开口；那时候我不知道挂在宿舍晾衣绳上的"布口袋"是搓澡巾；那时候来自天南地北的宿舍几人终于聚齐了，在父母要离京的前一晚，我们留下了第一张五人合影……

△ 1995 年 9 月 10 日摄于学 9-512

那时候我不知道北京的秋几乎没有雨，只有风，可惜了我千里迢迢从老家背过来的一双全新的淡紫色雨鞋。我来京的第一晚，是住在叔叔家。半夜躺在床上，部队大院的夜出奇地静。窗外高高的杨树发出沙沙的响声，好像有人指挥一样，整齐而有节奏，或远或近，或清晰或模糊；晃动的树影印在窗帘上斑斑驳驳，仿佛跳舞一般，时而轻柔婉约，时而粗犷豪放。那一刻我意识到这里的风和故乡的风不一样，"秋风入窗里，罗帐起飘扬。仰头看明月，寄情千里光"从心头涌起。第一次离家，第一次感受秋天的风。秋天的风，清新凉爽。傍晚时分，下了课的我们五人小组鱼贯而出，跨上自行车，迎着舒爽的秋风，穿梭在热闹的校园里，耳畔是校园广播中彼时最流行的金曲，眼前是洒满金光的夕阳，身旁是朝夕相处趣味相投的舍友，感觉人生似乎达到了巅峰。那时候的天空湛蓝，阳光明亮，草色碧青。秋天的风，缠绵迷人。那时候异地求学的我们，没有手机、QQ，更谈不上微信，书信成了彼此间传递信息的重要载体。秋风裹挟着落叶，以及南飞的鸿雁，捎去对远方亲人的思念，对高中同学的问候。每天中午生活委员带着同学们热切的期盼去东门的信箱取信，"中国人民大学 19-95 号信箱"的通信地址记忆犹新。收信、拆信、读信、回信能够让一周的生活熠熠发光。不熄灯的周五深夜就是宿舍五人集体写回信的日子，或偎在床头，或坐在桌前，安静而惬意……现在偶尔翻动大学时期的信笺，就如同重温青葱岁月，满满的回忆，满

满的感动。感谢那个没有手机的时代！

冬天的雪

时光，从一缕清风中飘然而过，散发出幽幽的暗香，在四季轮回的罅隙中，缓缓地步入了冬季。冬，蕴含着深邃悠远的意韵；雪，舞动着空灵曼妙的风姿。那时候北京的雪真的很大，但我却感受不到北方冬天的彻骨冷。冬雪是温暖的。那时候学校西区食堂一入冬就会储藏一堆一堆的大白菜。吃腻了食堂的我们，不知从哪整了一套酒精炉，并在多次宿舍消防大检查中得以幸存。宿舍几个人总是盼望着用这个炉子来打打牙祭，改善伙食。某个冬日的傍晚，我们趁着夜色渐浓，偷偷从食堂北侧搬回来一颗大白菜，买上几个鸡蛋和几袋方便面，开始自制加餐。美厨牌黑胡椒牛肉方便面的鲜香飘满整个楼道，再加上鸡蛋和大白菜，简直是人间至味，自此再也没有吃过如此美味的"大餐"了！屋外飘着冬雪，屋内热气腾腾。冬雪是多情的。冬天的节日多，校园里浪漫画面一幕接一幕，学九楼下则是浪漫集散地。那时候男生要找女生，全靠楼下传达室的值班大叔。学九楼下不大的出入口总是站满了翘首以盼的男孩子们。时间长了，我们总是能看到一幕幕分分合合的青春大戏，聊作谈资。那时候，北京音乐台伍洲彤主持的《零点夜话》陪伴了我们无数个夜晚。还记得 1996 年 12 月 31 日，冬雪初霁，为了听到新年的钟声，班上同学们在完成了集体包饺子活动后，从学校步行到大钟寺，结果人山人海，我们连大钟寺的门都挤不进去，只好狼狈返回。依然清晰地记得，那晚路灯很亮，街上人很多，尽管已是深夜，但丝毫不影响我们的兴致，仰望星空，满天竟是繁星点点，夜空中还有一路随行的一弯皎洁明月。

春天的花

春天的花，是冬天的梦。春天有时，三月有时。

春花是绚丽的，一如我们的大学生涯。伴随着同学们越来越熟悉，95 国经越来越团结。男生们会在三八妇女节给女生们送去节日礼包，会在女生们需要帮助的时候义无反顾，全力以赴；女生们会为男生们的足球比赛呐喊助威，会把整理好的课堂笔记给男生们复印……我们民主征集班徽设计，我们自制班级足球彩票，我们自办班级英语角，我们为班歌谱曲作词，我们手抄手绘编订班刊，我们统一制作毕业纪念册，将大学的重要活动以文字＋照片的方式进行归类，让我们 41 个同学永远拥有共同的回忆……那年我们被评为北京市优秀班集体。

春花是烂漫的。记得 1996 年的春天来得非常早。金黄灿灿的迎春或连翘最早一朵、两

朵，一枝、两枝、一串、一片地从漫长的冷冬中顽强地打破北国灰色的冬季，绽放出热热闹闹的春之色彩。寒意料峭的初春，随处可见小小的生命破土而出的感动，随处可听到回荡校园的晨跑足音和早读的朗朗书声。玉渊潭春游，三三两两，游游荡荡的小船，相互之间的嬉笑打闹，仿佛还在耳边，烧烤的肉味依然唇齿留香。想起足球场上终场的哨声，或欢呼雀跃或失意落泪，想起那单纯而又洁净的情怀、那快乐中掺杂的淡淡苦涩和忧伤……

夏天的阳

夏天的阳是火热的，也是奋斗的。初夏时分是一年一度的植树活动。我们的植树地点在校内邮局附近。很少干过重活累活的我们，挖土、推车，只记得手上磨出茧子，汗湿透了衣服，简直累到窒息……只记得我们偶遇外语学院的一个班级，第一次感受到了外语学院女生的彪悍。夏天的阳是温暖的，也是感动的。永远记得 1998 年的夏末，我花五角钱做了一场阑尾炎手术，也算是首次享受了公费医疗的好处。那天，我在统计学课中突发急性阑尾炎，李丽同学用自行车驮着我去了校医院。花了五角钱挂号费后，我迅速被校医院收医治疗，要求马上住院手术。空荡荡的住院层，和蔼的医生和美丽的护士态度特别友善，令我受宠若惊。当老师和同学得知我住院的消息后，他们放下手中异常繁重的考研学习，纷纷赶到医院问候，班委分工协作，有去帮我通知父母的，有去帮忙安排手术后陪床的，还有帮我去火车站退票的……班主任胡老师和同学们不停地安慰我，鼓励我，照顾我。第二天当我从手术室里被推出来的时候，我看到老师和同学们站在门口守候着我，一句"胡胡还好吗？"令我瞬间泪奔，不是因为痛，而是因为暖……紧接着胡老师和师母李老师送来了炖好的乌鸡汤，那是我此生喝过的最好喝的乌鸡汤；宿舍姐妹们开始轮班 24 小时看守照顾术后的我，其他同学时不时过来探望问候……七天后我顺利出院了。永远无法忘怀班主任胡曙光老师的关爱，永远感谢宿舍姐妹李丽、王佳菲、匡静诺和王致颖的悉心照顾，感谢赵耀、王锡蛟等同学的热心关怀！这句谢谢埋在心底二十年了，一直没有说出来，在此请允许我对所有的老师和同学们深深地鞠个躬！夏天的阳是离别的，也是伤感的。留别的赠言，远去的背影，流泪的面庞，逝去的站台……停伫于永恒的记忆画布，常怀想，却不再可追。太多的共同的记忆，见证了彼此的成长、彼此的花样年华。那曾经的青春年少，已是遥远、模糊、泛黄的笑容。

结 语

岁月无情，终究不肯饶过谁。阳光、风雨的痕迹，无声无息，已悄然落下。山高水长，辗转半生，漂泊万里。印入眼帘的仍是记忆中难忘的身影，熟悉的眼神中读到的依然是那不曾远去的永远的纯真年代，独有的真诚和淳朴，是经岁月沉淀，愈加丰盈、通透、澄澈的心。二十年，太长，又太短。走在陌生又熟悉的校园，恍惚中仍是那个手提行李，戴着校徽，兴奋自豪地跨进校门的十八岁的懵懂青年。发黄的相片、古老的信，以及褪色的圣诞卡，年轻时为你写的歌，恐怕你早已忘了吧？过去的誓言就像那课本里缤纷的书签，刻画着多少美丽的诗，可是终究是一阵烟。流水它带走光阴的故事，改变了两个人。就在那多愁善感而初次流泪的青春，穿行于风尘俗世，轻吟着平仄流年，每每在轻舞霓裳处倾听灵魂的呼唤，指尖轻触的时光，总会荡漾成温软的微笑，纵使模糊了青春，却典藏了生命最纯真的厚重。与时光对饮，拈花浅笑，任时光散尽暮然回首，希望我们仍还有一颗清澈如初的心。一些人，一些事，永远都淡不出记忆，也从来没有离开记忆。那一帧美丽的光阴，镶嵌在柔软的心里，成为最美的回忆，最温柔的心语。二十年聚首，青春如歌。

一路的迷茫
一路的未知
一路的不可能
一路的坚持

为什么坚持
坚持什么
全不得而知

職場系列

探索保险的真谛

95 工经　王　庆

王庆，人大 95 工业经济专业，北京航空航天大学金融学硕士。

19 年保险行业从业经历，曾就职于平安人寿、中美大都会、阳光人寿、九鼎集团等公司，曾任爱心人寿副总裁兼 CMO。

（本文摘自王庆 2019 年 5 月 12 日在人大"校友沙龙"的演讲。）

到了我们这个年龄段，想清楚到底要过什么样的日子是最重要的。

一定要有好的生活，好的家庭，有喜欢的事业，有一定的社会地位，有很好的经济收入。我觉得还有一点，就是要找到一件事情，它是你自己内心里面很认同、很喜欢，可以帮助到很多人的善意的事。

对我来说，保险就是这样一件事。

今天我和大家分享一下对保险的一些认知和想法。我讲的并不是严格的逻辑和理论，而是我经历不同工作岗位和积累认知后形成的个人关于保险的认知。保险行业商业模式很多种，没有绝对的对和错。你用什么样的视角看待它，决定了你的发心和工作目标。

虽然我们从事商业保险，但必须告诉大家的一个事实是，国家的医保是最好的保险，是所有人必须要具备的，包括城镇居民大病保险和新农合两个种类，我国已经基本实现了全覆盖。这是基础保证，未来一定会实现跨区域跨省份使用。

医保是普惠性的政府政策性保障，决定了其社会共担、覆盖基本的特质。商业保险解决了在标准化基础上如何满足个人特定需要的问题。从国际经验看，保险业是一个成熟的、有理可循的、成熟的金融体系，在美国的三大金融支柱产业中，保险业的总量和增长率是最高的；在中国，保险业总量不大但超快速增长，国家也出台了专门的保险业"国十条"来促进发展。

某种意义上可以说，我们正在由从传统的家庭/血缘式的社会阶段快速跨越式地进入西方国家的金融关系阶段。社会变革巨大，我们思维意识的转变也很大，但生活和生命的本质——让生活变得更美好——这一点更加明确了。下面我和大家做些介绍分享。

1. 保险资金原则上不可能给客户绝对的高收益

很多客户买保险是看重它的收益性，像股票投资样去憧憬年度收益率。分红型、万能型、投连型的保险可以有收益，但绝不会很高，现在年收益也就是 3% ～ 5%。

此外，正确的保险合同，它的收益本身是基于保障性赔付的，只有发生不幸的人才会享受到，大部分人是不会享受到的。

所以，拿传统的投资收益眼光去看保险公司的投资、看保险合同，本来就存在一些误解。

2. 保险是逆人性的一种金融商品，重要但不紧急

什么是人性？很复杂。从保险角度看，人性是由这个产品特别的赔付性所决定的。

举一个例子，和男士谈投保，一半以上会最后说我要回家跟老婆商量一下，商量的结论则 10 个里有 9.9 个是不会同意的。

为什么呢？从人性的角度看，男士告诉他妻子，万一我出了事保险公司赔 180 万，妻子的心里面可能很认可，因为谁也不能保证完全不会出事，但是她一般不会爽快地同意。中国人很羞涩，凡事不可以点破，你一说完裂开一个口子，等于接受了丈夫迟早要离开的事实，心里也不舒服。

另外，在没有选择的关口，我们可以迅速平衡投入损失甚至不计损失，要达到迫切的目标；但在绝大部分人平稳正常的生活中，我们往往会认为很多事情很重要，但不会发生在我身上，也就是不紧急。保险一定是很重要的，但一定是不紧急的。等你觉得很紧急比如查出重病要治疗了，那么保险公司高概率是拒保的。

3. 保险是不是什么都保？

肯定不是。如果一个人得了病，那么很多重要的产品其实会把他排除在外的。

顺便普及一下，如果很多人没有买保险，那么最好在 40 岁前购买，从价格上看，40岁生日前后几天价格差 20% 左右。一般来说，越年轻买保险越便宜。但孩子从出生到三岁前，相比四岁之后，那是贵的；成年人 25 岁、26 岁时最便宜。原因都在于风险发生的概率。

4. 大病保险是不是保大病？

其实，大病保险是一种用大病的方式让合同成立的金融工具。以我的探索和实践结果来看，它真正的目的并不仅仅是保大病，它是投保人交给保险公司一笔钱，约定身体条件或疾病的类型让合同成立，如果发生约定风险，则保险公司赔付一笔约定金额。

同样是得一次病，你的身体是可以卖钱的，你的疾病是可以卖钱的。假设一个人一辈子会有一次得大病的机会，为什么你的保险要买 10 万元、20 万元，而不买 100 万元，甚至3 000 万元？

因为，保险公司要根据你的个人年收入来做风险核算。还有，你要想买 3 000 万元，需要匹配每年大几十万元甚至接近百万元的缴费，这要看你能不能交得起——你交不起，

合同不成立；你今年交了明年不续交，合同就会失效。

5. 购买保险的"五先五后"原则

先满足保障需求，后考虑投资需求；
先满足家长保障，后考虑小孩保障；
先满足保额需求，后考虑保费支出；
先满足保险规划，后考虑保险产品；
先满足人身保险，后考虑财产保险。

6. 正确保险的功能是其他所有金融产品万万不能及的

我们很多人是不敢不工作的，甚至悲观地讲，很多人是不敢生病，或想死都不敢死的。因为你是家里的经济支柱。所以，需要优先满足家庭支柱的保障需求。要先满足保额，后考虑保费。保额，是当你发生风险的时候约定好的金额，是你真正需要的。

很多人不懂金融的杠杆效应，就关心一年要花多少保费，甚至认为这是浪费，其实是不对的。因为风险的发生一定是不确定的，确定的事情就不是风险。理性的投保，是分析家庭生活的特定需要和目的，围绕家庭财务的规划，然后来看哪些部分是可以通过投保来锁定风险和实现目标的。

保险是唯一一个以人的身体、生命为标的的金融商品。它约定在发生特定风险的情况下把身体和生命的价值量化出来，用金钱这个财务工具来给予经济补偿。

7. 为必然的死亡去买保险

保险存在的核心原理，是风险。最有确定性的、必然发生的，是死亡。人的死亡在保险公司来看只有两种，一种叫疾病，一种叫意外。

房子由于地震塌下来掉了一块石头砸到人，这叫意外死亡。如果大病保险不涵盖意外责任，保险公司就不承担赔付责任。绝大部分保险公司有9条或高达13条免责条款，一般都把地震、核辐射什么的算作责任免除。

8. 投保是家庭支柱对家人的爱与责任

在人生不同的阶段，有不同的经济责任的变化，可以叫人生曲线和收入曲线。所谓保险的真谛，就是回到每个人的人生去看在不同阶段你所承载的责任与担当。

站在前瞻社会未来和现代金融快速渗透的角度，我建议大家理解一个概念，就是要把金融思维贯彻在生活当中的方方面面，这是不一样的生存方式。

每个人都希望过上好日子，一直平安幸福下去。但我们或许偶尔可以琢磨下，万一出现三种风险［3Ds，即 damages（损失）、disease（疾病）、death（死亡）］，对家庭生活和家人的影响会有多大呢？这些问题我们早晚会遇见。一旦小概率极端风险发生在自己身上，就是翻天覆地的事故。

这时，怎么才能尽力保证家庭、生活不改变或少改变一点呢？这是每个人都应该考虑的一个社会问题。我认为这种考虑的背后，就是四个字——爱和责任。

从专业角度看，有两种人是不需要买保险的：第一种是没有要关心和爱护的人的人；第二种是确定地知道自己什么时候会发生风险的人。其原因在于，具有极高杠杆的保障类产品绝大部分是利他的，能确定风险事件的时候我们进行财务应对的方案会很多。

9. 长寿真的那么美好吗？

对中年人来讲，家庭责任按年龄可以分为两个阶段：第一个叫责任阶段；第二个叫未来阶段。

人的寿命越来越长，工作一辈子之后肯定是想享受享受生活，但这需要有好的身体，还需要有钱。

退休后的生活需要多少钱？如果60岁退休，假设活到85岁，大概需要的生活必需花费可能就是一个天文数字；如果想当优雅有品质的老人，这个花费就更加让人吃惊了。

保险讲究"今天预备明天，生时预备死时，父母预备儿女"。

可否在我们很年轻有赚钱能力的时候做些未来的准备呢？我在儿子4岁的时候给他做了一个10年缴费比较大额的投保方案，可以保证在他60岁退休后每月至少能拿到两万块钱（一次性拿的话有800多万）。

这个方案，有几个考虑点。

第一，孩子是父母的爱的延续，父母有责任去构筑他未来一生的财务保证，即使父母不在了，也绝对都希望子女活得轻松富足幸福。

第二，这种产品的魅力在于有较高保障的同时具备年复利方式的现金价值积累功能，只要时间周期足够长就可以获得意想不到的经济效益。

第三，在保额和保费之间，做了未来需要和当前家庭可支配收入的关系匹配。

第四，投保人拥有这个保单的所有权，即我和太太养老的资金，也可以通过对这个保单的处置来实现，即用一种经济划算的方式做了自己养老资金的应对处理。

这个案例，其实是我倡导的使命责任的部分体现，即唤起客户的爱与责任，帮客户量身定制家庭财务方案，用专业助力更多家庭实现"守护安全、踏实生活、构筑幸福"！

10. 保险有四个重要功能

第一，是风险的转移。把未来不确定的风险用特定的方式全部或部分地加以锁定。要发现家庭财务未来需求与实际准备之间的缺口。虽然风险发生的概率决定了不是所有人都会很快获得赔付，但可以确保一个投保个体在发生风险的时候能获得约定的经济补偿。

第二，是价值的体现。它是对未来现金收入的折现保证。买保险要考虑的是数额、未来花费需要、万一中断的影响等。

第三，是责任的承担。在家庭这个财务单位中，要平衡收入、支出这两个科目。当人生很顺时，收入远大于支出，这个时候的保费是家庭财务的支出项。一旦发生了风险，保险公司的保额赔付就由支出项变为更大额度的收入项，从经济上给予家庭一个财务补偿。

第四，是财富的积累或管理。如上面谈到的养老准备、子女成长准备等；还有很多有关家庭和企业的财产保全、资产隔离、保值增值等若干衍生功能。

11. 长期保障类产品具有"高杠杆、长周期、确定性"三个特征

在投保中，所有人都会计算投产。那么，高杠杆、长周期、确定性这些方面就要充分考虑到。

举个例子，花1万元钱买一个50万元的死亡类保险，万一第二年出了险，保险公司会赔付50万元，杠杆足够高；交了两年保费出险，保险公司还是赔付50万元，杠杆也很高；总共缴费20年出险，保险公司依旧赔付50万元，杠杆率逐步递减；而一辈子平平安安善终老去，保险公司还会赔付50万元（确定会拿到）。有了这个高杠杆，在出现小概率不测风险时，经济补偿的功能就会得到充分发挥。

优秀的保险设计最好是与生命等长，因为老年阶段收入降低、患病概率大，且很多产品不能投保或价格高昂到保费与保额倒挂。所以，保险最好是长周期，专业术语是终身，它相比定期险价格要高些，但更符合人生阶段的规律。

确定性，也就是我交的钱一定要拿回来。所以，建立长期保障，有险出现获得赔付和经济补偿；无险出现就享受美好人生，在最后的时候获得一笔最终生命的补偿（做遗产、善后等）。

当然，更聪明的人，会建立长期确定性方案 + 定期 + 短期的组合方案，通过不同方案的组合来进一步提高风险赔付杠杆和平衡当期保费支出压力。

中产家庭的选择

1. 中产家庭在保险领域的六大需求

中产家庭有以下几个特点：有一定的经济基础和生活目标；有一定的文化或知识水平；要依托社会进步的大战略来实现自我目标；不是富裕阶层，即梦想大于自我实现的能力。

而保险有助于实现家庭生活的六个需求：

第一，收入保障，即保障有风险情况下会有些钱，保障老年可以有自我支付的基础；

第二，医疗健康；第三、子女的成长储备；第四，个人的养老筹划（当优雅的老人）；第五，财富管理；第六，安全保障（车、财务、出行安全等）。

我认为一个中产家庭应该具备关于保险的现代金融理念。

2. 家庭生活中的 9+1 项费用

以下是一个家庭财务的分析模型，概括了家庭收支各项对应的风险和保障内容：

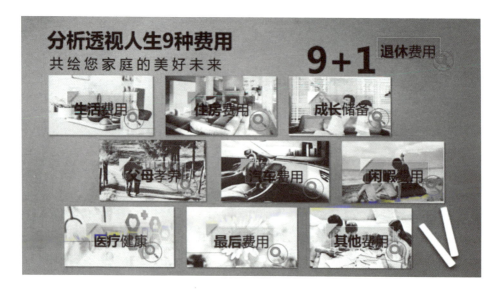

而保险需求的发掘、细化，则通过以下 10 项费用的调查、通过自动化手机系统来实现。

经过对家庭财务的系统分析，可以得出家庭财务现金流的各年支出、收入情况；在这个基础上，基于未来生活目标的设定和特定需求的匹配，产生一个重要指标，即"保险需求缺口 = 未来生活所应储备的费用总额 − 已经储备的各种资产总额"。这个缺口，是解决保险量化的主要参照指标。

3. 家庭财务分析的三个重要辅助指标

在保险实务中，可以用三个指标快速进行财务状况和健康与否的穿透分析。

第一，资产负债率。很多人资产很大但负债率很高，意外发生后容易导致财富瞬间消失，甚至背上巨大外债。

第二，现金流量比。很多人必须依托当月工资等来维持房贷／生活开支，或者固定资产虽很多但不能及时兑现流动性，没有月净现金流，从而不敢失业不工作，不敢生病，风险很大。

第三，财务自由度。这取决于被动收入占家庭基本开支的比例。很多人名义上的主动收入如工资并不高，但有租赁、投资、父母帮扶等，其实财务状况非常好。这样的家庭，对保险的需求和迫切程度就会有明显不同。

4. 永远不要低估专业寿险规划师的作用

保险营销不仅是销售一个产品，更是帮助客户实现未来的梦想；不仅要具备金融保险领域的专业知识技能，更要站在客户角度设身处地地着想；不仅要经过严格苛刻的专业训练，更要忍受行业的一些弊端带来的负面心理影响；不仅要保证自己的价值和贡献，更要充满情怀地帮助客户去设计构想美好生活。

唯专业和情怀，不可负。

（本文由 95 国政李存娜整理。）

Quality Experience

95 会计　赵音奇

赵音奇，中国人民大学 95 级国际会计专业，斯坦福大学 MSM 管理学硕士，双语主持人。曾在央视担任《希望英语》主持人、制片人，并策划制作了《中国诗词大会》《味·道》等广受欢迎的文化类节目。

（本文摘自赵音奇 2019 年 5 月 22 日在人大"校友大讲堂"的演讲。）

很高兴又回到了熟悉的 3201 教室，见到各位学弟学妹，还有同年级的各位校友，很激动。

我在 3201 教室有很多美好的回忆：上了金正昆老师的涉外礼仪课，还有很多很多的大课都要提前来占座位（小编：当年我们陈雨露校长的国际金融课也是在这个教室哦）。

对于毕业二十周年，以前我没有特别真切的感受。今天回到这个地方，对于它却有了一种很物理、很真切的感受。之前校方和我沟通的时候，问我有没有 Powerpoint。我说我是一个没有 Power 的人，没有什么 point，所以没有 Powerpoint。（笑）所以今天我就裸讲吧。

为什么考人大？

为什么考人大呢？当初很迷茫，那会儿也没有互联网，看的就是走廊里挂着的各个学校的海报。我一看人民大学有一个专业叫国际会计，听起来很时尚。国际就是英语，会计就是数学。英语加数学是我的强项，所以我马上就报了。

可是报了之后，心里就发慌了。为什么？因为当年重庆还没有从四川独立出来，整个四川省国际会计注册会计师专业方向只招一个人。我当时模拟考试考得好，据说也是重庆市数一数二的，我想一个名额我怎么也有实力冲得进去吧。结果，没想到我高考考砸了。

但是很幸运，可能一个名额把所有的竞争者都给吓跑了，所以我就顺利进入了中国人民大学学习国际会计这样一个专业。

我是如何当上主持人的？

四年之后，发生了一件我自己没有想到的事情——我进入了央视。很多同学跟我开玩笑说，你这是典型的不务正业：学会计去做电视，还是做英文的。我说我这个叫跨界，叫

劈叉，而且劈得狠。

这究竟是一个怎样的机缘巧合呢？我大四的时候得到了保送研究生的机会，就没有事干了。那大把的时间来干什么呢？正好我有一个中学的同桌，当时在北京广播学院学习，他说央视有一个节目好像在招主持人，你要不要去试试。我根本就没想过做主持人是一个什么样的挑战，抱着玩一把的想法就去了。

那时央视要起一个新的节目，叫《希望－英语杂志》，想打破传统，找两个学生来主持。他们要找的恰好就是我这一款的。我印象非常深刻：一共六期节目，我和搭档朱华两个人的词加起来，最后剪出来一集也就是 5 分钟的样子。六期一共也就 30 分钟，我们录了整整一晚上。1999 年 6 月 18 日，我们的节目在中央二套晚间七点播出。我在家乡人民心目当中的形象瞬间光辉了，很开心。

第二天，我去电视台，想去显摆一下，去分享一下喜悦的心情。上了电梯，正好我前面是一个同事。他和旁边一个其他部门的同事聊天。那人说不错不错，你们的新节目开播了，很棒啊。我那个同事就客气谦虚一下。那人接着说什么都好，就是主持人差点。大家能体会到我当时的心情吗？我就在他们后面，因为这个电梯是往上走的，我恨不得下面有十八层，电梯直接从十八层掉下去。

但是从那一刻开始我明白了一个公众人物，你在电视上，你的一言一行，你的一颦一笑，你的一举一动都是要被人挑剔的。所以我才在那个时候开始苦练内功。没有别的招，就是一遍一遍地看回放，把录好的节目倒回来再看一遍。看这儿抬眉毛了，不对，别随便抬眉毛；或者这个地方说话逻辑重音不对，等等。一点一点地去抠自己的细节，才慢慢走上正道。

从做这个节目，做《希望英语》，我开始意识到，其实你面对镜头的时候，你不是对着一个黑乎乎的机器说话，你是要跟观众建立一个纽带，要跟他们去做一个沟通。

那你怎么做到这一点？那会儿只能凭想象。当一封一封的观众来信述说他们看到这个节目的感受的时候，我知道了，原来我释放出来的信号，我在镜头前面所有的表现他们都接收到了。能量隔着屏幕，隔着机器，通过电波已经传到他们那里。所以我想我其实做的是一个沟通的工作。

为什么做《中国诗词大会？》

《中国诗词大会》是我离开央视之前做的最后一个大型的季播节目。当时为什么会想起来做这么一个节目呢？其实这个节目不是我们想做的，是强加给我们的任务。

当接到这个任务的时候我们都傻眼了。你看做英语就挺小众的，大家都听不太懂；现在我们还得做一个现代人也听不懂的诗词节目。但是不管怎么样，拿到这个任务也没有办法推，只好硬着头皮上。

这个节目是怎么创作出来的？这是一个很长的故事，我们用了整整两年的时间来做。

很多人都知道有一个经典的理论：我们每个人认知或者沟通的过程分为两个阶段：第一个是你自己学习的过程，你自己先得知道这个东西是什么；然后，第二个阶段就是我们向别人传递，把这件事说明白。

我们做诗词大会也基本就是这两个过程。第一个阶段，我们的任务就是把这件事整明白：到底什么是诗词？诗词的本质是什么？我们要向观众传递什么？央视有很好的平台和资源，有大半年的时间我们基本上把所有顶尖的学者见了一遍，天天跟他们求教、开会、聊天，总之就是不断地学习，像一块海绵一样。

很多人跟我们讲，诗词在电视上最好的表现就是去吟诵，用唱歌不太像唱歌，朗诵不太像朗诵的腔调读出来。有人跟我们讲，诗词之美就在于背后的意象，文字只有这么多，二十个字，二十八个字，但是后面的想象空间是无限的。有的人跟我们讲，诗词最重要的就是创作。我们纠结了很久，终于到达一个彼岸。

我们决定，就做一件简单的事情——诗词的记忆。为什么？很简单。我们都学过诗词，但是到今天还能背得上来么？大家都忘了——这是跟大家最有共鸣的地方，所以我们

决定来做这件事情。

接下来就是到我说的第二个阶段，我们怎么把这件事情做出来？真的毫不夸张，我们写了不下十版的方案。每次都是花工夫下心血去做的。但是每次都是带着无比沮丧的心情，沉痛地把它扔到了垃圾堆里。

有个概念叫MVP（minimum viable product），这基本上是一个精益创业的方法论。比如我要开一个网店，要卖矿泉水，我不用先进货，用最小的成本开起来，先把这件事试一试可不可行，可行了再逐步完善，不断迭代产品。

其实我们做这十版方案的过程也是采用这样的方式。有的稿子写出来后，我们自己都没有感觉，那怎么办？我们就把能够找到的选手找到现场，把评委请过来，自己拿手机拍，拍了我们自己稍微剪一剪，看能不能看，不能看就拉倒。

基本上用了这样的方式，最终给大家呈现出来现在这个方案。我们用了百人团，用了击败，用了几位老师去阐释诗背后的诗意等，所有这些元素给固定下来。

这样一个节目的样态，是一个可以很好地跟观众沟通的方式。为什么呢？

其一，通过题型的安排让大家参与进来。你在看这个节目的时候，你可能也会想：这句的下一句是什么？"海上生明月"的"生"是生孩子的"生"，还是"升"起来的"升"？你会跟着一块去参与。

其二，会有故事。当董卿Q百人团的时候，Q到一个数就抓到一个故事。一百个人就是一百个故事。在沟通和表达当中，故事的作用是让你付诸行动，所以当看到他们也去背诗的时候，大家也会想去读诗，记忆就会被激发。当然还有想象的空间，我们几位老师都很厉害，他们用自己的语言把诗词背后的内容阐释出来，这也是这个节目能够立住的原因。

为什么很久以后出国留学？

1999年我开始在央视做兼职，到2017年整整十八年的时间。我觉得十八年都做一件事太可怕了。

关键还有一点，当时在人大读书的时候，心里面种了一棵草：上研一的时候，人大有一个恒生银行的奖学金。这个奖学金是有要求的，把钱给你，但是你必须去申请哈佛或者普林斯顿大学。我当年拿到了这个奖学金，但是直到11月份的时候我才接到通知，留给我只有两三个月的准备时间。

那会儿也不知道天高地厚，我想今后凭自己还上不了这样的学校么？当时也拿到了央视的机会，综合选择后就决定不去留学了。

但是这棵草种在了心里。我总觉得，人生这一辈子，没有国外生活、工作和学习的经历，总有点遗憾。

在 2017 年，正好觉得在央视做得有点疲了，就申请去斯坦福的商学院，读 MSM（Master of Science in Management）。光申请了还不行，该考的一样也不能少，全部都从头来。然后我就去考。我特别怕别人把我认出来，觉得这么一把岁数去考托福有点丢人。

我精心选了一个特别偏远的地方去考，开车开了两个小时。一大早去了，前面都是 95 后、00 后的小朋友，到我这里出来一个大叔。很幸运，我把这些都考过了。考试其实挺痛苦的，多年没有经历这种考试了。但是我觉得，如果你把考试当作你要进阶的桥梁和手段，就会变得无比简单，你不要把考试当作你的目的。

申请留学，关键是要写文书。斯坦福的商学院就两道题：第一，什么东西对你来说是最重要的？第二，为什么要选择斯坦福？就这两道题。

我主要说说第一个。在这个时候，媒体的经验、在央视做节目的经历帮到了我。我一直在想象，如果我是那个看文书的考官，我会怎么通过文字去想象文字背后的那个人是什么样的。我必须把自己的故事讲出来，还要归结为一个点，一个亮点，一个卖点，得有一个拳头砸向他。那到底什么东西对我是最要紧的、最要命的呢？想了半天，最后拽了一个可能之前都没有想过的词：Quality Experience。

大家知道，现在很提倡父母跟孩子共处，但不是你跟孩子在一起花了时间就作数，而是你花的时间是要讲质量的，你跟他待一分钟就要有一分钟的价值，要共同完成什么事情，进行有感情的融通和交流，等等，这个才叫 Quality Experience。我觉得获取有质量、有价值的人生体验很有必要，就把这些写了进去。

但是我觉得很重要的一点，这也是所有的沟通都必须要牢牢记住的一点，就是你要知道你的受众在意的是什么。你必须要有代入感，你要把自己代入他们的角色当中去。

有一个著名的实验，一个心理实验，叫 Tappers and Listeners，"打拍子"。这个实验有趣的地方是什么呢？就是敲击的人来猜他的听众猜出歌名的正确率。结果，敲击的人猜有 50% 的人会答对，但是实际的正确率只有 2%，中间存在巨大的差异。

这就是 Curse of Knowledge，知识的诅咒。拥有知识的人，去传播去沟通；听的人是被动接受的人，他没有这方面的知识，但是他被有知识的人认为是有知识的，所以就产生了巨大的差异。

我们沟通的时候也经常犯这样的错误。我们总是觉得：敲的这首歌谁不知道，一年唱好多遍；但是只有 2% 的人能够猜出来。这就是两个人沟通和被沟通之间的巨大鸿沟。

我们要做高效的沟通，就是我传递出去的信息，是对方想听也听得懂的。怎么才能做到这一点呢？其实非常不容易。

我在斯坦福学习的时候，也上了很多这方面的课，其中有一门叫怎么样让你的点子，让你的创意在别人的心中种草，让别人忘不掉。怎么做到这一点呢？有六条，可以归结为 SUCCES。

第一个字母 S，simple，代表"简单"。简单到什么程度呢？举个例子，做所有的节目，我都会要求编导和创作团队用一句话把节目说明白。比如，诗词大会是干嘛的？诗词大会最简单，就是考察你对诗词的记忆力。

为什么需要这样用一句话说明？我可以给大家再举个例子。好莱坞的电影，创作团队小的也有二百多人，大的可能五六百人，怎么能把这么多人搞到一起创作呢？不是说我告诉你做什么然后你就去做什么，其实每个人都在做他的创作：音乐的在做音乐方面的创作，美术的在做美术的创作，每个人都要去为中心思想努力。

但是这个中心思想是什么？有一个概念，这个概念就叫"高概率"。比如说，我这个电影到底讲什么？要用一句话说明白，越简单，越凝练，在五六百人当中传递起来，才不容易走形。所以，什么样的东西能够留得住，什么样的东西能够不断地去传播，什么样的东西能够渗透到很多人的骨子里？首先一条就是要"简单"。

这一条很多时候我们做着做着就忘了，我们舍不得取舍。但是，找到最内核、最本质的东西，把它传递出去表达出来，这才是最重要的。

第二个是 unexpected。你要抓眼球，即所谓标题党，如果不出一点剑走偏锋的奇招的话，是得不到大家的注意的。所以我们叫"注意力战争"或者"注意力的竞赛"，就是大家在抓取对方的注意。

我们在表达、在沟通时，如果想让别人记住你，很重要的一招，就是找到比较独特的切入点。人无我有，人有我优，人优我特，就是这样。花一点心思的话，其实都可以找到很好的切入点，都可以让你的表达或者沟通变得很不平凡。

再说第三个 concrete，"具体"。曾经有过一个调查，说中国孩子或者亚洲孩子的数学比欧美同年级同年纪的孩子要好很多，为什么？很重要的一点，教育学专家发现，中国孩子在低年龄段的时候，接触到的很多有关数学的问题都是应用题。我们小时候确实做过大量的应用题，像鸡兔同笼、小明和小红相向而行，等等。

但是这个题型在欧美的教育体系当中占的比例就相对少得多。他们发现，由于这个原因，中国的孩子可以迅速领悟一些抽象的数学概念，因为它们被具体化了。所以，当我们要讲一个很枯燥、很难的概念的时候，要接地气，要说平时的语言。这是我们电视人对自己的要求：绝对不可以说学术的语言，一定要说老百姓的大实话。

还有就是要"可信"，credible。我怎么才能让我的东西在大家心中种草呢？你说的如果是一个你自己心里面都存疑的话题，那怎么可能让别人听进去呢？所以可信一定要有。

然后，E 是 emotional，代表要有"情感"。比如像诗词大会，大家有共鸣的故事，一定可以打动你，能够触动你心目当中一个小小的柔弱的点，产生情感共鸣。而有了情感的共鸣，会产生什么样的变化呢？To care about something. 它会让我们真正去关注这件事，觉得跟我是相关的，所以这也是非常重要的一条。

最后一个非常简单，就是 story。Story 真的能够让你去起来行动。中国最会讲故事的企业是哪个？我认为是海底捞。前几周我还采访他们的某位高管，他说的最离谱的一个故事，就是吃完饭走到店门口突然发现马路对面有人在打架，太热闹了，不嫌事大就站在旁边看。店员看见后，非常体贴地搬出来一把椅子说："您坐着看"。然后送上西瓜和零食："您慢慢看，别着急"。听完故事，你可能就会形成一种去海底捞体验极致服务的冲动，这就是故事的力量。

离开人大进入央视，在央视做不同的节目，然后去斯坦福上学，这些不同的人生阶段，对我自己意味着什么？真的是我在个人申请书里面写的那种 Quality Experience 么？我想那个可能是写给他们看的。

对我自己最重要的，是每一次转变之间的、让自我更好的每一个改变。

斯坦福商学院有一面墙，叫 Monument to the Ways of Change。这个墙上有闪烁着的三百多个单词，几乎所有的单词都是以 ly 结尾的，也就是副词。每个 ly 结尾的单词，都是形容你可以改变的方式：你可以大胆地改变，你可以非常谨慎地改变，你可以有使命感地去改变，你可以非常激进地去改变，你也可以非常温和地去改变，种种种种。

这三百多个单词中，只有一个单词不是以 ly 结尾的。它是什么呢？是 somewhat。它是什么意思呢？就是你可以以任何一种方式改变，但不管哪种方式，最重要的还是要"变"。

所以，当你在心里面有一棵草的时候，当心里面有一个小小的想法的时候，应该好好地保护它，说不定哪天它就会发芽，就会成为你人生迈向下一步的驱动力。

（本文由 95 国政李存娜整理。）

我对中医的理解

95 新闻　胡军

胡军，中国人民大学 95 级新闻系本科毕业，先后在中央电视台、《中国消费者报》从事新闻报道工作。

后师从沈阳天益堂第六代传人武老师，业余时间学习中医十余载，一直利用业余时间为同学和朋友们提供健康咨询。比较专注免疫及慢性病调理，对近视、骨骼疾病有自己的见解和心得。

（本文摘自胡军 2019 年 8 月 17 日在人大"校友沙龙"的演讲。）

中医观念的"健康"概念

所有医学、医疗追求的目标，都是健康，但是，健康的定义和标准是不一致的。每个人，对于健康的定义和标准，也不一致。中医追求的"健康"，并不是完全无病，如初生婴儿般，而是和谐、共存，与自然，与家庭，身与心，因时而动，身心愉悦地完成生命的历程。因此，中医治疗，更多地体现的是"修"，解决"因"和"果"之间的"缘"。

中医概念中，什么是"缘"？"缘"，是条件，包括时间和空间的条件。不是每一朵花都会结果，但所有的果，之前都有花。从花到果的中间过程，就是"缘"，就是条件，如温度、湿度等。比如说，病毒感染，在同一环境中，有的人会感染，有的不感染；有的感染者会出现病症，有些感染者却没有。当然，现代病毒学认为，有些人有天然抗体。但中医不这么认为，而是认为被感染者、致病者内环境出现了问题，形成了病毒能够存活甚至喜欢的环境条件，所以才会被感染，才会出现病状。中医治疗，多数是让人体恢复正常生态，消除病毒能够存活甚至喜欢的环境条件，至于病毒的存活与否、去向，并不是中医考虑的问题。所以，在中医治疗过程中，经常出现上病下治、左病右治的治法。

中医观念认为，健与康，是两个字，前者是动态的，后来是静态的。所以，可以说身体强健，没有说身体强康的，只有身体安康。还有，身和体，也不是一个概念，身，指的是躯干，体，指的是四肢。

当然，笼统来说，身和体，加在一起，也就是身，其实也就是指肉体。肉体有病，还比较容易解决，而且总能找到解决办法，或者在不影响主体功能的情况下，带病生存。但是心呢，怎么解决？关键是中医所说的心，是什么，在哪？当然，西医有心理科、精神科之类的。其实，身与心是不可分割的，类似于硬件和软件的关系，很多时候，出现病态，如性格古怪，可能并不一定就是心理问题，而是身体原因，比如抑郁症，比如脾气暴躁。也有一部分身体机能问题，是由于心理问题造成的。

中医里面就有关于精、神、魂、魄、意、志等方面疾病的解决方案。五脏所藏是说人的五种情志活动即神、魂、意、魄、志各藏于其所属之脏，以发挥其情志作用，《黄帝内经·素问·宣明五气篇》："五脏所藏：心藏神，肺藏魄，肝藏魂，脾藏意，肾藏志。"《黄帝内经·灵枢》："肝藏血，血舍魂，肝气虚则恐，实则怒；脾藏营，营舍意，脾气虚则四肢不用，五脏不安，实则腹胀经溲不利；心藏脉，脉舍神，心气虚则悲，实则笑不休；肺藏气，气舍魄，肺气虚，则鼻塞不利少气，实则喘喝胸盈仰息；肾藏精，精舍志，肾气虚则厥，实则胀。"

中医的健康目标是"尽终其天年"，身康体健。天年就是预定的寿命，尽终其天年，就是尽可能地自然完成生命周期，而不是让生命提前凋谢，或者病殃殃，或者药罐子，甚至处于插着管、拄着各种泵的"生不如死"的状态。所以，中医的治愈概念和内涵与目前西医的治愈概念和内涵是不太一致的。中医的治愈是无须再服用药物，继续健康生活，而不是继续天天吃药。

"是药三分毒"的概念深入人心，但以讹传讹的成分更大。严格来说，中医用药，就是用毒，优秀的中医，都是用毒大师。

中医，不仅能把天然带有对人体有直接毒性的药物配伍应用，而且甚至可以把一些日常生活中经常食用的食材配伍成"毒药"，比如有名的断子汤，主要成分说出来，一般人都不相信，即白面曲、米酒配伍炮制以后，在特定时间节点服用，就可以让女人闭经，终身无子。比如还有艾灸，在特定时间，艾灸特定穴位，也能产生同样的效果。据我老师说，经此法艾灸过后，医学影像检查结果就是"子宫前倾"，不能受孕，重一点就终身不孕了，完全在于施艾者的手法。其实，通过点穴、针刺、意守等办法，都可以做到这一点。

所以，什么是毒？你把米饭烧糊了，吃下去，对人体来说，就是毒！你身体不能胜任白酒，喝下去，也是毒！因此，所有人体不能自行处理的物质，就是毒。中医的排毒，不是排除天然毒素，而是帮助人体排出人体不能自行处理的物质。

所以，任何东西，用对了，就是药；用错了，就是毒——不管是中药，还是西医用的化学合成和提取药物。

养生和长寿的关系

几乎所有人，都把养生和长寿混为一谈，或者潜意识追求的就是长寿，想长命百岁，体壮如牛，百无禁忌，为所欲为，这都是不现实的。

生命，有长度，有宽度，也有厚度。虽然不能证实就是标准的正方体，但是中国传统文化是有准确描述的。怎么描述的呢？就是八字，年、月、日、时，算八字，这叫"立四柱"，每个柱子上有两个字，合在一起，就是八个字。这就是八字的来历，也是对一个人生命全过程的基本描述。这里面就有多个变量，有长、宽、高，当然还有更为复杂的线条曲度。

大家可能看过美国著名的科幻片《变形金刚》，其中那个魔方式的火种源可以给我们一些感悟。八字所描述的，或许就是每个人从宇宙中获取的"能量块"，体积有大有小，密度有大有小。往好里用，就是接受正义的"汽车人"，往坏里用，就是作恶的"霸天虎"。

但是，大家不要把中国传统文化里的算命当成迷信。以此为牟利或欺骗工具的江湖骗子，用这些算命术的时候，可能就是利用人的迷信心态，传播的也是迷信。人的命运，是有很多变量的，并不是不可变更的"生死由命，富贵在天"。中医治疗、养生，都只是生命的变量。

所以，养生是养生，长寿是长寿，养生的目的是健康，有质量地生活，而不是延长生命长度。当然，养生有降低人体真元损耗速度的功能，努力减少无谓的损耗，提高生存质量，甚至在一定程度上也有延长寿命的作用，但起不到决定性作用。

最近，有一个知名的养生专家，59岁就病逝了，全社会基本都把这个事当成笑柄。其实，笑错了，人都会死的，并不是会养生的就一定长寿，就不死了。悟真先生紫阳真人张

伯端也早已驾鹤，留下了《悟真·绝句六十四首》，其中有言曰："药逢气类方成象，道在虚无合自然，一粒灵丹吞入腹，始知我命不由天。"在《抱朴子内篇》卷十六《黄白》中写道"龟甲文曰：我命在我不在天，还丹成金亿万年"的葛洪先生，据说也只在人类世界存活了 59 岁。葛洪是中国东晋时期有名的医生，是预防医学的介导者。著有《肘后方》，书中最早记载了一些传染病如天花、恙虫病症侯及诊治。近年特别热的屠呦呦提取的青蒿素，在《肘后方》里早有记载："青蒿一握，以水二升渍，绞取汁，尽服之"。这里强调的是必须用生药榨汗，温度高了就不行。屠呦呦先生研究的就是低温提取办法。

迷信与正信

不要迷信中医，更不能迷信中医的"医术"。道、法、术、器，是传统文化界定的四个层级。当今世界，得医"法"者应该归列入珍稀濒危之列了，能有一定的医"术"，能治病，有疗效，就已经相当相当地稀少了。对于现在一些被"神化"的中医，不要过于迷信，尤其是针、炙、按摩、正骨等"神技"。虽然中医有一些偏方、秘方、秘法，但真正得道者，都是有高深修养之人，不可能随意炫技。

比如，有人问我：会气功吗？气功能治病吗？我都告诉他，假的，别信。为什么？因为真会的人少，假的多。从理论上来说也好，从实践上来说也好，对所有人都有效的药方和治疗方案，基本是不成立的，中医是个性化的"修"和"养"，不是标准化的更换式"修"和"养"。

中医、气功、修道、学佛，都有可能出现常人不具备，或者做不到，或者现有知识结构理解不了的表现和行为。甚至包括权力和金钱，都会让人产生迷信。产生迷信的根源是不懂和贪心，而且不愿意或不能通过自身努力实现这些表现和行为。

中国传统文化，不是臆想出来的，而是实证出来的。尤其是中医，目前主流的说法，都是说中医是经验医学，靠经验积累出来的。其实，这种说法存在诸多不足。人体经络是怎么发现的？药物进入哪条经络是怎么体验出来的？这些都不是靠经验能经验出来的，一定有其他的途径。

个人认为，比较靠谱的解释应该是，中医关于人体经络、脏腑的描述，是古圣先贤修炼气功也好，养生也好，在内视条件下发现的，而且是由很多人逐渐完善描述的，所以与解剖学所描述的状态不完全一致。内视的人，自己看自己的身体，方式不一样，有的是从上往下看自己，有的就像对着镜子看一样，不就是反的吗？而且，深度入定以后，才有可能内视，出定以后，再回忆，很有可能就描述不准确，跟我们回忆梦境一样，有时候就会出现混乱。

另外，尝百草的神农氏之所以叫"氏"，是因为其不是一个人，而是一个族群或一个家庭。因为关于上古人物的描述和称谓，盘古、女娲、伏羲、黄帝、炎帝，在表述中，都没有带"氏"。神农氏也是借助了类似于"内视"或者就是"内视"的功能，精准描述了每一种物质的药性与归经，就是进入哪条经络，起什么作用。每一味中药的药性与归经，这个显然也不是经验积累能解释的。

所以，对一些有一定医术、治疗一些疾病有效果的中医，不要迷信，而要停止于相信，否则就容易吃亏，尤其是一些仅靠几张甚至只有一张偏方的中医。对中医也好，对学佛修道的宗教行为也好，都应该正信，不迷信。你有神通，有神功，我赞叹，但不艳羡，更不想妄图去借光。

中医对人体运行机制的基本说明

阴阳（八纲，两两相对，阴阳、表里、虚实、寒热）、五行、六经、十二经、十五络、奇经八脉、五脏六腑、营卫气血、风寒暑湿燥火，重点是平衡，平衡才能最为高效地运行。这一点，就跟汽车怕长时间停放，应规律驾驶，保养要加机油，要定期做动平衡一样。

总体而言，中医关于人体运行机制的运行基本架构就是阴阳和五行，结合六十甲子，并由此衍生出五运六气等。

中医最最经典的，就是《黄帝内经》，上篇主要是讲规律，讲养生，下篇主要是讲调治。据说有《黄帝外经》，古籍已经轶失，自华佗以后，技法整体已经失传，只剩下一些零散的片断。《伤寒杂症论》类似于治疗手册，是医圣张仲景在古人留传下来的药方和医书的基础上，结合具体病例整理出来的。

人体经络分阴阳，由阴阳再分三阴三阳，因上下而分为足三阳、足三阴，手三阳、手三阴，从另一个角度解释了"道生一，一生二，二生三，三生无穷"。各条经络不是孤立独行的，阴阳互根，人体经气是联通的，是可以相生相克、相制相化的，就是所谓的五行的生克制化。另外，一般人可能只了解春生夏长、秋收冬藏，其实，完整的应该是生长化成收藏。

一年有四季，一天也有。

常见病的认知、防范和治疗

《黄帝内经·素问·上古天真论》："余闻上古有真人者，提挈天地，把握阴阳，呼吸精气，独立守神，肌肉若一，故能寿敝天地，无有终时，此其道生。"

那么，病到底是怎么来的呢？古代医书上讲，适寒温、饮食有节、起居有常，不妄劳作，不以酒为浆，不醉以入房等，都已经说明了，这是就是健康的基本规律，违反这些规律，就会对人体造成伤害。

百病从寒起，寒自脚底生。最为难治的是湿寒，如油入面，病程缠绵，容易反复。

特别要说一下女孩子的露脐装。脐，中医称之为"神阙"，即人体之"神"居住的地方。这个位置非常关键，很容易着凉。大家是否注意到，人体前胸后背的穴位名称有些比较明显的特征，那就是背上有很多腧穴，这个腧字，就说明是往外突的，后背穴位开口是冲外的，也是往外出的，所以拔火罐一般都拔后背，往外拔东西。前胸的穴位，都是可以往里进东西的，如寒气等。以前女孩子都穿肚兜，不完全是为了美，更主要的是要保护腹部，别受寒。说个笨理吧，人体血液主要的储藏位置，就是胸腹，胸部有肋骨保护，腹部没有。

感冒，偶感风寒，"冒"有头上戴有东西的意思，有东西往上拱的意思，中医的"伤寒论"，主要就是论述各种外感病的，当然，也有杂病。

发烧，中医认为是阴阳气争体现出的一种病态，是阳气与阴气为恢复平衡关系而进行的对抗。从表现来看，感冒的人都感觉乏力，力气是由阳化生的，感冒就是阳气被郁或不足，阴强阳弱。为什么会汗出热退呢？汗乃阴液，阳气在自身作用或药物等其他力量辅助的情况下，把一部分阴气逼出体外，从而恢复阴阳平衡，体温正常了，体能恢复了，也就想进食了。而输液，本质却是被阴，强行把阳压下去了，使其没有抗争能力，也就不烧了，但这种退烧的结果是身凉，但体能得不到恢复，仍然会乏力，没有食欲。为什么病好以后会有食欲呢？就是人体阳气恢复正常工作状态，能分配一部分去消化食物了。为什么感冒时候吃不下东西呢？因为人体的阳气在集中对抗病邪，顾不上肠胃系统。

日常生活中，最为重要的，就是不要资敌，帮助病邪伤害自己。比如，受伤冰敷、鼻炎喝冰水，都属于资敌行为。

失眠，中医一般认为是心肾不交，心属火，肾主水，水火交融，人体内环境进入休眠状态。但是，导致心肾不交的原因很多，有心火原因，有肾虚原因，有脾胃不和的原因，等等。五行生克制化，根本目的是保持平衡，平衡状态下的运行，才是最平滑的，效率最高，阻力最小，耗能也最少。

"三高"，本身并不是病，而是一个失去平衡的状态，找到导致失衡的原因，才能从根本上解决。所以，中医没有像西医一样的通用降压药物，而是因人而异。西医降压药的本质，就是利尿，排出更多体液，伤阴。而放松或扩张血管，导致阴阳不能自然吻合，反而损伤阳气。因此，长期吃降压药，非常容易导致身体机能下降，诱发各种西医所谓的"并发症"。

在未知中坚持　在放下中前行

95 国经　纪沫

△纪沫接受 CNBC 采访

　　纪沫，中国人民大学 1995 级国际经济专业本科，北京大学世界经济专业硕士，美国哥伦比亚大学博士。师从 2001 年诺贝尔经济学奖得主约瑟夫·斯蒂格利茨教授。她曾于德意志银行进行中国经济和股票分析，在 Azentus 对冲基金任全球首席经济学家，曾于东方汇理资产管理公司（Amundi）任亚太区首席经济学家，现任联博资产管理公司（Alliance Bernstein）大中华区首席经济学家。以下内容，首先是纪沫 2019 年 9 月 7 日在中国人民大学"校友大讲堂"题为"全球宏观误判、展望与思考"的演讲，之后是纪沫的人生体会。

1995 年 9 月 7 日，人大本科新生报到日，第一次迈入人大校门。2019 年 9 月 7 日，24 年后的同一天，站在人大 500 人教室的讲台同大家分享，心中充满无限感恩。这一天承载着青春的美好，这之后的四年于我是心境澄明，是开启批判性思维的原点。感恩人大，我爱九五。作为一名年轻的经济学家，我终于在四十而立后聚齐了经济学家的标配：几根白头发，一副老花镜和一个保温杯。而之前十年里，大家见到准备演讲的我都会这么说：小姑娘，你老板到了就可以直接演讲了。所以，年过四十，我心中窃喜——终于可以假装讲话有点儿分量了，虽然水分居多。等待今晚在最爱的母校分享，我用了二十年，非常珍惜，非常感恩，在此深深地给大家鞠躬了。今天我想与大家分享的，是我在过去十几年投资实践中对全球宏观判断的一些思考、方法，以及最新的一些判断。

△演讲之后所有在场 95 级同学合影

全球宏观判断中的六大误判

每年年底对下一年的全球宏观判断，就是所谓的市场共识，都会有很多误判。我认为，随着全球宏观变得越来越复杂，误判一定会持续和不断增加，主要集中在以下六个方面。第一，对中国经济所处阶段的误判。我认为，对中国经济的判断，已经成为全球投资中最重要的判断。在投资中只知道中国经济结构性下行是没有意义的，西方投资者每年等待中国经济硬着陆也是错失投资机会。清楚地判断中国经济处在阶梯型下降的何处，处在相对稳定的起点和转折点的何处，对于投资十分重要；同时，这段稳定的时间可以持续多久，也变得十分重要。一年中调高和调低中国 GDP 增长率几次，已然对投资没有意义。在纽约一次会议中，两位前世界银行首席经济学家分别来问我对中国目前的经济是该悲观还是该乐观。我深深地意识到，对中国经济所处阶段的认识分歧是很大的，所以投资机会也是巨大的——如果判断准确。第二，对美联储的判断，本质上就是对美国经济的判断。举个例子，2018 年 12 月市场共识认为 2019 年美联储会加息四次。而大家知道，2019 年以来美联储已经降息两次。一些听过我演讲的小粉丝则知道，我在 2017 年年底就已经预测到 2019 年 6 月美联储政策将开始转向。第三，对全球货币走势的判断，尤其是对美元的判断。市场持续教育投资者对美元的错误判断，导致 2018 年年底对美元在 2019 年的判断是区间运行。这其实是对投资最没有意义的宏观判断。就像你看到有些判断的前缀很多，比如"谨慎性""中性"地认为什么，但我想问的是方向。方向在哪里？第四，对全球贸易和大宗商品的判断。关于这两者的宏观判断直接取决于对中国经济的判断。比如，2016年大宗商品的牛市是因为 2015 年 10 月中国经济阶段性触底。2015 年 10 月初，我在全球第一个高确定性地判断中国经济阶段性触底至少到 2016 年年底，而事实证实了我的判断。澳大利亚央行的朋友后来说很后悔没有把我招进他们北京十几人的办公室，我就当那是一句玩笑话。第五，对全球通胀预期的判断。通胀目标是全球央行最重要的政策目标之一。举个例子，日本央行在 2013 年就设立了 2% 的通胀目标。日本央行的原副行长在每年圣诞节都会给我寄一张明信片，上面只有一句话、一个惊叹号："实现 2% 通货膨胀！"每次收到明信片，我都会对着它笑一会儿——识时务者为俊杰，为什么要选择不可能完成的任务？大家知道日本现在通胀率在 0.3%。第六，对同投资有关的政治事件的判断。例如，2019 年 5 月和 8 月，特朗普总统提高了对中国的关税，全市场哗然。所有可以预测的黑天鹅都不是黑天鹅。而特朗普总统头顶黑天鹅的帽子，真可谓当之无愧。

全球宏观判断的三个标准

这个宏观判断一定是非共识的，因为只有非共识的宏观判断，市场才没有计价，所以

它才有投资的价值。

这个宏观判断要具有高确定性。当你做一个宏观判断的时候，一定要有高确定性，因为投资只有是与否、买还是卖。即使你今天不买也不卖，其实你也已经卖或者是买了。这个宏观判断要具有时点和期限。这其实是宏观判断中最难的，这也是作为为数不多的买方经济学家之一，我有时会被尊称为"算命先生"的原因。对于这种大的宏观判断，一般一两个季度的判断对投资是没有意义的，期限至少要是一年，或者更长。而对时点的判断就是难上加难——何时触底何时触顶，背后要有严谨的逻辑分析，也要有长期培养的良好的投资直觉，两者缺一不可。以上三个标准——非共识、高确定性、时点和期限——是我做每一个宏观判断的标准，并且一直坚持，在投资实践中是十分行之有效的。当然做到三个标准的完美结合有时是十分需要勇气和胆识的。

做全球宏观判断的正确态度

在多年的投资生涯中，我对做全球宏观判断应该具备怎样的态度有了一些心得体会：第一，敬畏，即在投资中时刻保持对市场的敬畏之心，能判断对的其实少之又少。第二，感恩，即在投资中要去掉贪婪之心，找到能力和投资的边界。第三，谦卑，即在投资中要尊重多视角逻辑背后蕴藏的智慧。第四，严谨，即在投资中对数据的敏感度是坚实的立足之本。第五，淡定，即在投资中结果不重要，机会每天都在。第六，坚持，即在投资中一定要学会坚守自我逻辑。第七，勤奋，即在投资中要勤于独立思考，具备逆向思维和前瞻性思维。第八，实践，即在投资的实战中培养敏锐度和高确定性。

全球宏观判断中要思考的问题

哪些是市场的不解之谜？哪些是市场中真正的核心问题？哪些分析已经不能解释现在的问题？哪些方法如何构建起来？如何做基本的判断？如何既突破思维定式，同时也有分析的基本支持？如何避开特朗普、退全球化、低利率、负利率等名词来看全球宏观？

培养对投资有价值的宏观判断

不断思考市场没有看到的问题，这是培养非共识判断。思考市场最关心的问题，这是培养有逻辑支撑的自我判断。看数据事实而非看分析，这是培养对数据的敏感度。给数据足够长的历史维度，这是培养分析的深度和广度。在不断培养数据敏感度中，不断寻找即时拐点，这是培养确定性。培养投资直觉，总结自己成功分析背后的逻辑，这也是为了增强确定性。培养慢慢转向相信第一判断，这是培养投资直觉带来的高确定性。培养自下而上的宏观判断，因为这对投资更有价值。

全球宏观判断为什么要自下而上

我在做全球宏观判断中的体会是：需求，是全球宏观判断的根本。因为有需求的复苏才会有产能扩张，有产能扩张才会有投资意愿的增强。消费需求和投资需求从无到有对应着高增长；消费需求和投资需求从有到升级对应着高刺激；消费需求和投资需求边际递减时需要高研发去突破这个瓶颈。我很庆幸在我职业生涯开始仅有的两年卖方经历中，70%的时间我都是一名股票分析师。所有跟宏观相关的行业我都做过三四个月，这里有银行业、地产业、大宗商品、机械制造，同时也触及教育行业、医疗行业，也参与过两家公司上市研报的撰写。在微观中我更加懂得宏观。经济学中"滴漏效应"难以存在，即自上而下的刺激政策是无用的，如果没有自下而上的需求在。在投资中，自下而上做宏观判断成为我的利剑，让我的分析变得有些与众不同。

我对全球宏观的十大判断

中国经济触底、触顶和稳定多久，是重要的宏观判断。中国砝码在增加，在我看来，中国是全球市场最大的贝塔。

美元相对弱度是重要的宏观判断。"弱美元"会不会是股债双牛？ 2020/2021 年弱美元会更加明显。特朗普对资产价格产生的实际影响是重要的宏观判断。而此前的股债汇三牛会在 2020 年出现异化。美国加息周期的"始"与"终"是重要的宏观判断。加息周期不止，股市上涨不止。加息周期终，股市上涨终，而债市恒强。中国产能扩张何时重启，是 2020/2021 年重要的宏观判断。会不会股债汇三牛重现？中国稳定能在多大程度上抵消美国的经济下滑，是 2020/2021 年重要的宏观判断。这里的重点是中国托底世界经济。中美争端何去何从，是 2020—2030 年重要的宏观判断。很显然，远期是持久战。中国与新兴市场的新博弈，是 2020—2030 年重要的宏观判断。要考虑中国内部需求会在多大程度上抑制来自新兴市场的外部需求。全球总需求企稳回升步履维艰，是 2020—2030 年重要的宏观判断。弱增长低通胀债市恒强。科研突破是核心。油价会在低位徘徊，是 2020—2030 年重要的宏观判断。因为其本质是供给危机，石油价格有了上限和下限。

题外话：为什么会有这次讲座？

今年是 95 级同学毕业 20 周年。直到 4 月份，我也没有预测到自己现在在"深度"参与着返校准备活动，以至于时刻有着第一职业岌岌可危的担忧。5 月份，95 级王曦的一首《玉兰花开》，触动了我心灵最深处对青春的记忆和对母校的爱。在港村，曦哥是我金融行业的好战友、好邻居。他对母校那深深的爱非常感染我，让我懂得有爱要表达，要勇敢地表达。5 月底，主动请缨返校筹备的 95 级徐海同学，专门到港村鼓励大家积极参与返校。我是 95 级为数不多（也许是唯一）的经济分析师（俗称经济学家），除了为返校活动捐款，还想提供一些"精神"（希望不是"神经"）的食粮。

海哥为本次演讲殚精竭虑，时刻操心着如何在开学前两天填满五百人的大教室。我的感恩都在心里。还有，在 95 级耿希继老师、钱防震主席、郑静财长和王长斌等几位同学的共同努力下，在校友办宣谊老师铺天盖地海报的攻势下，在经济学院院长刘守英教授的亲自大力宣传和主持下，历时三个月的准备，这次讲座终于呈现在亲爱的同学们面前。讲座结束后，刘守英院长发来九字贺电："很成功！很感动！很感谢！"我何德何能，心中只有无限感恩。这次讲座似乎为返校活动预热和暖场做了一点小小的贡献。这让我变得更加勇敢，自封为 95 级返校活动主席钱防震的"募集捐款托"，后被封为"高级严谨托"。我的画风也从沉着冷静、治学严谨的经济学家，变成了一只上蹿下跳的小猴子。随着我们人大 95 级港村周道传村长、村民王曦、王歆、易扬、陈冶军、姜祥凯、齐宁等那响亮的口号"爱国、爱港、爱人大、爱 95"，有很多 95 级同学也被感染了，也勇敢表达着对人大对 95 级的爱。当一篇返校文章《来时的路》飘到眼前时，我的眼角是湿润的，人大于我之美好就是青春年华。我也十分感谢 95 级施艳同学、我们的返校宣传部长，在她的鼓励下，我昼夜无停整理出了此稿，这是对青春最好的纪念。

我读过人大，读过北大，也读过哥大，但任何时候我只介绍自己是人大的，因为我觉得本科对我的影响非常大。我现在有一个习惯，任何时候、任何场合都会问一句：你是人大的吗？因为我骄傲我是人大人，因为我是人大人最大的受益者，我也希望以我十分有限的能力去帮助人大人。2014年第一届"人大中环论坛"在香港举行，十分荣幸后来我成为连续五届演讲嘉宾。我感恩"人大中环论坛"的三剑客——87 级温智敏师兄、86 级陈东师兄和 92 级杨浩师

△ 1997 年香港回归，我现在的第四故乡

兄，没有"人大中环论坛"，就没有我的今天。我的心中有对人大说不尽的感激、感恩和感动。

本科毕业 20 年，是青春还记得，是未来还有希望。未来 10 年，是属于我们的 10 年，不管对中国，还是对世界，我们是这个时代的主宰。我亲爱的同学们，加油吧，为我们自己喝彩！让我们时刻心中有大爱、有大善、有大格局。我们可以的！

△讲座后人大 95 级同学欢聚

人生过半的一些体会

为什么要上课？我在哥大读书的时候，很多人问我：你怎么会成为斯蒂格利茨老师的学生？这是我第一次在公开场合跟大家分享。我想分享的就是一定要去上课。为什么？中国人都很含蓄，都不会举手问问题。我当时选哥大的时候知道斯蒂格利茨老师在哥大，但是我很清楚地知道，我上他的课也不可能成为他的学生，因为我不爱举手，不爱表达。最后一节课时，我在家里想：我是去上还是不去上？想了半天还是去了。在教室里也没有问问题，我想没有可能让他成为我的导师了。就在那一秒，他挤进了我乘的那个电梯。他本人长得有点像圣诞老人，一个大大的肚子。他正对着我说："你是在我的课上？"我说："是的"。"你来自中国？"我说："是的"。"你是我招的 6 个学生当中唯一一个来自中

国的人。"我说:"是的。"他说:"你知道吗?下周我去中国。"那是 2005 年的 3 月初,他说我要见你们的总理。电梯已经下来了,我就非常自然地跟他聊天。他说:"你知道吗?中国现在在开两会,在讨论什么问题?你可不可以准备一点点中国现在开两会的背景资料给我?"换作任何人都会非常激动。可你们知道我当时是怎么回答的?我看着他说:"在我期中考试之后行吗?"(后来导师告诉我说,他其实特别喜欢我当时的回答:"其一,因为你很诚实;其二,你很认真地对待你的学习。")他说:"当然可以"。我就回去考试,准备了材料送给了他的秘书,就放了春假。等我回来的时候,我收到了人生第一封一位诺奖老师给我发过来的信,他让我去他的办公室聊聊他的中国之行。为什么做人要诚实?导师给我发了信之后就跟我讲:"你可不可以到我的办公室里?我想跟你分享一下我在中国见总理的一些心得和体会。"我当时就蒙了。我当时在想:"他是因为信息不对称得的诺奖。他什么都知道,我什么都不知道,我跟他聊天,我应该说什么?"我想了很久之后决定,我的正确态度就是我什么都不知道。去了之后跟他聊天,他一直在分享总理跟他谈什么,一个问题都没有问我,最后只问了一句话说:"你愿意成为我的研究助理吗?"对于我来讲,我会觉得在人生当中摆正自己的位置特别重要,做一个诚实的人,诚实地面对自己,诚实地面对他人,知道就是知道,不知道就是不知道。因为诚实而信任。从 2006 年起我陪同斯蒂格利茨教授出席"中国发展高层论坛"14 年有余,参与了包括中国"十一五""十二五""十三五"的讨论和建言献策,在教授背后默默地为中国的发展做着贡献。世界需要中国的声音,中国需要世界的声音。我很感恩自己一直保有着诚实的品质和那份真诚。

为什么要多思考?也许我是人大 95 级同学中读书时间最长的。在这漫长的岁月里,我多了一些独立思考的时间。这段岁月为我的批判性思维助力,让我有了日后可以厚积薄发的基石。我感谢那些日思夜考的岁月,让我努力着走向"有趣"的灵魂。

为什么在未知中坚持?去再多的学校,读再多的书,你也未必知道你会在哪个领域哪个城市栖身落脚。但在这些未知中让你得以坚持的,是你自己不断深挖的兴趣。就像大家会说,每次听你演讲,都会看见你的眼中闪烁着光芒。是的,我爱我做的事情,所以有再多的未知,我都会坚持。为什么在放下中前行?在人生的每一个新阶段,我们需要放下,只有放下一些,才会变得更加勇敢,更懂得去爱生活中一切的美好。

写在本科毕业 20 年之际

纪 沫

我的大学初印象　　　　　　　　　　当时的我
　周围的同学　　　　　　　　　　　瘦、黑、傻
　要么多才多艺
　要么思想深刻　　　　　　　　　　　傻

可以理解为　　　　　　　　　　我依然是个学生
纯纯的傻
真傻　　　　　　　　　　　　　　　纯傻
无内涵　　　　　　　　　　　　　　被
也可以理解为　　　　　　　　　妥妥地保存了
空空如也
待填充空间　　　　　　　　　　毕业二十年
巨大　　　　　　　　　　　　　我什么没变
　　　　　　　　　　　　　　　什么变了

在校四年　　　　　　　　　　　没变的是
和　　　　　　　　　　　　　　直直的长发
毕业后十年　　　　　　　　　　　这
都是　　　　　　　　　　　　　其实是对
　　　　　　　　　　　　　　　青春的纪念

一路的迷茫　　　　　　　　　　记住那
一路的未知　　　　　　　　　　心境澄明
一路的不可能
一路的坚持　　　　　　　　　　变了的是
　　　　　　　　　　　　　　　四十而立之后的
为什么坚持　　　　　　　　　　　放下
坚持什么　　　　　　　　　　　把心敞开
全不得而知
　　　　　　　　　　　　　　　在未知中坚持
因为　　　　　　　　　　　　　在放下中前行
毕业后十年

期待返校所有真诚的笑脸和温暖的拥抱，我爱人大，我爱九五！

（感谢李存娜编辑整理。）

151

诗酒趁年华
——葡萄酒与洋酒的八卦与品鉴

95 国政 张 琦

　　张琦，中国人民大学国际政治专业本科，法学院民商法硕士，曾先后任职商务部WTO司和中国驻美大使馆，后任职于全球第二大洋酒公司保乐力加集团，对葡萄酒和威士忌兴趣浓厚并做过专深研究，系统考察过世界上各主要葡萄酒和烈酒产区。在这明净的初秋时节，和同学们分享"葡萄酒与洋酒的八卦与品鉴"，并在现场提供干邑等六种洋酒供大家自取品尝。诗酒趁年华，品读意更佳。

　　　　　　　　　　　　（本文改编自张琦2019年9月7日在人大"校友沙龙"的演讲。）

非常感谢 95 级返校组委会的邀请，和大家一起分享一下自己对葡萄酒和洋酒的认识。和众多人大毕业生一样，我第一份工作是部委公务员。我进入国家商务部，从事世贸组织谈判工作。对洋酒和葡萄酒的最早启蒙就来源于当时知识产权协定中地理标志谈判。当时我是该议题的国内协调人，而在 WTO 内，以欧洲国家为代表的老世界和以美洲国家为代表的新世界在地理标志议题上打得不可开交，在日内瓦总部的会议上，经常能看到平时文质彬彬的大使们不顾形象，如泼妇骂街一样对骂。争论最激烈的就是葡萄酒与烈酒的多边保护机制是否需要加强保护。随着地理大发现，欧洲移民在美洲、澳大利亚、非洲开疆拓土，建立了遍及全球的殖民地。移民带去的不仅仅是宗教和语言，还有葡萄酒和相同的地名。比如，英国最著名的大学之一剑桥大学名为 Cambridge，在美国也有同样的地名，甚至在那里也有一所同样全球闻名的大学：哈佛大学。国内为了区分，英国的 Cambridge 翻译为剑桥，美国的则简单粗暴地翻译为坎布里奇。葡萄酒和烈酒的地理标志之争就是基于此。酒，具有特别强的文化属性，在涉及文化和传统问题上，欧洲寸土不让。这些争论，成为我最初了解葡萄酒和烈酒的窗口。此后我被派往中国驻美国大使馆，几年的外交官生涯里，对西方的餐饮礼仪以及酒的文化有了更直观的认识，以前在厚厚的国际会议文件里出现的种种酒类，都鲜活地出现在生活里。回国后不久，加入全球最大的洋酒公司保乐力加集团，负责大中华区的公共事务。集团旗下的品牌包括芝华士威士忌、马爹利干邑、皇家礼炮、绝对伏特加、杰卡斯葡萄酒等。在保乐力加的 8 年多，系统地学习了洋酒和葡萄酒的知识，今天来到母校，非常高兴和大家一起分享。时间关系，我主要介绍一下葡萄酒和烈酒里的威士忌，其他的几款只简单提一下。

一、葡萄酒

葡萄酒，是用酿酒葡萄发酵制成的酒类的统称，度数从 10 度到 16 度不等。决定葡萄酒品质的最重要的因素是风土。风土，顾名思义，就是风和土，说的是产区，也就是地理。有了风，葡萄才不容易生虫。而土壤的酸碱度和鹅卵石等物质，又给予了葡萄不同的风味。同样品种的葡萄，在不同产区，因为风土不同，会出现千变万化的美感，可以说各有其美。

1. 新世界和老世界

老世界一般指欧洲。新世界一般是南北美洲、澳大利亚和非洲（主要是南非）。中国也属于新世界。除了地理不同，新旧世界的葡萄酒在口感、价格等方面也有很大的区别。个人感觉，新老世界最大的区别还是风土。新世界的酒庄，大多位于幅员辽阔的地区，像美国加州、澳大利亚、智利等，阳光明媚，温度高，其酿出的酒一般有鲜明的工业时代特点，机械化操作，好比是古龙的新派武侠小说，口感简洁明快，风格直接，容易入口，不

大讲究年份，产量极大，价格平易近人。而老世界的酒庄一般不是很大，很多酒庄还恪守着农耕时代的种植和酿造方法，就像金庸的武侠小说，秉承传统，历史厚重，口感丰富而复杂，分级体系复杂难记，价格偏高。坊间流传的各种天价葡萄酒，如勃艮第、波尔多，都是出自老世界。当然，随着酿酒技术的发展，新旧世界也在互相借鉴和学习，在相同价位，比如500元左右，非专业人士很难通过盲品来简单区分。

2. 法国葡萄酒简介

在老世界里，法国葡萄酒最为典型和知名。先说金字塔最尖端的1855年分级体系。在1855年，拿破仑二世为了办好世博会，要推广法国葡萄酒。法国人简单粗暴地按照酒商的价格和市场上受欢迎的程度，将其分为五级，推荐了61家酒庄。其中的五个波尔多一级庄，在今天仍然是市场上最炙手可热的品牌，包括拉菲、拉图、木桐、玛歌、侯伯王。最为人熟知的，就是拉菲酒庄。这61家酒庄，是法国葡萄酒中神一般的存在，统称1855年列级名庄。商务宴请的时候，如果有一瓶列级名庄的酒，则基本不会露怯。在价格上，除了一级庄的酒以外，葡萄酒的价格与国内高端白酒相比，其实还算平易近人。如果渠道可靠，那么几百元也能买一瓶。

法国酒高度重视年份，因为法国的气候多变。风调雨顺的时候少，多雨或干旱的时候多。比如，在市场上，2007年的酒价格普遍较低，因为那一年气候不行，酒普遍寡淡。最近的比较好的年份是2010年、2015年、2016年，其品质和传奇年份1982年非常接近。关于年份，对葡萄酒影响最大的因素是适饮期。不是越老越好。一般来说，好年份，陈年潜力更大，一般在10～20年会进入最佳饮用期。而一般的年份，可能5年左右就该开瓶了。另外，超市或宴请用的一般的餐酒，不是越老越好，那种便宜的餐酒，比如超市里买的100多元的，买了赶紧喝。时间长了会变成葡萄醋。

严格地说，1855年体系主要是波尔多（特别是波尔多左岸）的酒庄。其实波尔多右岸的产区也非常好。左岸和右岸种植的葡萄不一样，左岸以赤霞珠著名，右岸以梅洛见长。

但波尔多基本上都是混酿，也就是以一种葡萄为主，混合其他的葡萄，使得口感更加均衡和复杂。右岸著名的酒庄包括白马、金钟等。一般来说，左岸的酒，口感强劲有力，右岸的酒，口感更加柔和，这和葡萄的品种以及左右两岸的土壤有关系。

除了波尔多，还有勃艮第。在拍卖市场上，价格最高的罗曼尼康帝就产自勃艮第。勃艮第的酒在法国被称为酒王，波尔多被称为酒后。勃艮第的酒主要是干白，干红较少，非常珍贵。干红只用单一葡萄：黑皮诺。这大概是世界上最难伺候的葡萄了。但其在勃艮第以及新西兰有非常好的表现。我个人更愿意将勃艮第黑皮诺的葡萄酒比作中国的白茶，讲究的是真酒有香，淡而有味，均衡优雅。

　　另外，法国知名产区还包括香槟、罗讷河谷、朗格多克、阿尔萨斯等，不展开讲。这些产区在法国都有严格的地理标志保护，叫做法定产区。有些小产区，划分到村庄，甚至是一片山丘，这种严格的划分，总让我想起武夷山峭壁上的大红袍母树。

3. 中国葡萄酒简评

　　中国的葡萄酒历史悠久，唐诗中就有"葡萄美酒夜光杯，欲饮琵琶马上催"的名句。但唐朝的葡萄酒逐渐消失在历史中。元明之后，中国是黄酒和白酒的天下。中国现在的葡萄酒，是借鉴欧洲酿制工艺逐步发展起来的，产区上属于新世界。目前中国产区主要在黄河以北，比较著名的产区包括山东半岛、河北、宁夏、甘肃、新疆、山西、云南等。中国葡萄酒有一些精品小产区品质非常好，可以说能达到欧洲法定产区酒的标准。但也有不少企业重营销，忽视质量，一些大路货的口感不佳。中国精品葡萄酒很大的问题是成本太高。这也是因为风土。中国产区主要在北方或高海拔地区，冬季干燥寒冷。为了保证葡萄苗正常越冬，需要在葡萄采收之后，进行埋土作业，就是把葡萄枝叶深埋到土壤中。来年春天再刨出。这种操作方式，成本高，对葡萄的生长也不利。拉菲酒庄把中国拉菲设在了烟台，最重要的考量因素就是烟台不需要埋土。其出产的中国版拉菲珑岱已经在 2019 年上市，用的是 2017 年的葡萄。除此之外，宁夏贺兰山东麓产区的酒非常有特点，特别是干白，清冽甘爽，品质出色。

4. 选酒与佐餐

　　很多宴请会上几轮葡萄酒。在正餐开始前，一般是香槟用来提气氛，暖场寒暄。起菜后，上干白，搭配西餐的前菜或中餐的凉菜。干红搭配主菜上来，餐后会提供甜白或甜酒，搭配甜点。一般的搭配原则是干红配红肉，干白配海鲜。我个人觉得，干白更适合搭配中餐，特别是火锅或类似川菜的重口味菜品，冰镇之后的干白会起到非常好的爽口作用，比王老吉凉茶效果好。切记干白和香槟需要冰镇，十度左右口感较好。

二、洋酒

洋酒严格地说不是一个规范名称，是起初西风东渐时，香港人和广东人对进口烈酒约定俗成的称呼。从国家标准角度看，烈酒和葡萄酒最主要的区别是制作方法不同，通过发酵得到的是低酒精度的啤酒、黄酒和葡萄酒；通过蒸馏得到的是高酒精度的烈酒，代表性的洋酒包括威士忌、白兰地。

洋酒主要指威士忌、白兰地以及著名的四大基酒：伏特加、金酒、朗姆酒、龙舌兰酒。其中国内进口量最大的是白兰地和威士忌。前述四大基酒主要用来调制鸡尾酒。比如著名的莫吉多，就是用古巴朗姆酒搭配柠檬、薄荷等调制而成。

1. 干邑

先说市场上最主流的干邑。南方的同学，特别是广东和福建的同学对此并不陌生，干邑在这两个省份的流行程度，堪比白酒在北方。干邑是白兰地的一种，可以说是最高端的白兰地。把葡萄酒蒸馏，就会得到白兰地。而只有产自法国干邑地区的白兰地，才能叫做干邑。干邑三大品牌是马爹利、人头马、轩尼诗，这三家瓜分了中国干邑市场9成左右的份额。

干邑地区临近波尔多，其种植的白玉霓葡萄特别适合蒸馏做烈酒。其生产工艺包括发酵、多次蒸馏、装入橡木桶陈年、调配、装瓶等程序。干邑的风味来源包括葡萄的香味、橡木桶陈年时从橡木桶萃取的香味，以及岁月流逝带来的变化。典型的香气包括奶油、蜂蜜、橡木、坚果、花香等。蒸馏出的原酒在70度左右，又称生命之水。经过加水降度，调配出40度的干邑。法国当局有着严格的分级和保护体系。按照年份不同，分为XO，VSOP，VS，分别代表了不同的陈年年份。知名度较高的XO按规定是至少6年陈年。而事实上，如马爹利，都要陈年20年以上。另外洋酒里说的陈年，是货真价实的，按照欧盟法规，如果烈酒厂商宣称是20年，则意味着调配的酒液里，最年轻的基酒都要是20年以上。

2. 威士忌

威士忌一般是指以大麦或谷物为主要原料，经过蒸馏和橡木桶陈年得到的烈酒。威士忌源于爱尔兰，但在英国发扬光大。日不落帝国的辉煌，把威士忌推向全球，使之成为全球最为畅销的烈酒品种。目前在中国，威士忌正在崛起，极有可能取代干邑，成为洋酒界的新贵。我有幸参加了保乐力加在四川峨眉山举办的麦芽威士忌奠基典礼，期待几年后能尝到中国峨眉山威士忌的味道。在峨眉山之前，还有台湾地区的宜兰威士忌。介绍峨眉山和宜兰，是为了说明威士忌的全球属性。目前最主流的是苏格兰威士忌，最火爆的是日本威士忌，而最 low 的是印度威士忌。严格地说，印度威士忌不能叫威士忌，是加了几滴威士忌的食用酒精。

威士忌的风味复杂，适应中国白酒的人，会非常快地适应威士忌。因为两者有很多相似之处，比如两者都用谷物蒸馏，都特别强调清洁的水源。在容器选择上，威士忌使用橡木桶，而白酒多使用陶罐。在口味的复杂程度上，威士忌也能和白酒平分秋色。在香气的复杂程度上，威士忌甚至强于白酒，大概因为橡木桶和泥煤烘烤的使用，使其香气复杂浓郁。

苏格兰威士忌是全球最为流行的威士忌，也是威士忌市场最主要的开拓者。按法规，其分为调配威士忌和单一麦芽威士忌。其中，前者是用包括大麦和玉米在内的原料调配而成，其特点是质量均衡、香气迷人，如芝华士、尊尼获加都是调配威士忌。而后者只用同一家的大麦麦芽制作，且只在一家蒸馏厂制作。其因个性鲜明，味道丰富而成为近期的新宠。

苏格兰威士忌分为四个产区：高地、低地、斯宾塞、岛屿。村上春树曾经以其在苏格兰（主要是艾雷岛）的游历，为苏格兰威士忌写了一本书《如果我们的语言是威士忌》。文笔优美，推荐一读。目前看，低地产区在衰落，其他三个产区的产品非常流行。斯宾塞花香、奶油香明显，容易入口，适合入门。高地威士忌酒体强劲，是老饕最爱。岛屿产区泥煤味道浓郁，搭配雪茄，更是绝配，是骨灰级酒友的心头爱。

三、结语

放在橡木桶中陈年的美酒，经年的蒸发把酒液变成天使之享，剩下的却是自己独有的积累。我们的人生也一样，随着岁月流淌，既有增加的阅历，也有流逝的青春，但不变的是内心深处的自我。希望我们不论何时再聚首，都能像村上春树说的，"我默默伸出酒杯，你接过去，安静地送进喉咙里去，非常简单，非常亲密，非常正确"。毕竟，岁月虽然漫长，未来却总值得等待。

全球资产配置理念与实践

95 国管　周道传

　　周道传，自由投资人，特许金融分析师（CFA）。前泰禾人寿资产管理总经理，云锋金融集团研究及策略总监、董事总经理，太平金融控股有限公司首席策略师 / 高级投资经理、另类投资部和研究及资产配置部总经理，泰康资产管理公司国际投资部助理总经理。曾任职于安徽省人民政府经贸委和国家外汇管理局储备管理司（中央外汇业务中心）。

　　　　　　　　　　　（本文改编自周道传 2019 年 9 月 28 日在"校友沙龙"的演讲。）

　　本次讲座主要分享以下方面的内容：首先回答什么是资产配置，资产配置的意义何在，以及为何要在全球范围内配置资产；其次分别从个人投资者和机构投资者角度出发，阐述不同类型投资者如何做全球资产配置；最后，展望全球主要宏观金融市场并提出资产配置建议。

一、理念：为何要全球资产配置（why）

所谓资产配置，指的是根据投资收益目标和风险承受能力，将投资分配在不同类别的资产上，如股票、债券、房地产、商品或现金等。

对于个人而言，广义的资产配置包括各种保险、家族信托基金等，实际上可以理解为个人或家庭理财。下图是典型的家庭资产配置图，除了图上的四大类，个人觉得实际上应该还有第五种配置：投资自己，提高赚钱能力的钱。一般来说，狭义的资产配置主要针对第三象限的"生钱的钱"，也就是博取投资收益的部分。

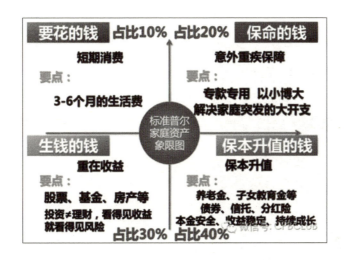

根据资产配置专家罗杰·伊博森和保罗·卡普兰在 2000 年发表的研究，"平均而言，资产配置政策对组合收益的贡献略超出组合的总收益。长期来看，基金投资收益变化中大约 90% 可以归因于资产配置策略的变化"。

进行全球资产配置不仅可以实现投资资产的跨地域、跨国别配置，还可以实现跨资产类别、跨币种配置。特别是近些年人民币单边升值趋势已被打破，进入了双向波动甚或反向贬值的时代，而海外消费、留学、移民需求爆发式增长，国内投资品种有限，且收益率持续下降，这些因素决定了进行个人资产全球配置的重要意义。

二、实践：如何做全球资产配置（how）

无论是个人还是机构投资者，进行全球资产配置的首要的一步都是确定投资目标和投资者的风险偏好。

不同类型投资者的投资目标不尽相同。对于外储、中投等"国家队"来说，安全性、流动性和收益性的权衡是首要目标；对于大型保险机构来说，需要在资产负债相匹配的基础上追求中长期价值提升；而对于高净值客户来说，长期资产保值和增值，以及代际传承是主要目标。

确定投资目标之所以这么重要，主要是因为不同投资目标下的资产配置方向不同。对于流动性要求高的投资者，应该少配或尽量不配另类资产等低流动性资产，高配流动性好的如发达国家股票和债券等公开市场产品；对于收益要求高的投资者，可以适当高配另类资产，或在必要时拉长债券资产的久期；而对于收益要求低、以资产长期保值为目的的投资者，则要适当分散配置相关性低的资产，并严格控制高风险资产的配置比例。

对于机构投资者来说，其风险偏好相对容易确定，一般来说，在公司层面主要考虑资本充足率、财务状况、可承受的最大损失等因素，而投资组合层面则主要考虑投资指引相关风控要求；个人投资者的风险偏好相对较难评定，因为个人投资者往往会自觉或不自觉地隐藏其真实的主观风险偏好，因此需要利用科学合理的风险测评系统引导其表达真实的风险承受意愿。

此外，要进行全球资产配置，需要考察全球宏观经济基本面，深入了解不同类别资产的市场特性。因为在经济周期的不同阶段，在不同的宏观环境下，不同类别的资产表现迥异，没有一种资产能够横跨整个经济周期，一直提供恒定的投资回报。我们所熟悉的美林时钟，其最重要的意义就是阐明了不同宏观情景与资产配置的对应关系。

在此基础上，机构投资者一般会基于不同的周期考虑，制定长期战略性（SAA）和中期战术性（TAA）资产配置方案，一些积极的机构还会制定短期动态（DAA）资产配置方案，利用战术偏离实现规避风险、获取超额收益的目的。

对于风险偏好较低的保守型个人投资者来说，需要注意三方面：尽量规避汇率风险，降低汇兑损益造成的收益波动，或通过对冲方式规避汇率风险；注重利息/红利收益，偏重配置信用风险可控的高收益债、新兴市场优质美元债，以及发达市场高分红（high dividend）股票或基金等；重视资产安全，适当分散投资。

而对于以获取高收益为目的的积极型个人投资者来说，则应该积极把握全球资产配置机会，在多区域、多资产类别中寻找最佳的投资机会。同时，应该重视汇率波动带来的超额业绩回报，并积极把握商品和另类市场提供的阶段性投资机会。

三、展望：全球主要宏观金融市场

从制造业 PMI 等领先指标看，全球经济下行风险明显上升，未来几年可能将维持比较疲弱的增长状态，以美国为首的主要经济体缺乏内生增长动能。为刺激增长，在低通胀环境下，主要央行长期维持超宽松货币政策环境，这种政策环境催生了资产价格泡沫，导致房地产、股市、债市等估值水平居高不下，全球范围内出现了不同程度的"资产荒"，也就是缺少处于合理价格水平、值得长期配置的资产。

相对而言，目前全球主要宏观因素均支持黄金。美债收益率曲线持续倒挂预示着美国经济衰退风险上升，美股顶部特征明显，可能会发生剧烈调整的对冲需求，以及美联储应对美国可能爆发的危机的政策空间不足等，再叠加中美关系恶化、地缘政治风险上升等因素，黄金的长期配置价值凸显，值得投资者充分重视。

此外，中国债券市场的估值优势也比较明显，各类债券利率水平基本都高于欧美可比债券，特别是相比欧洲和日本的负利率债，对外资来说更具配置价值。即使考虑汇率风险，在严格把控个别标的信用风险的前提下，中国债券依然是近期值得重点配置的"优质资产"。

青春，
在这一刻
重返、定格、燃吧！

特稿系列

"九五潜龙"弄潮记

95 国政　徐建萍

　　人大校友跨年级羽毛球团体赛始创于 2014 年，本着"校友联谊、锻炼身体、交流情感、关爱母校"的宗旨，至今已成功举办五届。

　　每次集结号响，不同年级的校友从海内外各地纷纷赶回母校，欢聚一堂、共襄盛会。我们 95 级同学，虽不敢以九五之尊傲娇人前，却也不甘拥雄健之姿而落慢于后。因此，2017 年，羽毛球"九五潜龙队"正式宣告诞生。潜龙出渊，身手不凡。值此毕业二十周年之际，草录小文以记之。

潜龙出世　名号初定

　　2017 年 8 月初，耿希继提议组建 95 级羽毛球队伍，参加 8 月下旬的校友杯比赛。通过互相推荐、大群喊人，很快拉起了一支队伍。队伍建起来，需要起名字。其他年级有"飞虎队""天马队""大圣归来队""银河护卫队"等，花样百出，那我们起什么名字呢？"九五至尊队""九五龙尊队""九五飞龙队""九五神龙队"，这些大气而响亮的名字吸引了大家的眼球。最终，本着低调再低调的原则，我们接受了低调的耿领队的建议，正式启用"九五潜龙队"的名号。

潜龙离渊　小露峥嵘

组建伊始，潜龙队未经合练就直接参加2017年第四届校友杯比赛。队员们大多不熟悉，或者只闻其名不识其人。领队的意思是以锻炼为主，重在参与，所以大家心态放松，积极参与。队员水平不一，有高手，也有平时打球不多的同学。不过，在大家看来，这场比赛与水平无关，与结果无关，只是因共同的爱好聚到一起的95级同学的一场Party。

不过，没办法，龙就是龙。在缺兵少将的情况下，九五潜龙队第一次参加比赛便跻身40+组四甲，成为横空杀出的一匹黑马。

2017年参赛队员名单：

领队：耿希继
队长：罗毅、刘雪冬
女队员：刘雪冬、陈岚、汪源、颜颖、肖艳、陈静、周敏、徐建萍
男队员：罗毅、戴锋宁、崔智竑、张英隽、杨震宇、陈丰辉、邵振伟、索刚雷

潜龙弄潮　风云再起

2018年8月24日，又到一年校友杯，潜龙群又热闹起来。潜龙队不断壮大，还吸收了一些京外队员。大家变得更加熟悉，赛前多次组织合练。外地的同学，如秦非从福建、黄鲲从郑州特地来京参加比赛。在郭开森同学的慷慨赞助下，潜龙队拥有了第一套酷帅的队服。大方实诚的刘宏建同学还派来专业摄影师记录精彩瞬间，高大威猛的韩景峰同学亲

自出任首席保健医，酒窝帅哥黄鲲则说出了大家的心声：按摩师按的不是摩，同学们打的不是球，是感情，是对同学的真情，对九五的真情，对人大的真情。自入校那一刻起，我们已经打上"人大人"的烙印，时至今日，"人大人"已经深深地刻在了心上！无论说或者不说，烙印都在那里，都在心底！

在全体队员的共同努力下，九五潜龙队在死亡之组中脱颖而出，再次晋级 40+ 组半决赛。

2018 年参赛队员名单：

领队：耿希继

队长：罗毅、刘雪冬

男队员：罗毅、戴锋宁、贺俊、施航、王天、黄鲲、张英隽

女队员：刘雪冬、周敏、陈岚、陈静、汪源、秦非、徐建萍

2019，潜龙飞天

2019 年是 95 级毕业二十周年的大日子。九五潜龙队也要为我们的"大日子"行动起来，那就是积极备战 2019 年校友杯。

2018 年比赛结束后，潜龙队就决定开始集训，瞄准 2019 年三甲之位，志在必得。队员们自筹经费，聘请教练，每周六晚上在西苑体育中心进行训练。

参与训练队员：

男队员：罗毅、施航、王天、戴锋宁、张英隽、贺俊

女队员：刘雪冬、周敏、陈岚、陈静、汪源、徐建萍

（后又增加了鲁志彬、王玉君）

为提高实战技能，潜龙队与某中直机关、折腾俱乐部及其他年级校友队组织了一系列的友谊赛。

在匿名大咖的强力赞助下，队员们还集思广益，重新设计了新队服，融入了国旗、奥

运五环、人大校徽、毕业 20 周年返校 logo 和返校口号等标志，表达了对国家、人大和 95 级的热爱。

参赛队员名单：

领队：耿希继
教练兼队医：韩景峰
队长：罗毅、刘雪冬
男队员：罗毅、黄鲲、戴锋宁、鲁志彬、贺俊、张英隽、施航、王天、陈丰辉
女队员：刘雪冬、颜颖、周敏、秦非、陈岚、陈静、汪源、徐建萍
经过一天鏖战，潜龙队更进一步，跻入"前三甲"，圆满完成既定目标。

返校：Danny Boy

在庆祝返校 20 周年演出中，潜龙 6 名队员无伴奏合唱 *Danny Boy*，16 名队员热舞羽毛球操，将演出推入高潮。

演职人员：

男演员：罗毅、施航、张英隽、陈丰辉
女演员：刘雪冬、颜颖、周敏、秦非、陈岚、陈静、汪源、徐建萍、郑静、邢杰、康珍、方园

在这个充满魔力的运动中，潜龙队友们挥洒汗水，燃动激情，肆意青春。

95 有我，青春 V5！
潜龙腾渊，笑傲九天！

又记：2020 年 12 月 19 日，在中国人民大学第七届"就爱 92"校友杯羽毛球赛上，95 潜龙夺冠（40+ 组），一飞冲天！

燃灯者

95 国金　牛　锐

　　每到秋风凉起，我就会想起大一上学期我们的经济学启蒙老师。不记得她的名字，却记得她的样子：年轻、自信、优雅，秋天里讲桌上放着叠好的风衣和丝巾，扎起的一丝不乱的短发，光洁的额头，嘴角漂亮的痣。讲起"稀缺"、"供给"和"马斯洛需求"的悦耳声音，令人不由得凝神去听。

　　此前我想象中的大学老师不是这样子的，这样精修边幅地美。之后记忆中的大学老师们除了知识分子的共性之外，各有鲜明个性与特色。在一对多的大课堂上，传道授业解惑，甚至更多。

　　大学第一课，迎来我系学贯中西的陶湘教授。他谈古论今，妙语连珠，讲的是金融业的道德准则和做人的基本道理，要求我们将来无论做多大的事、站得多高，"永远都管好自己"。我记得陶老师的烟斗、怀表、金丝眼镜和老上海派儿马甲，记得他的风度翩翩和顽童气质。除了他和陈雨露教授、赵锡军教授联袂举办的火爆全校的 1997 年国际金融危机讲座之外，很遗憾在校七年中没有机会再听他上课。但大学伊始，在那个细雨中的夜晚听他讲道德与道理，即便我没有从事金融行业，也永生难忘。

那时赵锡军老师教我们班金融英语专业课。赵老师早年留学法国，讲的英语带着法语腔，辨识度很高。他的金融、数理和外语功底都很深，英文授课，把复杂的衍生工具定价讲得条理分明。他谦和低调，颇有绅士气度，很受同学们喜欢。记得有一次讲国债定价，他在黑板上写了道弯弯绕的题，说谁下课前能做出来就请谁吃饭。天降福利啊，大家立马沸腾了，可惜埋头苦算后都没如愿。待他讲解完毕，我纳闷地想：这不难啊，我怎么就错失良机呢？读研时赵老师成了我的导师，授业之余，费心为我们找了不少学习和实习的机会。后来每看到"静水流深"这个词，率先想到的总是专业课上微笑着被学生们百问不倒的他。

国际金融专业课由我们的班主任涂永红老师教。涂老师的案例教学令当时的我们倍感新鲜，有些案例就是现实中的银行交易操作，由同学们分组做出各种方案。所谓解惑，她会请在银行和企业的高管朋友来课堂，解答我们的专业问题。甚至专业之外的考研择业等当年的大问题，也能从这些前辈处获得指点。如果说经济学老师某种程度上影响了我的衣着审美，涂老师则向我们展示了业余生活中的更多可能。坦率地说，比起专业课，我们对她偶尔讲起的独自西藏数周穷游记更感兴趣。像她一样，说走就走，不在意他人看法的人生会很有意思吧？

正如有的体育老师善于教数学，我（们）的逻辑思维是财政老师张中秀教的。小班上课，张老师每节课都要点名回答问题，几乎一半同学都会被问到。那些问题都不太好回答。比如问刚出炉的诺贝尔经济学奖得主是谁，为什么获奖，如果你还没来得及关注新闻就少不了被批两耳不闻窗外事；比如问对正在发生的某个财经事件的看法，如果你还没来得及看法就惨了，被批头脑是别人思想的跑马场；再比如让评论某个大家熟知的财政政策，你心头一喜，这个知道啊，却仍免不了被痛批：你答完中央答企业，答完地方又答个人，把金木水火土答成木土火金水，还有比你思维更混乱更没逻辑的么？……于是，每到张老师的课我都会有点紧张，紧张时思维又会兴奋活跃，久而久之，分析问题用上的就是他的方法论。虽然其后在多年的工作中，分析财政政策的机会并不多，但他教的思维方法在我做过的浩如烟海的PPT里，如将散落珠子一一穿起的宝贵引线。

有些老师传递知识，有些老师教授方法，也有些老师展示"一切问题都是小case"的态度。教计算机的年轻的罗老师个子不高，声音洪亮，教完我们就前去伦敦政治经济学院深造了。他讲课时会把难题抽丝剥茧又利落无比地解决给我们看，让我们产生一种"只要慢慢来所怵皆不难"的轻松和自信。其实与之后二十年遇到过的各种考验相比，学生时代

顶破天的困难又哪里算得上困难。像罗老师一样，遇到问题先摆出轻松潇洒的正确姿势，这种态度对于缓解我们之后的人生中竞相出现的各种焦虑，堪为良药。

还有些老师会与我们分享情感和体会。记得邓公去世时，上荆新老师的财务管理课，他红着眼眶满怀感情地向我们讲邓公对一代人命运的改变。以我们当时的学识阅历，对他所讲的几乎做不出回应，产生不了共鸣，甚至需要多年的时间才能完全理解他的分享。那时媒体上的悼念文章虽已铺天盖地，然而有师长分享自己的内心情感和切身体会，对年轻的我们来说，所受的触动完全不一样。从师长处习得的知识和技能可能会随时间流逝而淡忘或生疏，传递的情感却在记忆中始终留有温度。

当年"国字头"涉外专业，大一起就有英语外教课，甚至同时有口语和写作两位外教，实在奢侈。美国外教 Candice 教了我们一年半，以她特有的热情帮助我们了解书本之外和语言背后的文化。有时她带单放机来给我们听流行的 Micheal Bolton 的歌（把 Said I Loved You But I Lied 翻成"说我爱你但我躺下"的那位同学，出来走两步）；有时把自己来访的亲友团拎来陪我们练口语；时常给我们布置花样百出的作业，对我们五花八门的完成状况予以热烈的鼓励。她给我印象最深的有两个画面：一是圣诞节前伴着音乐教我们唱 Silent Night，神情安静而虔诚；二是感恩节时，讲完感恩节的由来后，与我们一起写感恩名单，专注而认真。

莫言曾说，写回忆老师的文章多会以感恩戴德收尾。其实，若非有感恩的心意和情感，谁又会字斟句酌地动笔回忆呢？在我长长的感恩名单中，有大学时的这些以及其他许多没有写到的老师。当我们仓促地来到中年，才发现他们留给我们的印记无处不在——他们的言传身教，他们的隽言妙语，他们的气度风采，他们的示范、分享、鼓励和批评，他们笔直的三观、指引的道路、带来的希望和打开的世界，一点一点地，影响和塑造了我们。尽管我们中的大多数并没成为教书育人的老师，但我相信向他们致谢的最好方式，就是像他们一样成为燃灯者——点一盏灯，照亮他人前行的路，用所学所长、温暖和光亮去影响和改变我们所处的世界。

你们欠人大三个亿，我欠一生

95 国管　吴亚锋

　　弹指一挥间，毕业二十年。很早就知道一群兄弟姐妹正在牵头张罗 95 级的返校活动，群贤毕至，井井有条。我身在地球背面，只恨鞭长莫及。5 月份回国休假，约了几位同学聚聚，没想到返校筹备组的景峰、音奇、杨震几位兄弟闻讯特地拨冗相见，推心置腹讨论返校活动安排，诚意十足，令我感动莫名。

　　饭罢，当初被我整整欺压了 4 年（盖因睡在我下铺）的老孟跟我说："俩任务，第一你得回来参加，第二你得写点东西。行了，今儿就到这儿。"

　　我顿时有一种吃人嘴短的感觉。岭南五虎之一的海明兄已经洋洋洒洒写了一篇长文回忆 4 年的校园生活，我知道的、不知道的事，他基本都涵盖了；我会拍的、不会拍的马屁，他基本都拍到了；我能献的、不能献的殷勤，他基本都献完了；那我还能写啥？老孟一摆手："你写你的。"老孟很少看得起别人的文笔，我也很少拒绝他，所以这事儿就算应下了。

　　回到纽约，忙完各种该忙的事，开始动笔。每天想一些，隔三差五写几段，不久也攒到了七八千字，心想着应该足以交差了。自己回头读了读，没想到差点儿吐了——一篇意在表达人大情感的回忆，竟然被我活生生整成一篇述职报告！要知道，人大人最擅长公文，也最反感公文。如果这样交出去，绝对会被骂。我暗自思忖：莫非因为大学第一堂课（literally！）是"公文写作"，所以才落下这个"病根儿"？

其实我有很多话想说。尽管在星光璀璨的人大校友中，我非官非商，不富不贵，学无建树，事无成就，只是一个游离于体制外、不容于主流、厮混于市井、泯然于众人的学渣，无论写什么都会贻笑大方；但是，对于这所带我走出闭塞乡村、帮我开启现代人生、给我一个幸福家庭、让我找到群体归属的母校，在离别20年之际，岂能不写点什么？

对，也许这才是我的人大，与众不同的人大。

修 身

回想当初考取人大，或许是冥冥之中的一种缘分。

在高考填报志愿的时候，我私下相中的第一志愿是西安交大。理由非常简单：走出江苏，越远越好。在那之前，我的足迹最远不过是南通狼山；除此之外，18年未曾离开泰兴。甚至，生长于长江之滨，却从未亲见长江。如若听从父母之言，考一个省城南京的大学，我这辈子或许连江苏都出不去。天下，对于我来说，将只是几个小时的车程而已。

当我把我的想法告诉父母时，母亲当场就哭了。养了18年的儿子，如此坚决要远走高飞，叫她如何不伤心。（几年后，当她听说我找了一个北京女朋友的时候，她又哭了：养了20年的儿子，就要送给别人家了。但是，再过很多年，当我得到一个移民美国的机会时，她却毫不犹豫地表示了支持：儿子无所谓了，但孙子可以去美国上学呀。）

他们找到班主任老师，请老师帮忙劝说我。于是，一次夜自习的时间，老师把我叫到教室外，站在廊檐下，点燃一根烟，对我说：我知道你的心思，就是想离家远一些，但实在没必要跑到大西北去啊！离家远的地方很多，例如北京啊，以你的成绩，人大、北邮都可以。

人大？当我从老师口中听到这个词的时候，愣住了。我确实没想过北京，毕竟那不符合我"边塞诗人"的悲情人设；人大更是从未考虑过，那可是传说中毕业之后当领导干部的地方。但是，我能上人大吗？

"只要发挥好，问题不大。"班主任老师肯定地点点头。

△改变人生的一封信

老师的一席话，让我好像打了鸡血。原本"戍边"的苍凉感，顿时变成了王庭的召唤。我查阅当年人大在江苏文理兼收的专业，一眼就看中了"国民经济管理"。财政、货币银行、统计、农业经济、工业经济、贸易经济……都是部门级的，国民经济管理，只有国务院才有这个资格，这个专业别是个总理培训班吧？就它了！

8月，一张蓝色通知书如约而至，宣告我成为小村历史上第一个真正的大学生。同年，妹妹考取了中专。一家两个孩子同时拿到"国家户口"，可能是父母这辈子最扬眉吐气的时候，家里摆酒席、宴宾朋、放电影，热闹了整整两天。9月初，挥别故乡，2小时长途车、1小时渡轮、18小时火车，辗转将近一天，抵达北京站。第一次见到长江，第一次坐上火车，第一次走出江苏。人生的第一次远行，就是进京。（一年后，阴差阳错在暑期实践中来到西安，虽然被汉唐文化迷得神魂颠倒，但从西安回南京23个小时的硬座绿皮火车如同一场噩梦。一念之差，非常后怕。）

带着金榜题名的自我满足感来到北京，进入人大，却很快陷入巨大的落差之中。同班既有高考强省的状元，也有免试保送的英才；有人有着照相机一样的记忆力，有人逢考必报、逢证必拿；有人多才多艺，有人是国家级运动员。我什么都不会，什么都没有。因此，在最初的一段时间里，我变得低落和压抑，很快孤僻起来。当年的系团总支书记张洪波老师最近来纽约访问，相约一聚，聊起往事的时候，他毫不掩饰地说："我当然记得你，但你那时候确实非常不显眼，我们似乎从未有过交流。"

△同窗四年，朋友一生

与我个人的低落相同的是，那时候的人大正处在可能是建校史上最惨淡的岁月。我以为的那个"总理培训班"，也陷在一个"落水凤凰"的境地。国民经济管理专业的前身是计划经济专业，在计划经济时代，当然是统领一切，与统计专业共同组建的"计划统计学院"人称"计统天下"。但是，三十年河东三十年河西，随着1992年开始市场经济改革，计划经济立即被打入冷宫。曾经的宠妃被打入冷宫，境遇一定比原本不受宠的嫔妃还要悲惨——改名"国民经济管理"以示切割也未能改变处处碰壁的状况。当时全校带有"国"字的专业，其他都是"国际"，只有我们是"国民"，所有"国际"都有英语外教，只有"国民"没有。

整个人大的状况也是惨不忍睹。虽然是"我党创办的第一所新型正规大学"，但显然是爹不疼娘不爱：北大清华每年动辄数亿元的拨款，人大只有它们可怜的一点零头；某单位霸占校园一角，拒不腾让；黄土露天的操场，一到冬春季节仿佛能成为半个海淀区"沙尘暴"的源头；在奔腾CPU已经成为主流的时候，我们每周一节的计算机课还在争抢屈指可数的几台386电脑……

毕业的时候更惨。由于1998年的政府机构改革，到1999年，中央部委几乎冻结了高校招生——向来为各级政府定向输送人才的人大受到的冲击最大。知名企业的校招也往往避开人大，很多同学被迫"屈辱地"去北大清华甚至中财经贸大蹭会，千方百计塞进自己的一份简历。而我们系就更不用说了，一听说是"国民经济管理"，很多用人单位直接回答"不要"，连个婉转的口气都懒得装。那一年，我们班无一国家公务员。

但是，这种艰难的日子却磨砺了我们的意志，练就了我们打不死的精神。当一个人处于低谷的时候，之后的每一步都是上升。时至今日，我经常跟朋友们吹嘘我的同学们当年的"神勇"。例如桥明同学，独自南下，在没有任何预约的情况下勇闯创维总裁办公室，毛遂自荐，用"市场开拓"的实际行动打动了对方，获得破格录用，并用业绩说话，数年之后被破格提拔为市场总监，成为创维集团叱咤风云的少壮派领导之一。还有跟我们班亲如一家的道金（社会学）、笑东（国政），毕业后并没有走求职上班的寻常路，自主创业，卧薪尝胆，如今都成为享誉业界的企业家。

我当然没有他们那么神勇，但个人的履历也多少有他们自力更生的共性。记得刚刚入职道琼斯通讯社担任新闻翻译的时候，几乎就是一个棒槌，错误百出。但好不容易求得一份不靠天、不靠地、只靠自己本事吃饭的工作，自然不能轻言放弃。在入职后的半年多时间里，我把每一篇新闻的原稿、我的译稿、编辑修改后的定稿全部打印出来，逐字推敲学习。当我发现大学学到的

△现在想起来，那时候也算是小鲜肉吧

金融和市场知识完全不够用的时候，申请了公司的网上 CFA 课程，下班后和每个周日都泡在办公室，左手字典、右手笔记，一个知识点一个知识点地啃。三个月，顺利转正；一年，被赋予编辑权限；两年，被送到纽约培训半年；三年，晋升为团队主管。这期间有一次跟同学聚会，八卦闲聊才知道我已经被他们列入我们班三个"想不到"的人之一：一个英语六级没过的人，想不到竟然做起了翻译。

因为这种不怕苦不服输的性格和拿得出手的技能，我在同事圈子中也开始有了一些人缘。后来跳槽 FTChinese.com、BusinessWeek 乃至进入 Bloomberg，全部都是托前同事们的福。外媒入行 18 年来，虽然跳槽几次，但 2001 年入职道琼斯竟然是我最后一次主动求职。

齐　家

在我入学后的低落和压抑之中，一个偶然的契机让我走出了低谷：人大青年志愿者协会成立。也许是得到外婆的遗传，我一向比较喜欢做帮助别人的事。高中的时候就加入了红十字会，参加过青年志愿服务活动；大学入校后，参加的第一个社团也是校红十字会。所以，当我在海报里看到青协成立招新的广告时，第一时间就加入了，并很快成为学八楼的联络人。

在青协服务的两年，是大学最充实的时光。在这里，我结识了杨勇、鹏程、小虎等人，关系越走越近，逐渐成为青协的核心管理团队成员。在团委高祥阳、祝丹涛等学长的带领下，我们开拓了众多服务项目，在海淀街道、双榆树街道建立社区挂职制度，与北京十余所残疾人学校签订"文化助残"服务协议，在校园内开展服务老教授、服务同学的生活帮扶服务。青协干部当时并没有任何福利，更没有学生会的留校保研资格，但就算这样毫无利益刺激，我们几个依然自得其乐。（我在两年前的拙文《土人鹏程》中对这段日子有过更加具体的回忆。）

当然，我并非一无所获——1997 年，经校团委推荐，我作为中国人民大学青年志愿者协会会长，被北京市政府授予"北京市社区服务志愿者之星"荣誉奖章，成为人大青协获得的第一个市级荣誉。不过，更大的收获还在后面：在志愿服务活动中，我认识了 96 级贸易经济专业的小师妹李倩，从此改变了一生。

那是 1997 年上半年，我带队前往北京市第三聋哑人学校开展定期服务。在集合点名的时候，经常参加助残活动的朱婕和刘轻舟师妹告诉我，她们带了一位同班同学一起参加。她就是李倩。刚开始，我并没有太留意，毕竟志愿服务团队的人员经常有变化，有的人纯粹就是觉得好玩，来体验体验，真正坚持下来的并不多。但在那次活动过程中，我发现这位新来的小师妹工作非常仔细负责，对待残疾学生很有耐心，眼神温柔，心地善良。后来几次活动又遇到她，我便开始慢慢更多留意。逐渐熟识，攀谈也多了起来。

那年夏天，李倩参加了我们组织的第一届"志愿服务夏令营"，五天的活动一场不落，

担任分队副队长角色有模有样。虽然是北京女孩子，却丝毫没有城市女孩都那种娇气和傲气，也不是胡同里长大的孩子那样"京油子"。温文尔雅，落落大方。

经过几个月的相处，我发现自己确实很喜欢她。转眼又开学，9月10日，她的生日，在我班同学徐聪的帮助下，我在当代商城挑选了一件礼物，并请徐聪帮忙送到李倩的宿舍。我的诚意和之前几个月的铺垫没有浪费，表白成功，我的人生进入一个全新篇章！

2000年，她毕业，我们很快结婚。最初我们只是蜗居在和平门附近的半间平房里，但她丝毫没有抱怨过。2004年，我们买房，有了自己的爱巢；同年，儿子呱呱坠地，我从此拥有了一个完整的自己的家庭。我平时喜欢呼朋唤友，她都热情招待；我每年都会独自旅行几天，她从不阻拦；她一向不施粉黛，天然丽质；生活不求奢华，随遇而安。她相夫教子、孝敬公婆、爱护小姑、关心朋友、热心公益、服务社区……

转眼22年过去，虽然经历崎岖，虽然也有风雨，但我们依然相知相守。历史证明，人大女生，尤其是通过志愿服务活动挑到的媳妇儿，人品和能力绝对有保证。

平天下

2012年年底，获得公司提供的机会，举家移居美国纽约。彼此相隔半个地球，一万多公里的直线距离，13个小时的飞行时间，这里几乎是距离人大最远的地方。陌生的国度，几乎举目无亲。我以为跟母校的联系从此会越来越少。没想到，身在美国，却让我前所未有地将自己与人大更加紧密地联系在一起。

2014年，在李山泉（78计划）、陈志军（78工经）、范希文（79国金）、岳京生（82党史）、王玉亭（83工经）等资深校友的倡议发起下，纽约的一群校友开始张罗在原美东同学会的基础上筹建北美校友会。从我班雷洋同学那里听到这个消息后，我立即申请参与了进来。由于之前有不少会务和活动的组织经验，我很快成为组委会的核心成员。2014年11月26日，中国人民大学校友纽约金融论坛在哥伦比亚大学举办，拉开了组建校友会的序幕；2015年年初，中国人民大学北美校友会（RUC North America Alumni Association）正式注册成立，成为独立企业法人；2018年3月，北美校友会获得美国国税局501（c）（3）认证，正式确认为享受免税资格的非营利组织。

校友会成立后，各级各界校友都投入了巨大的精力和热情。在关宁（87工经）、刘静（93级研）、张培蓓（90统计）、廖卉（93国经）等校友的牵头下，我们举办了几十次各种专题的线上讲座；廖卉教授牵头进行的"校友卉谈"，采访了张磊、刘强东、李山泉、范希文等著名校友，形成的采访报告被广泛转载；我们组织校友周末沙龙，给年轻校友们创造与资深校友近距离小范围请教学习的机会。此外，我们还建立了网站、微信公众号和官方微博，建立了十多个官方微信群，编辑出版了校友会通讯《三人行》……所有这些活动，最繁杂和最具体的工作都需要秘书处完成，而我作为校友会秘书长，正是所有这一切背后的主要节点。

有一次，玉亭师兄问我："亚锋，你的精力怎么这么充沛？为校友会做了这么多事，实在太不容易了。"我很认真地答道："师兄，在北美的校友，绝大部分都是出国留学然后留下来的，对于你们，可能不止一个母校；而我，只有人大一个母校，我必须爱她。"

也许是这种坚贞的爱校情感打动了几位学长，再加上我在秘书长岗位上实际承担了校友会运营职能，到 2016 年，工作繁忙、分身乏术的范希文师兄和王玉亭师兄先后请辞会长职务，退居二线，直接把我推到了最前线。

接任会长之后，除了继续管理日常事务，我也开始考虑校友会的宏图大志。那时候，人大校友在国内非常活跃，各种学术或专业论坛层出不穷，最著名的有北京的"燕山论坛"、上海的"浦江论坛"和香港的"中环论坛"；但在整个西半球，人大校友组织非常松散。在前一年与人大国际货币研究所成功合办"人民币国际化论坛"的基础上，我与关宁、刘静、张培蓓等校友讨论，报理事会批准，决心创立我们自己的论坛品牌，并以此作为整个校友会"学术"性质的核心载体。2016 年 11 月，在德勤会计师事务所的大力支持下，第一届"北美明德论坛"在纽约洛克菲勒中心顺利召开。从此，人大校友在这个世界金融中心有了一个属于自己的开放性、包容性、国际性、学术性的平台。

2017 年，人大 80 周年校庆，广大校友的热情空前高涨。4 月底，我正在北京休假，突然接到校友办的通知，邀请我次日（26 日）下午出席人大 80 周年校庆标识发布仪式，并代表人大百万校友，与靳诺书记和校庆标识设计者共同揭幕。如此荣誉，实在愧不敢当。在我努力推辞之时，时任校友办主任的郭海鹰老师一锤定音：亚锋，你也代表了北美校友会，你们当之无愧。

当然，北美校友会也没有辜负学校的厚望。那一年，我们总共举办了 14 项校庆相关活动，包括校庆征文、校庆酒会、北美视频祝福、北美返校团、9 校联合祝福人大等。最后，在 11 月 12 日，我们用一次盛大的"明德论坛"为全球校友的庆祝活动奏响了一记洪亮的结束音。应邀出席此次论坛的吴晓求副校长感慨道，此次论坛令他有三个没想到：没想到论坛的水准这么高，即使在国内，这个论坛也算得上顶级专业水准；没想到主持人这么厉害，完全可以媲美央视，非常专业；没想到出席人数这么多，200 多人的规模在国内也不是很容易做到。

2018 年 11 月 4 日，第三届明德论坛如期召开，王利明常务副校长出席。此次论坛正式固定了"北美明德论坛"的一些传统，并在组织、流程、会务等方面得到了进一步的提高。

而最高光的时刻，出现在一个月之后。2018 年 12 月 15 日，在中美建交联合公报发布 40 周年之际，中国人民大学北美校友会联合美国第 39 任总统吉米·卡特成立的卡特中心，在亚特兰大的卡特中心总部举行纪念活动，分析研讨中美关系的历史、现状和未来，向创造新时代的历史时刻致敬。（中美建交公报 1978 年 12 月 16 日发表，两国于 1979 年 1 月 1 日正式建交，时任中国领导人是邓小平，时任美国总统正是卡特。）

贺耀敏副校长、中国驻休斯敦总领事李强民、美中贸易全国委员会前主席柯白（Robert Kapp）、亚特兰大联邦储备银行原总裁丹尼斯·洛克哈特（Dennis Lockhart）等嘉宾出席。最令人激动的是，因公务无法亲临会场的卡特总统专门发来贺信，祝贺大会成功召开。他在信中说："40年前很难想象类似人民大学这样的中国精英大学能在美国成立如此活跃而强大的校友会组织。你们校友会可以证明，中国已经取得了多么巨大的进步，以及一国投资于教育可以取得何等的成就。"

这是一个属于所有人大人的荣耀时刻，也是我们在北美的全体校友献给母校的最美礼物。

今年，北美校友会决定进行换

JIMMY CARTER

December 15, 2018

To the Renmin University of China North America Alumni Association

    Congratulations on your program "December 15, 1978, the Dawning of a New Era" to commemorate the 40th anniversary of the issuance of the joint communique of the normalization of US-China relations. It is an appropriate time to analyze and reflect upon the state of US-China relations.

    It was very difficult to imagine that 40 years ago, elite Chinese universities like RUC could establish such active and robust alumni association in America. Your association is a testament to how far China has advanced, and what can be achieved when a nation invests in education.

    Members of this Association are important bridges between our two great countries, and I hope you will do more in the coming years to make our bilateral relationship an anchor for global peace and prosperity.

Sincerely,

Jimmy Carter

△美国前总统吉米·卡特的签名贺信

届，我接受推举连任会长。未来几年，我仍将继续肩负重大使命，在北美土地上高高举起人大旗帜。虽然几年来我的发际线又后退了几步，眼镜厚度又增加了几分，但旗帜既然在我手中，我责无旁贷，绝不能让它倒下。

记得80周年校庆的时候，大家都在笑侃自己"欠了人大三个亿"。我知道，毕生已经难以实现这个目标了，但我还有余生的时间可以继续为母校贡献。以我微薄的力量，撬动人大校友的巨大杠杆，定能让RUC的大旗继续迎风高高飘扬。

从北京跑到波士顿

95 国企　张英隽

转眼间，本科毕业已经 20 年了。人到中年始感慨，时间过得比想象中还快。在这 20 年间，遇见了很多的人，经历了很多的事，今天，我就聊一聊跑步那点事。跑步，现在已经成为我日常生活中非常重要的一部分。我使劲回想，最早从什么时候开始，自己与跑步尤其是长跑这项运动搭上了边。

我隐隐约约记得在高中的时候，参加过一次校运会的 1 500 米长跑，大概是得了第三名，到目前为止这依然是我参加的所有体育比赛中最好的名次。至于当时为什么会报名长跑，我想可能是因为报名的人少。这至少证明，我当时还是有勇气去挑战一下的，而且结果还不错。

非要再往前追溯，那应该是得益于小时候的追逐游戏和爬山涉水。时不时地去山里头挖个竹笋采个兰花摘个野草莓，去赶个集市看个社戏，以及春节去大姨家拜年也要走上个十里八里路。记得小学五年级的时候，我父亲，同时也是我的老师，带着

△波马终点展示国旗

我们全班同学春游，从村里徒步穿越大山一直到县城少年宫，单程近 30 里，历时四个小时，那应该是我最早的徒步越野活动。反正，冥冥中注定，我与跑步这项运动有缘。

大学期间，在文武双全老乡师兄的指导下提高了羽毛球技艺，大三体育选修了乒乓球，然后结合前两者的特点，与睡在我上铺的兄弟老董、同宿舍不同班的霍霍以及跟霍霍一个班的阿炳，我们四个自学成才，一起学会了打网球。至于跑步，除了军训期间的晨练和户外急行军，确实没怎么跑过。后来知道有个叫韩景峰的疯子，长跑超级厉害，整日在操场上狂奔，比赛时永远采取跟随跑战术，最后一圈两圈冲刺，拉爆和碾压对手。

印象深刻的还有白永正老师的橡皮章。现在回想，那时候人大对于学生的体育锻炼也有较高的要求，颇有一点"无体育不人大"的意思。但是对于习惯于熬夜看球赛甚至通宵玩游戏的学生来说，每天早起去操场晨跑打卡这事确实比较痛苦，尤其是冬天，谁愿意舍弃暖暖的被窝？于是就有了代打卡，后来发展到直接刻橡皮章，一摞一摞地盖，旧的盖坏了接着刻新的。在被刻章的老师里面，毫无疑问，白永正老师是最受欢迎的，因为笔画少好刻，而且白老师人好，被发现了也会被原谅（这个还需要向白老师求证一下）。

工作之后，在跑步这项运动上，最多就是单位运动会报个 100 米，短跑从来不是我的强项，而 4×100 米是我们单位的最长跑步比赛距离，反正是完全没有机会展示我跑步的潜力，只是重在参与。那会儿别说跑马拉松，就是大热天或者大冬天的在小区里或者在公园里跑步，一圈一圈地刷，估计都会被人认为有毛病。如果遇上马拉松比赛，交通管制断路，有爱凑热闹的停下来看看比赛加加油，但是可能更多人心里会骂上一句"一群神经病"。其实起初我也多少带着这样一种眼光看待跑步和跑步的人，直到有一天，我突然发现，跑步其实也是一项有趣的充满挑战的运动。

毕业之后真正开始跟跑步结缘，是 2013 年 9 月单位组织的一次健步走活动，从一个小小的计步器开始，每天一万步。后来老婆单位也开始搞健步走比赛。我作为家属，加入到了他们的奥森步队，从此有了固定的队伍、固定的时间和地点（顺便说一句，老婆也是人大 95 级同学，从前的校园恋人，如今的亲密爱人）。我们五六个人，在队长磊哥的带领下，无论刮风下雨，霾天雪日，每周末准时到奥森集合，一起快步绕行一大圈 10 公里，快的时候一圈用时 80 分钟左右。后来我们又一起参加各种京郊的户外徒步比赛，距离从10 公里到 30 公里不等，昌平怀柔密云房山平谷门头沟，都留下了我们的身影。京郊不过瘾，又组团去湖北神农架。那会儿我家老大十岁左右，也跟着我们一起走一起爬山，算是从小得到了锻炼。

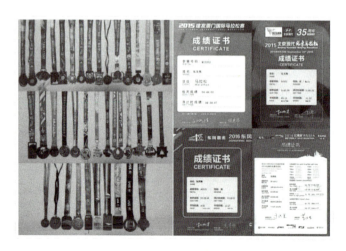

△部分完赛奖牌及证书

走而优则跑，慢慢地觉得徒步不过瘾，加上在奥森跑步的人越来越多，于是走着走着就自然开始跑起来，1 公里，2 公里，5 公里，10 公里，从此一发不可收拾。2014 年 10 月北京马拉松，我在 PM2.5 爆表的情况下，悲壮地完成了人生首个半程马拉松，用时 2 小时 12 分钟。马拉松人生由此开启。

每个人身上都有着不为自己所知的巨大潜力，关键在于发现和挖掘之。在跑步这个事情上，很多人完成了看似不可能完成的任务。我身边的朋友，有通过跑步成功减肥50斤的，有从药罐子成为马拉松健将的，有从病秧子变成168公里越野大神的，诸如此类，举不胜举。就拿我自己来说吧，当我于2015年元旦在厦门以4小时38分的成绩极其痛苦地完成人生首个全程马拉松的时候，4小时对我来说都是一个遥不可及的目标，至于波士顿马拉松，更是被我视为穷极一生要追逐的目标。我至今仍清晰地记得厦马445兔子（领跑员，俗称兔子）得知我每月只有50~60公里的跑量时惊讶的表情，而完赛之后身心的痛苦，也让我对这项运动开始心存敬畏。

△卫斯理尖叫隧道

2015年上半年我的主要目标都放在半程马拉松上，并逐步提高每月的跑量到100公里、150公里和200公里以上。随着跑量的积累，我的成绩稳步提升，并在备战北马期间半马成绩突破1小时40分，这使我有足够的信心全程进4小时。我的第二个全马——北马——的成绩3小时39分，比首马缩短了几乎整整1个小时，可见人的潜能真的是惊人的。当年北马也是我老婆的首个全马，完赛成绩4小时35分，好过我的首马成绩，充分证明平时训练和跑量的重要性。

但是迈入一定的门槛之后，成绩再往上提高，难度越来越大。2016年4月的首届武汉马拉松，我首次突破3小时30分大关；2017年3月的重庆马拉松艰难跑进3小时20分；终于在2018年3月的无锡马拉松成功跑进3小时10分，达到BQ（波马报名门槛）。1年提高10分钟看似不多，然而需要付出的努力是巨大的。但是一旦设定目标，全力以赴去做，你就会发现，其实也不是遥不可及，也许天空才是你的极限。当我于2019年4月15日，从波士顿郊区的霍普金顿出发，一路接受观众的击掌加油和欢呼尖叫，并最终顺利抵达波士顿马拉松的终点科普利广场，戴上了梦寐以求的波马完赛奖牌时，我充分体验到了这项看似枯燥的运动带给我的快乐和满足。

到目前为止，我跑得最远的距离是2017年的北京TNF100越野比赛，100公里耗时将近19个小时，那是对身体和意志的一种极限考验，至今我依然心有余悸因而对之心存敬畏。也许将来等我真的准备好了，我会再来挑战一次100公里甚至100英里（168公里）。

从北京跑到波士顿，一路跑过来，感触最深的就是"坚持"两个字。人生也是一场马拉松，坚持到底就是成功。人这一辈子难免会有挫折和失败，就像在马拉松比赛中30~35公里的时候会遭遇"撞墙期"（马拉松术语：跑到30到35公里处，因为糖分消耗殆尽，

开始依靠脂肪为运动供能，人体会感觉浑身乏力，腿发软，以至于很多跑者无法坚持跑下去）。这个时候，你只要咬咬牙挺住，或者放慢脚步调整一下，过了这道坎，胜利就在眼前。

跑步是一项孤独的运动，大部分时间，我都是一个人在跑。但是某种意义上讲，一个人可以跑得很快，而一群人才能跑得更远，这就是团队和组织的力量，也是我后来发起人大95跑团的原因。无论在当初健步走的奥森步队，还是后来单位的长跑协会以及人大校友马拉松群，我都不但找到了一群志趣相投的朋友，而且找到了自己学习的榜样和奋斗的目标，向榜样取经，并朝着目标去努力。我的马拉松成绩也主要是在参与这些团队期间得到稳步快速提升的。在这里，我要特别感谢奥森步队的队长磊哥、单位长跑协会的徐会长，还有人大马拉松群的雷神，是你们一步一步引领我成长为一名真正的跑者。当然最最需要感谢的是最最支持我的老婆。自从生了老二，马拉松对她而言不太容易，不过她依然通过百日跑等方式，督促自己运动，并一如既往地支持我跑步。

波马归来，跑步成绩和距离也不再是我主要追求的目标。我希望自己可以跑得更长久，也希望能带动自己的孩子、身边更多的朋友一起跑。我发起创建了人大95跑团，并且欣喜地看到，在这两年的时间里，跑团不断发展壮大。

跑步会上瘾，几天不跑就会难受，这一点，经常跑步的人都有体会。因为当你进行有氧跑步的时候，身体内会分泌更多多巴胺和内啡肽，让人产生兴奋和愉悦感。跑步还有一大优势就是不受太多的约束。只要有一双跑鞋、一段不算太糟糕的跑道，你随时随地都可以跑起来。而且跑步的时候可以一心二用，听音乐听小说，边跑边思考问题。当然你也可以完全放空，心无杂念，与大自然融为一体。这些大概都是跑步越来越受欢迎并且越来越多人能坚持下去的原因吧。

无论在北京的奥森公园、朝阳公园、故宫护城河边，还是在波士顿公共花园、查尔斯河畔，当和迎面而来的跑者互道早安或者击掌鼓励时，你会看到一张微笑的脸庞，自己也会情不自禁地微笑。跑步是一种药，不但能减肥，还能减压、疏解情绪。跑步可令你身心都开始变得健康，同时带给别人正能量。

每次看到那些白发苍苍的老年跑者，我都会由衷地感慨，并且默念：一定要把跑步的习惯坚持下去！一直到我老了，也要继续跑，继续和亲爱的人一起用脚步去丈量这个世界，行走奔跑在大街小巷抑或山水之间，所到之处留下我们坚实的脚印和挥洒的汗水。在我心里，这就是幸福！

（感谢95中文李颜整理编辑。）

做一个财经新闻的"手艺人"

95 新闻　王玉德

本文写于 2016 年 7 月，原为应朋友一本以"匠人情怀"为主旨的图书之约稿，图书至今未见出版。眼下，无冕财经已逾四岁，本人新闻从业满 20 周年，经过一番删改后将本文发表，以资纪念，也算是一份自白，供同道中人批评。——作者记

有的人创业为了赚钱，有的人创业为了理想。仔细想想，我好像两者都不是，我只是觉得，自己一把好手艺浪费了可惜。

从 1999 年 7 月大学毕业，到说不清道不明的"失业"，整整 15 年，我都供职于南方报业传媒集团——业界俗称的"南方系"，经历分成三段：第一段 20 个月，在《南方农村报》做记者；第二段将近 10 年，在《21 世纪经济报道》做记者、部门主任、新闻总监；剩下的时间，也就是第三段，在《南方都市报》先做首席研究员，后做一本小杂志的主编。

对于赚钱，我一直觉得，自己没有太大的愿力。在《21世纪经济报道》时，可以说我占据的位置还是蛮重要的，想从中生财，应该是有门路的，可是我却坚持10年"三不主义"：第一是，至今为止我都不是股民，连户头都没有开过；第二是，每年都会收到两三家企业邀请，但我却一次没有出过国，最远到过中国香港；第三是，没有以职务之便发过自己的关系稿，当然，上级和同事的发过，那是工作岗位职责使然。

关于理想，我好像是个务实主义者。作为一个靠减免学费读完高中、靠助学贷款读完大学的贫苦孩子，小时候吃不上白面馒头，现在可以餐餐吃饭有肉了，我已经觉得很知足了。对于现行体制，我不像一些所谓公知那么不满意，我只是觉得，靠我的新闻报道，能够对社会进步起到一点点推动作用，我就问心无愧了。

如果说跟情怀有点关系的话，那么我觉得，除了手艺人的本分外，我应该是个专业主义者。

▲大学读书期间，王玉德与学长杨得志（中）、同学彭凯雷（左）共同创办校园报纸《青年人大》。2015年，中国人民大学新闻学院60周年庆典，将三人的照片在大屏幕播放

1995年上人大新闻系，开学第一堂课，成美教授讲"新闻学原理"，第一句就是："新闻报刊是党和人民的喉舌。"随后就是，新闻的原则是真实、客观、公正、中立。最近我还看到《中国青年报》编委曹林对人大新闻系的评价：专业、深刻、严谨、无趣。我觉得他点评得挺对的，甚至连"无趣"都觉得很贴切。

就是因为这专业、深刻、严谨、无趣，从2001年算起，我从事财经新闻行业有16个年头了，我就是这么"无趣"过来的：去掉每一个没有必要的形容词，加上每一个引用的信息来源，记者绝对不能以"我"的字眼出现在报道中，如果要有评论，则要单独写编者按或记者手记……

就是这种"童子功"似的新闻手艺，让我在创业中饱受磨难又曙光乍起。

▲王玉德和他的同学们创办的《青年人大》

其实，进入"失业"状态 8 个月后，我就开始尝试着创业，"无冕财经"这家自媒体就是那时候创立的。如上文所言，尽管我已经经历过从采编到经营，到体制内创业，再到利用互联网"练摊"这些阶段，但我的创业尝试是后发的，跟很多前同事、同学、老兄弟比，已经是来晚了。

比如，我的大学同学李岷，2012 年起创办科技类自媒体"虎嗅网"，如今已经是科技类自媒体的第一品牌，2015 年年底还登陆了新三板；我的前同事、老兄弟左志坚，也是2012 年创业，如今他在创业圈子里已经小有名气，以至于在我还在彷徨的期间，他总是催促我"快点，快点"，我创业后，他又扮演了我的创业导师的角色；左志坚的徒弟吴晓鹏，在自媒体领域创办了《华尔街见闻》，如今的市值已经是 5 亿元人民币。

　　自媒体创业，2014年6月是个转折点，当时，微信订阅号突破1 000万个，之前是"有流量没内容"，随便开个号，随便整合一类垂直细分的文章、帖子，马上就有不少粉丝关注，流量获取的代价很低；之后是"有内容没流量"，微信上的粉丝还是那么多，大概是六七亿，问题是订阅号变多了，获得关注的代价就高了。

　　无冕财经创办的时候，局面更严峻了，在我熟悉的财经领域，科技、汽车、地产、创投、股票、基金……每一个细分领域都活跃着几十上百个自媒体，所以有人说：红利期已过，自媒体创业已经是一片红海。

　　来晚了，怎么办？

　　说实话，我当时也不知道该怎么办。我甚至想，既然大家都搞热点事件的综述和评论，那我就搞得更深入一些吧，或者，既然大家都是标题党、八卦段子、鸡汤或者鸡血，要不我也试试？

　　幸运的是，第一天，我的"无冕财经"微信订阅号发布了《新闻无价》的发刊词后，第二天，我和我的老记者采写了一个尚品宅配转型"互联网＋"的案例，没曾想，在只有百八十个粉丝的情况下，这篇案例报道的阅读数超过了12 000。

　　我意识到，这是个机会。我要的是严肃新闻，是深度报道，而且要原创采写，最终呈现出来的，是专业的财经案例。

　　创业一年多以后，2016年7月，事实证明这一招是对的。微信订阅号已经达到了2 000万个，在满是标题党的自媒体世界里，尤其是在擅长逻辑思维的财经类读者那里，缺少的是专业的案例，而这些报道，其实就是当年我们在传统媒体擅长的深度报道。

　　为什么早到的自媒体没有用这一招？我猜想，第一，红利期涨粉太容易了，浅内容就可以获得关注，干嘛要费力气做深度？第二，深度的制作成本太高了，要有专业的资深记者，要给记者找到选题并讲解，记者要专门去采访、写作，后台还要配备更高级的编辑来指导、修改、发布；第三，关键是，浅内容整合或者粉丝投稿就可以免费获得，而深度需要向记者支付稿费，财经类的深度报道因为门槛高，所以稿费就更加贵。

　　那么，苦活累活，还是我这手艺人来干吧！——我有点认命了的意思。

　　为了付稿费，我和创业搭档筹集了100万元的资金，因为我经济上已经很脆弱，我甚至抵押了房子，贷款出来25万元；为了有好稿子，我千方百计找来了35个特约记者，全部是以前10多年跟我传统媒体生涯有关的人，海外安排了7个国家，国内覆盖了9个城市；为了成体系地发展，我一开始就将我最近一两年带过教过的实习生组成了一个小团队，他们可以一边跟我学习采编，一边维护公司的日常运营；到后来，我又以"财经记者入门指南"为课题，召集了190多名来自全国各地、各大新闻院系的在校生，在微信社群中对其进行培训，希望能延续人才供给。

　　试想一下，如果没有跟体制的告别，我能痛下决心做一个小小的私营自媒体么？如果没有多年的采编经验，我能够用硬新闻带团队创业吗？如果没有经历经营遇挫和项目夭折、失业的坎坷，我会经营一家公司吗？恐怕单项能力有，但要做到全面和顺利，肯定要付出新的学费。

后面的故事说难受就难受，说简单也简单。在熬了很多夜，焦虑了一轮又一轮且至今无休之后，在微信订阅号只有17 000多个粉丝的情况下，7个20年来的老同学、前同事、老朋友用现金投了我的信任票。2015年10月，无冕财经进行了一轮小型的融资，公司估值3 000万元；2016年7月，无冕财经的新一轮融资已经开始，目标是估值1亿元。（2017年9月，无冕财经完成该轮融资，估值6000万元。——作者补记）

当然，无冕财经在做的，是移动端互联网的新媒体，跟报纸相比，已经不是一个性质。作为一个财经新闻"老炮"，我的创业也才刚刚开始，前途莫测，道阻且艰，我希望有一个很大的、关于财经新媒体的故事。

新闻不死，专业主义不死，工匠精神不死，我相信，我们的勠力耕耘、上下求索有价值。

你从记忆里走来

——95 级亲子校园健步走图录

95 国管　周　敏

　　2019 年 8 月 24 日，初秋的北京微风习习，暑期的人大静谧美丽。在这里，95 级同学返校亲子活动——校园健步走——如约举行。

　　同学们偕妻（夫）将子，再回校园，一起走一走 20 年前走过的路，一起聊一聊 20 年来想念的人。

集 结

一大早，"校友之家"就已准备妥当！专候 95 级同学回家！

9 点左右奶爸虎妈们陆续抵达"校友之家"。

先把名贴贴好，红色是同学，绿色是家属。

容颜或许改变，名字亲切依然！

再和孩子一起在签到板上签字留念。

欢叙一声"好久不见",赶紧加个微信。

一起喊95有我,青春V5！10月3号,等你来！

出　发

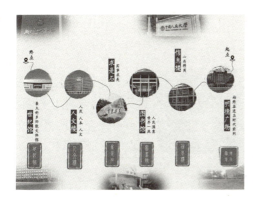

领取通关文牒，共有六关，分别是人大校园的六个标志性建筑／地点，每闯一关盖一个章，集齐六章即可通关。

9点30分，向着第一站明德广场出发！

争先恐后去盖章。

招呼上八哥鸟儿再去树丛中寻宝。

通 关

集齐六个章，获得荣誉证书，棒棒哒！

挑本什么书当奖品呢？敲黑板啦！！图书腰封可是定制的人大 95 级返校特别款哦！

心 语

同学们一边走，一边和家人们讲述着当年的点点滴滴。这里是图书馆，那时候需要早起去占座复习；那里是东区食堂，著名的水煮肉是上学时的最爱；还有名扬京城的英语角，每到周五的夜晚总是人声鼎沸……五四青年节，食堂都会推出平时难得一见的小吃，引得吃货们捧着饭盒喜滋滋乐颠颠地排长队；篮球场上，酷帅的男篮们总能招来学妹们的尖叫（可惜那时不兴啦啦队跳舞助威）……尘封不住的记忆，处处是关于人大的你。

张鹏（新闻）：回到校园真是挺多感慨的！相信一定有很多同学和我一样想起了初恋、初吻、自行车后座上白衣飘飘的姑娘、西门吹雪的火锅、散伙饭时的表白、离别时的拥抱什么的……一定有很多美好回忆和故事等待我们去重温和拾起。

王长斌（农经）：今天的活动很开心！给孩子边走边讲，讲述了爸爸妈妈母校的历史，讲起了陕北公学和"要造就一大批人……"，讲到了实事求是。孩子听得还比较投入。当我指着这个 80 周年标志给孩子讲时，七岁的女儿说："爷爷奶奶还没出生这大学就有了啊！"

崔志宏（国管）：谢谢组织者给了一个回母校看看的机会。人大四年，留下了太多难忘的回忆，本已尘封，今又唤起。校园里太多变化，但是依然能想起你当初的样子。爱你，我的人大！人大的你！是的，爱你，我的人大！人大的你，让我们 10 月 3 号再相聚！

活动视频请戳以下二维码↓↓↓↓↓↓

精彩视频
扫码观看

（感谢李存娜对文章修改润色！）

从潜龙勿用到飞龙在天
——人大九五潜龙羽毛球队侧记

95 国政　戴锋宁

文化自信：独上高楼，望尽天涯路

2017 年，一支羽毛球队在四城的苍穹中横空出世，一杆旗帜猎猎飞扬，上书四个大字："九五潜龙"。孔夫子老人家说过："名不正则言不顺，言不顺则事不成"。一支球队必须要有一个好名字，好名字意味着成功了一半。为此，球队元老们殚精竭虑，引经据典，终于从号称"中国文化之源"的《周易》中找到了一个合适的 title："九五潜龙"。先说"九五"。一是时间纪事。大家都是公元 1995 年步入人大校门的。二是含义隽永。九五意为至尊。《周易》云："九五：飞龙在天，利见大人。"在透露出中国古人智慧的《周易》中，奇数为阳，九是阳数的极点；而五是阳数的最中位，九五在一起就代表"至中至正"。

再说潜龙。《周易》中云："初九曰'潜龙勿用'，何谓也？子曰：龙德而隐者也，不易乎世，不成乎名，遁世无闷，不见是而无闷，乐则行之，忧则违之，确乎其不可拔，潜龙也。"

最后厘清"潜龙勿用"。"勿用"不是"不要用"、"没有用"和"不能用"，更不是说用的价值不存在，而只是说龙还是潜着的，有无比的功能，有无比的价值，但现在还没有开始用。诸葛亮尚在南阳高卧的时候，就自称是卧龙先生，此之谓也。

宝剑锋从磨砺出，梅花香自苦寒来

有了高大上的名称，不代表就自然拥有高水平。在完成了取名的重大任务后，如何开展日常训练就成为了当务之急。为尽快提高成绩，同时磨合队伍，球队在一无资金、二无教练的情况下集思广益，立足实际，实事求是地想出了几个应对之策，组织全队上下开展了紧张严肃而又生动活泼的训练。

一是大家自筹资金，找羽毛球教练从初级教起。尽量让每个队员认识羽毛球，亲近羽毛球，爱上羽毛球。更值得一提的是，有些队员自从缴纳了训练费后，一次都没有参加训练，把宝贵的训练机会都让给了别人，这是多么伟大的奉献精神，他（她）是新时代真正脱离了低级（qun）趣味（zhong）的人，也是最可爱的人。一次次，队员们面对着发球机机械发出的一个个球，在教练的指导下坚持着将球一个个地打到目标区域。通过强化训练，球员们普遍提高了水平，磨炼了意志，增长了友谊。

二是分进合击，各自找机会训练，提高自身能力，再合练提高球队整体水平。由于队员平时不在一起，且有自己的工作需要完成，有自己的家庭需照顾，特别是有些队员居住在河南和福建等外省（区、市），能凑在一起锻炼的机会少之又少。但这丝毫不影响队员们的训练热情。有些队员在自己单位参加每周的固定训练；有些队员在自己的俱乐部默默耕耘；有些利用参与单位羽毛球比赛的机会磨炼自己的球技。通过这些方式，队员"单兵作战能力"迅速提高，水平均涨。然后，在比赛前夕，大家再凑在一起，捉对厮杀，提高双打配合熟练度和整体水平。

三是开展丰富多彩的友谊赛和热身赛。为切实做到以赛代练、以赛促练，球队多方筹措，四面出击，通过友谊赛和热身赛提高球队整体能力。在国家行政学院最高大上的球场，在西苑保障水平最完善的球场（离医院最近），在国家粮食局最具剧场效果的球场，在北苑最拥挤（破败）的球场，都留下了潜龙队的汗水和身影。通过这些赛事，队员们对"我们不生产羽毛球，我们只是羽毛球的搬运工"这句话有了更深和更切身的体会。

四是各显神通，出谋划策为提高球队水平而努力。有队员自己在网上买了握拍器，通过分享最后几乎人手一个，刻苦提升手指手腕发力技巧。有队员为了防止受伤，在网上添置了个人防护装备，如护膝、护腕等，并积极向其他队员推荐。有队员不定期在群里发技术帖，深刻分析球员的技术短板和瓶颈，为下一步努力指明方向。说到训练和感想，有些名言至今记忆犹新，而且相信会继续传承下去。比如有谆谆教诲型的"做好任何一件事都要遵循 1 万小时定律"；再比如话糙理不糙的"没有总结的打卡就是耍流氓"。有队员（其实是队长，为排比需要降级为队员）想出了年终总（ju）结（can）赛的办法，赛后集体撮一顿，并互赠礼品（汗，为找礼品费劲颇多）。有队员因为各种原因无法参加训练和比赛，就想出精神鼓励法来激励其他队友奋勇向前（其实就是发红包的俗套）。

五是积极寻找赞助，将朋友圈扩展得大大的。俗话说，"人是铁，饭是钢，一顿不吃饿得慌"。再好的技术，再激情的热爱，没有强力的物质支撑，也无法持续。为此目的，队员们踏上了寻找"金主"的漫漫长路。经过努力，我先后获得了两套比赛用服装。其中第一套上面印满了密密麻麻的赞助商，最有名的当属名字源自《出师表》中"臣躬耕于南阳"的"躬耕园"，再次印证了"人是铁，饭是钢"（呵呵）。尤其难能可贵的是，有队员通过努力，找到了一笔巨额"匿名"捐赠（吃吃喝喝，也没剩俩钱了），为 2019 年校友杯比赛注入了强大的精神动力。通过各种神操作，球队的朋友圈目前已不断扩大，许多球友慕名加入（各怀鬼胎，有些可能是冲着钱来的）。

> 山再高，往上攀，总能登顶；路再长，走下去，定能到达

球队成建制以来共参加了三届校友杯，成绩一直很好，从未跌出四强。更难能可贵的

是，球队不断展现出绩优股的潜力，比赛成绩走出了一条稳步向上的曲线（此处与中国股市共勉），更实现了探花的突破。

球队刚组建不久，就直接投入2017年校友杯的比赛中。且不说之前没有合练，单说队员的个人水平，确实就不敢恭维。有些上场一打球，就可以看出打羽毛球总共时长应该不超过10小时（说好的10 000个小时呢？）。更有甚者，有些队员被"火线召入"，比赛当天下午缺队员，有好事者电召以入，队员二话不说，火速奔到赛场。在一没带球拍，二没穿羽毛球鞋的情况下，拎起一个借来的拍子就直巴愣登上场比赛（现在想来都有些后怕，但这就是九五潜龙！）。即使在这样的艰苦环境中，队员们顽强拼搏，打出了水平，打出了风貌，并最终得到第四名。

经过了2017年比赛，队员们普遍对2018年校友杯有了更高的期待。好像觉得2017年如此low的配置、如此bad的配合和如此lovely的队员都可以得第四名，那稍微努力一下，岂不是冠军可期？怀着这样（不切实际和癞蛤蟆想吃天鹅肉）的期许，球队一方面加强训练，另一方面招兵买马。有队员从南国和中原飞速驰援，队员平时也各自为政地加强了训练。更值得一提的是，球队在2018年比赛中开始有了专业的摄影师（跟羽毛球水平提高有半毛钱关系吗？）和专职的按摩师（换谁都不信，包括笔者自己）。最后，虽然竞技水平有了很大进步，队员也极为努力，无奈别的球队水平也同步提升，且有关键场次我方主力队员缺席，九五潜龙只能饮恨，吞下成绩原地踏步的苦果。但无论如何，球队仍雄居四强！

2019年是95级毕业20周年，也是建国70周年！可谓大事多，喜事多！在这个特殊的年份，潜龙队决定要有所作为，不能一直韬光养晦。基于此目标，球队明显强化了平时训练，自筹经费聘请教练，吹响集结号延请各路英雄，拓展财路更换队服，敲定主力队员务求板上钉钉，增加友谊赛提升双打经验。在这样的准备下，球队在小组赛一路高奏凯歌，以一场未输的傲人战绩昂首挺进八强。其间还涌现出两对"常胜混双"（此次省略了"和一对'常败男双'"七个字）。球队再一路过关斩将，艰难杀入半决赛。在半决赛中，不幸遇到了冠军88级。球队意气风发，以"誓把皇帝拉下马"的勇气和决绝，战到最后一刻，用尽最后一粒子弹，奈何"天不佑我"，以2∶3惜败。但球队没有灰心，而是马上收拾好心情，投入季军争夺赛中。经过顽强拼搏，最终战胜对手，实现了进入"前三甲"的历史性突破。在最后的合影中，队员们幸福地咀嚼着铜牌（可能是饿了，把铜牌当成巧克力了吧！），享受着拼搏带来的幸福和喜悦！

我思故我在，羽毛球即存在

不忘初心，牢记使命！"千江有水千江月，万里无云万里天。"若问羽毛球队的意义，队员们都心有灵犀不点通。正是队员们在球队意义上的高度共识，支撑他们一直走到现在。而且，还会继续无悔走下去。细究球队存在的意义，大概可以总结如下：一是对羽毛球的热爱。羽毛球有神奇的魅力，这基于两个基本事实：第一，在所有运动项目中，羽毛球的运动量是最大的（不要质疑，国际权威认证）；第二，在所有运动项目中，羽毛球是最全面的（这个可以质疑，但质疑没用）。不必说身体的协调，也不必说对视力的好处，单是每次出一身臭汗（女士可以不认可），就对身体有无限好处。压力在打球中得以释放，毒素在跑动中得以排除，喜悦在意外中得以降临。《黄帝内经》云："上工治未病！"羽毛球就有如此神奇的效能：实现阴平阳秘，防止早衰。君不见在媒体上经常如此来评论羽毛球这个项目：对不起，羽毛球的唯一弊端就是不能和同龄人一起老去。队员们能坚持下来，都是因为深谙羽毛球的种种养生益处。

二是对人生的感慨。2018年校友杯结束后，在人大西门天使食府聚餐。酒酣耳热后，在一首自弹自唱的《往后余生》中，大家不禁都有"青春去哪儿了？"的感慨。生活不止眼前的苟且，还有诗和远方的田野。现在球队队员普遍都人到中年，上有老，下有小，面对几乎过完了一半的人生，颇有"再不疯狂我们就要老了"的壮怀激烈。到了此种境界，若没有一些寄托，用《甄嬛传》中丽妃和皇后的一句话来说，那真是"漫漫长夜，臣妾难捱啊"！于是我们找到了羽毛球这个寄托，将诗和远方都化作了一个个空中飞舞的白羽。

三是对同学情谊的不变情怀。多少次，在一次次训练中，队员们都汗水与共。多少次，在一场场比赛中，我们共同承担。多少次，在一杯杯酒水中，大家尽情挥洒。多少次，在一阵阵的嬉笑打骂中，大家陶醉其中。"问情何得深如许，惟有永恒同学情。"看过《星际穿越》后，更能懂得，在这个宇宙的这个时候，在正确的时间和正确的地点遇到正确的人，是一种何等珍贵的缘分！500年前的相聚，才能换得今生的一次回眸，更何况是4年的同学情！

结语：路漫漫其修远兮，吾将上下而求索

再翻看《周易》，竟然又自动翻到了乾卦。卦经上云："九五：飞龙在天，利见大人"。忆昔，古人诚不我欺！抚今，人大人，当然要"利见大人"。人大九五潜龙，千年孤独后的徘徊，一定会换来将来的一飞冲天。九五潜龙终究要在空中腾飞，遨游太虚，环视古今。"问苍茫大地，谁主沉浮？""数风流人物，还看今朝！"

附：熠熠生辉的军功章上，印着闪闪发亮的下述队员的名字（排名不分先后——你信吗？名字仍可增加——来吧，新队员，欢迎你！）：耿希继、刘雪冬、罗毅、陈岚、秦非、汪源、颜颖、周敏、肖艳、陈静、徐建萍、王玉君、戴锋宁、崔智兹、贺俊、施航、王天、黄鲲、张英隽、杨震宇、陈丰辉、邵振伟、索刚雷、韩景峰、鲁志彬、郭开森。

1995 米，奔向 10 月

95 营销　康贵根　95 国企　邵　澎

　　我们是在社会中忙碌的甲乙丙丁，但是心底的某一个角落，依然记得自己是人大人。2019 年 8 月 31 日，95 级上海校友用一场与青春相关的跑步，唤醒这个闪亮的名字——人大人！

　　东方明珠高高耸立，黄浦江水悠悠流淌。平静的日子，一群人在红色的跑道上相聚，欢声笑语。

地点：黄浦江畔
距离：1995 米
形式：亲子跑

"你以前是学霸啊！"
"你以前是麦霸！"
"你以前走路喜欢蹦蹦跳跳！"
……
旧图的自习室，
八百人大教室的演出，
教一的课前占座，
学九楼下捧着鲜花的男生，
西门外的麻辣烫，
东区食堂的水煮肉。
……

一拨又一拨的回忆杀，仿佛打开时空之门，尘封的大学记忆全部回到了脑海中，让我们回到20年前，回到我们的大学。

是的，虽然有时候不太愿意承认，但我们真的已经不再年轻，荷尔蒙和胶原蛋白们总会逝去，剩下的是时间在脸上和身体各种关节留下的痕迹。

幸运的是，至少我们都热爱生活，热爱运动。为了追寻20年前的那份回忆，也为了看看同学们都变成什么样了，95级在沪同学携家带口，相聚在浦江边，进行了一场以"永远年轻、永远奔跑"为主题的亲子跑活动。

大家奔跑、欢笑、快乐，新一代洋溢着幸福的笑脸。

↑ ↑ ↑
至于胶原蛋白去哪了？
看看他们的脸，就知道了。

还有任劳任怨的"摄影师"。↓↓↓

↑↑↑

95 工经的程德法同学、95 国企的邵澎同学用镜头记录了一个个美好的瞬间。

↑↑↑

95 会计的陈峰同学骑车载着程德法同学拍摄。

青春，
在这一刻，
重返、定格、燃吧！

1
9
9
5
米

20 年白驹过隙，让我们与红尘作伴。

感谢来到浦江边分享过去的记忆和现在的生活的所有同学！因为有了你们，我们仿佛回到了秋天的人大，回到了 20 年前那个对未来充满期待的 10 月。

九五年的秋天里
命运让我认识你
在四年时光里
用青春写我的日记

95有我

青春V5

剧透 | 毕业 20 年返校倒计时

95 国政　李存娜

△充满油画即视感的工作证"艺术照"

精彩视频
扫码观看

△先睹为快　毕业 20 年返校预告视频曝光

组委会同学返校感言

有很多人问我：你牺牲那么多个人时间搞这个活动，是为了什么？我觉得，到了20年这个节点，很自然地就需要这样一种团聚。这是对人大、对95级的一种自然情感。人大有这个传统，前面已经那么多年级举办了这样的活动，我们也得搞，而且我们要搞得更出色、更出彩！我感谢经常早出晚归不需要我跪搓衣板的家人，感谢只管发钱不查考勤的老板对我的大力支持，感谢同学们的

△总召集人：钱防震

积极参与！虽然困难重重，但我们乐在其中。返校当日，我们会有最美的呈现。期待！

（搓衣板曾于何时何地以何种方式应用于膝盖，宜如实交待。期待！——小编）

△总召集人：韩景峰

亲爱的各位美女同学，虽然我们已经跳得不高，投得不准，但是，有我们的篮球场，就有你们的青春！欢迎女同学报名参加篮球比赛啦啦队！

（韩局的勾魂大法愈臻完善，赞！——小编）

以前人大人是嘴皮子笔杆子脑袋瓜子，后来是弯得下腰抬得起头沉得住气；自从干了宣传组的狗头小组长，我想再加上——不要脸会骂人豁得出。

（官方鉴定：女汉子一条，句号——小编）

△宣传组组长：施艳

作为组委会的一员，每一天都被同学们对返校的热情、对母校的感情所感动！

（你的微笑，像玉兰花开。——小编）

△财务组组长：孙永文

我从2002年弄78级毕业20周年，弄到现在终于熬到自己年级了！

（肩负希望，继往开来，老耿加油！——小编）

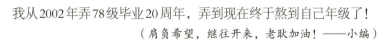

△秘书组（会议组）组长：耿希继

"不同地域、不同行业，甚至从未见过面的同学，可以瞬间集结在一起，完成这样一场高质量的演出，完全可以用神奇二字来形容！"徐大炮处于演出倒计时躁郁状态，特此提醒，误伤致歉。😊

（礼炮三响，美女出场。期待你的精彩绽放。——小编）

△演出组组长：徐聪

二十四年前青春芳华季同入人大刻下人生印记
今朝再聚首人生正壮年互动分享情谊历久弥香
（横批：一路有你。——小编）

△活动组组长：王长斌

20年归来让我们一见如故的，依然是当年那份至真至纯的同窗之情……我悄悄打听了一下同学们的近况，确定我不是混得最惨的，于是放心报名了，结果——混得比我惨的一个都没来！！！

（怎么界定惨与不惨，这是个严肃的话题。——小编）

△宣传组副组长：王玉玺

所有的辛苦和努力，在排练声音响起的那一刻，都消失不见。期待再相聚，一切会更精彩。毕业二十年，发现新的自己和你们。

（归来仍是少年。——小编）

△演出组副组长：杨震宇

△演出组副组长：岳颖

毕业20年，即使混得normal，还能载歌载舞，活泼得不行，这不就是人生巅峰吗？还等什么，一起来嗨！

（爱的魔力转圈圈，让我们一起嗨在山巅。——小编）

△财务组副组长：郑静

募资筹资有欢乐、有艰辛、有波澜、有感动、有对同学的浓情……我是幸福的、光荣的、激动的、感恩的……

（美女财长厥功至伟，应奖励至少三根鸡腿。——小编）

△财务组副组长：徐海

毕业返校组委会，对我而言是一次特别难得的经历。用爱心串起二十多年散落在四方的同学之情，用热情再次点燃我们曾经的火热青春，纵使回不去那白衣飘飘的年代，但归来仍是相信人大力量的少年……

（你的心里，有诗与远方。对了，白衣飘飘的究竟是哪位？——小编）

△宣传组副组长：胡百精

万物在时间中展开。我们各有不同的遭遇，回来是共同的选择。

（主要为了见见当年的美女帅锅。——小编）

△北美组组长：吴亚锋

直到有一天发现自己代表着人大时，才知道原来母校的江湖地位真的这么高。

（这孩子晚熟。当年怎么把李倩追到手的？——小编）

△总体组副组长：刘宏建

青青人大衿，悠悠赤子心！

（纵我不往，子宁不嗣音？——小编代老刘问）

△高颜值的节目组

△中美两地的远程同步录音

（神奇的缘分：同学伉俪。95 国贸王义国，学号是 95105063，徐瑾的学号是 95105064，两个学号挨着。）

△此时此刻

10月3日，我们母校见！

他们也拍了一部《我和我的祖国》

95 劳人　杨震宇

北京中关村大街 59 号，它的名字叫中国人民大学，今天，毕业 20 年的 95 级本科游子们回家了！

九五年的秋天里
命运让我认识你
在四年时光里
用青春写我的日记

远离父母和亲戚
却找到一生的知己

最爱校门参天大树
艾德熊的乐啤露
当代双安贵得离谱
我们去城乡仓储

"左"倾右倾让人心慌
实事求是在中央

东区的水煮肉片
身体和灵魂舒畅
刀削面在便民市场
犇猋鱻至今难忘
当时紫薇只是饭庄
不是还珠里的姑娘

没有明德和如论
八百人是聚会殿堂
我们呐喊和歌唱
桃花源在这里登场
看见自己的暗恋坐在别人身旁
情感终点不知所往
美妙爱情这里启航

欲望像玉兰花开

被春风吹拂绽放
有的是情意绵绵
有的是苦涩难忘

荷尔蒙四散飞扬
青春它无处躲藏
学一是东门仙境
学九是西门的天堂

要做光荣的骑士
需要女神的封赏
坚持勇敢表白
就能获得爱的勋章

恋人的卿卿我我
吸引光棍嫉妒目光
那时最淳朴的爱情
成长在教室食堂

山盟海誓不会忘记
回忆永驻校园里
现在的旧情难忘
都在微信对话框

重拍本科毕业照
球场没有草皮
露出坚硬的土壤
忠于内心的理想
不惧怕遍体鳞伤

我们在校园发芽
努力向社会生长
在黑暗的土壤扎根
我们有智慧力量
担当起勇敢善良
人生向美好绽放

东门到西门很近
四年是永恒时光
人大的校园很小
往事用灵魂珍藏

人生的这趟列车
我们在人大登场
无畏岁月沧桑
车轮碾过痛苦悲伤

有人会提前到站
有的人终点很长
我们可以挥手告别
更可以把正义伸张

包占全——哲学系
因公殉职
荣获一等功奖章

金梅勋——外语系
因病逝世

也许你声名显赫
也许你普通平常
努力做国民表率
我们是社会栋梁

可爱的兄弟姐妹
大家要健健康康
牛×就是要活得比坏人更长

十年后的今天
我们一起再登场

18 岁我们相遇，我最美丽的青春是和你在一起！

谢谢你！

20 年来，紧紧把我们捻在一起的是青葱岁月中一幕幕温馨的景，一个个熟悉的人和一丝丝不变的情；飞驰而过的 20 年是我们从青涩、懵懂到成熟练达的 20 年，也是中国日新月异、蓬勃发展的 20 年。站在当下，我们挥洒汗水，无悔青春，奋斗不绝。

拥抱伟大的新时代！

特别致谢：中国人民大学学校办公室、党委宣传部、资产与后勤管理处、保卫处、校友工作办公室、教育基金会、后勤集团、明德物业公司、博物馆、图书馆、体育部等。

工作组合影

精彩视频
扫码观看

让我们再次回到那一天
——2019 年 10 月 3 日

95 国管　徐　聪

20 年前
我们把最美丽的青春留在了这片校园
20 年后
为了能和大家一起重温曾经的美好
时光
重现经典的记忆瞬间
数十位热心同学
用了整整七个月的辛苦筹备和全情
投入
呈现出这样一场难忘的梦幻的盛典

在这样一个"精致的利己主义"的
时代
总是有一些事情、一些人
值得我们去不计得失倾力付出

让我们再次用掌声
感谢这些可爱的演员同学！让我们再
次回到那一天——2019 年 10 月 3 日！
让我们感谢——

潜龙秀节目组
小夜曲舞蹈节目组
小朋友跳跳糖节目组
女声小合唱节目组
诗朗诵节目组
歌曲联唱节目组
小兵兵舞蹈节目组
玉兰花开节目组

我们还要感谢——
独白和 Rap 演员
肖磊、杨帆、杨震宇
不远万里专程打飞的来演唱的
顾全

除了这场联欢演出的筹备
返校活动还有许许多多整体的和细节
的工作
有非常多的可爱可敬的同学
为此奔走、付出，做出了巨大贡献

让我们再次感谢——

宣传组

财务组

活动组

总体组

秘书处

以及两位总召集人：

钱防震和韩景峰

最后

我代表导演组

感谢大家的参与和支持

感谢返校的所有同学

让我们——

毕业 30 年再见！

精彩视频
扫码观看

毕业 20 年返校之时间胶囊
——联欢会节目全集

演出组

导演组总导演： 徐聪（国管）
副导演： 杨震宇（劳人）、岳颖（营销）
策划： 赵音奇（会计）
文案： 陈蓬（文史哲）、李颜（中文）
设备赞助： 宋均营（国政）
场地 & 后勤： 耿希继（文史哲）
节目单文案： 李颜（中文）

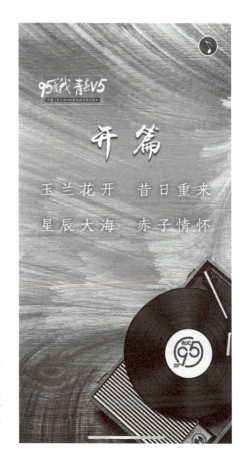

开篇

《玉兰花开》

节目统筹： 杨震宇（劳人）、王曦（国金）
词曲： 王曦（国金）
领唱演员（按出场顺序）：易扬（会计）、王曦（国金）、施航（证券）、杨震宇（劳人）、徐聪（国管）、段庆华（会计）
合唱演员（北京）：周敏（国管）、岳颖（营销）、施航（证券）、钱防震（信息）、桂晏（外语）

合唱演员（香港）：许伊茹（贸经）、姜祥凯（投资）、纪沫（国经）、王歆（外语）、齐宁（工经）、徐海（国金）

返校报到

节目统筹：钱防震（信息）

青春之燃

舞蹈《小兵突击》

节目统筹：岳颖（营销）
表演者：杨震（营销）、孙永文（注会班）、王玉玺（房地产）、陈丰辉（商品学）、王鼎（社会学）、胡浩（统计）、钱防震（信息）、邹勇刚（社会学）、崔智兹（国管）、岳颖（营销）

个人独白《梦青春　燃千里》

节目统筹：杨震宇（劳人）
分享者：杨帆（文史哲）

歌曲联唱

节目统筹：杨震宇（劳人）
《不再犹豫》表演者：肖磊（国贸）、顾全（历史）、施航（证券）

《爱江山更爱美人》表演者：李茜（统计）、苏红（档案）、孙恩茹（档案）

《最美》表演者：顾全（历史）、董震（会计）、段庆华（会计）

《你的柔情我永远不懂》表演者：陈静（统计）、李颜（中文）、李歆颖（国管）

《对面的女孩看过来》表演者：赵音奇（会计）、董震（会计）、段庆华（会计）

95有我 青春V5
中国人民大学1995级本科中老25周年

青春之燃

热血青春不止于摇滚
少女和少年都曾在炮兵连

单车无惧千里远
青春就该这么燃

别再犹豫
极目江山，美人云端
侠骨柔情须沉醉
浪花串起同心圆

《浪花一朵朵》表演者：纪沫（国经）、王歆（英语）、易扬（会计）、王曦（国金）、齐宁（工经）、陈冶军（会计）、姜祥凯（投资）、徐海（国金）、周道传（国管）

《铁血丹心》表演者：徐聪（国管）、杨震宇（劳人）

《Super Star》表演者：何琨（会计）、刘娜（档案）、文英淑（贸经）

《爱》表演者：肖磊（国贸）、施航（证券）、赵音奇（会计）

青春之怅

声音记忆《零点乐话》

节目统筹：徐聪（国管）
邀请嘉宾：伍洲彤、王璐、喻舟

英文歌曲 *A Whole New World*

节目统筹：徐聪（国管）
表演者：顾全（历史）、徐聪（国管）

诗朗诵《同学，我想跟你喝杯酒》

节目统筹：陈蓬（文史哲）、张琦（国政）
创作小组：徐立盛（商品学）、李颜（中文）、张琦（国政）
表演者：张琦（国政）、施艳（企管）、王玉玺（房地产）、刘娜（档案）、黄刚（国政）、李颜（中文）

女生小合唱《后来》

节目统筹：杨震宇（劳人）

表演者：李歆颖（国管）、李颜（中文）、孙恩茹（档案）、周敏（国管）、何琨（会计）、李茜（统计）、陈静（统计）、苏红（档案）

钢琴伴奏：桂晏（外语）

青春之美

《我是一颗跳跳糖》

节目统筹：徐聪（国管）、陈蓬（文史哲）

表演者：刘诗韵（岳颖·营销）、袁乐淇（徐聪·国管）、袁乐予（徐聪·国管）、汪飞霖（陈蓬·文史哲）、靳思骐（靳永收·法学）、周方好（陈国彧·档案）、陈元点（陈雨、章奕·会计）、金雨霖（孙晓燕·国贸）、薛清月（薛锋、王致颖·国经）、王艺凝（王长斌·农经）、崔释心（崔智竑·国管）、黄一然（汪绮·财金）

服装品牌支持：O.C.E

互动环节

节目统筹：杨震宇（劳人）
主持人：纪沫（国经）

RAP《心声——说给你听》

节目统筹：杨震宇（劳人）
作词：杨震宇（劳人）
表演者：杨震宇（劳人）

竟然如此幸运
初见，相恋，在我最美的时刻

那就这样走下去吧
品酒，赏梅，偕着糖果般的甜美

这片神奇的校园
只要想起，就被叩动心扉
最RAP的浮世绘
也绘不出
我们的迫不及待——回归，回归！

青春之梦

《小夜曲》

节目统筹：桂晏（外语）、岳颖（营销）
表演者：桂晏（外语）、王琴（文史哲）、岳颖（营销）、陈蓬（文史哲）、符明（经济法）

个人独白《写给 20 年后的一封信》

节目统筹：陈蓬（文史哲）
分享者：肖磊（国贸）

捐赠仪式

仪式主持：钱防震（信息）
中国人民大学校务委员会副主任、校友会副会长、党委原常务副书记张建明代表学校接受 95 级本科全体同学向母校捐赠中国人民大学前身陕北公学旧址的展陈修缮款。

交接旗仪式

仪式主持：肖磊（国贸）
中国人民大学副校长：杜鹏、95 级 96 级校友代表

《潜龙秀》

节目统筹：杨震宇（劳人）、周敏（国管）
表演者：刘雪冬（统计）、周敏（国管）、徐建萍（国政）、颜颖（档案）、陈丰辉（商品）、秦非（中文）、陈静（统计）、汪源（会计）、方园（中文）、邢杰（劳人）、康珍（经济）、郑静（会计）、罗毅（信息）、施航（证券）、张英隽（国企）、陈岚（财金）

尾声

合唱《玉兰花开》

指挥：王曦（国金）
表演者：95 级全体同学

同学，我想跟你喝杯酒
——一酒三喝之联欢会诗朗诵版

95 国政　张　琦（诗朗诵组组长）

同学，我想跟你喝杯酒

大概是 9 月 15 日左右，也就是 20 周年返校日前两周，接到返校联欢会总导演徐聪同学微信，建议我负责一个诗朗诵的节目。临时被抓差，当时以为这还不是小菜一碟，没有犹豫就接下任务。哪知道真做起来，还颇费周折。

主要困难有三：

第一，没有诗。

不可能上去念一段"白毛浮绿水，红掌拨清波"。能打动人心，调动情绪的，必须是原创。但时间太紧张，而且朗诵需要长诗，需要时间创作和打磨。

第二，没有人。

同学们都很忙，能抽出时间排练的同学更难找。事实上，找了一大圈，问了很多同学，直到正式演出一周之前，才把节目需要的六位朗诵者凑齐。

第三，朗诵节目容易枯燥，变为演出的尿点。如何设计、唤起同学们的共情，编排确实有些难度。

这几个问题的解决都是靠大家齐心协力，不计较得失，全力投入解决。

第一个问题的解决，很有戏剧性。接到任务第二天，正在我抓耳挠腮之际，看到商品学系徐立盛同学在返校群里发表的一首诗：《兄弟，我想跟你喝杯酒》。这首诗，情感饱满、内容真挚、元气充沛。结构和框架也不错，是典型的"赋比兴"结构，用三杯不同的酒，抒发不同的情感，层层叠叠，反复吟唱，或描摹同学们分别已久、盼望相聚的心情，或怀念过去对青春岁月的追忆，或遥寄对未来生活的美好祝愿。大家都觉得不错，可以用来朗诵。但原作也存在一些需要改进的地方：一是篇幅比较短，不适合集体朗诵；二是语言风格比较硬朗，更适合祝酒豪饮，把酒言欢，不太适合集体朗诵。只好发挥集体智慧进行改动。于是乎，大刀阔斧砍下去，大段新创再加上去。历经九次修改，终于把原作改编成适合集体朗诵的版本，改动幅度非常大。在此特别感谢中文系李颜同学，如果说老徐的原作在结构、情感上赋予了作品骨架的话，那么李老师的修改则赋予了其血肉，使其更具诗意和美感，情感表达也更细腻和温柔。我自己对现代诗了解不多，模仿着海子诗歌的风格，加了几句，对过于文言或者书面的词汇进行了修改，使其更流畅和朗朗上口，易于诵读，便于听众理解。其他同学也在排练时，对一些地方做出了改动。新闻学院胡百精同学提出了很多中肯的修改建议，并拍摄了不少非常符合人物性格特点的照片。

第二个困难，仰仗着同学们齐心协力和不计得失的奉献精神解决。被点名的同学都欣然应允，牺牲周末或晚上时间来排练。感谢黄刚同学，作为睡在我下铺的兄弟，最后一刻被我抓了壮丁，赶来救场。感谢王玉玺同学，身兼返校活动数职，仍参加了全部排练，敬业与热情值得赞扬。感谢新闻学院胡百精院长，慷慨出借学院会议室供使用。六名同学，从北京东、西、南、北，跨越大半个北京城，集合到人大明德新闻楼，现场排练了三次，效果一次比一次好。

第三个问题的解决思路是靠高颜值、高能力解决。隆重感谢三位高颜值、高能力的女同学：李颜、刘娜、施艳。一登场，就自带明星光环。各自的声音，如同天籁，余音绕梁，动人心魄。另外，李颜同学邀请前人大话剧团刘渝同学，在最后一次彩排中，给出了很多建设性的改进意见，使整个朗诵的节奏更加波澜起伏、合乎韵律，情绪也更加饱满。可谓是点睛之笔。

至于演出效果，经过台下两周功，台上6分钟比较成功，演出效果极佳，承上启下，反馈正面，没有成为尿点。

最后，我还要狂赞一下返校联欢会，导演、演出、舞台都达到了专业水准。个个惊艳，处处感人。再次向节目组、组委会的同学致敬！

同学，我想跟你喝杯酒

95国政 张 琦　　　95中文 李 颜

同学，我想跟你喝杯酒　　　　　我想大笑着捶你的肩膀
一杯醇厚浓烈的老酒　　　　　　就像军训时一样
二十载的离别　　　　　　　　　我想大笑着取笑你眼里的泪光
用思念酿就　　　　　　　　　　就像毕业时一样
　　　　　　　　　　　　　　　哪怕，现在的我自己也湿了眼眶
这些年，你还好吗？　　　　　　就像想你时一样
朋友圈的点赞，电话和微信的问候
突然觉得都不够，远远不够——　　二十年了
返校通知拿到手　　　　　　　　我们天各一方
相聚的念头一发而不可收　　　　各自奔忙
一分钟，也不能等候　　　　　　人生故事，各有辉煌、精彩、苍茫

管他鲜衣怒马，爱恨情伤
还是岁月如歌，真水无香
今天，让我们尽情倾诉
再不要欲说还休
让我们放下欢喜忧愁
喝上一杯——思念的酒

同学，我想跟你喝杯酒
一杯清澈甘冽的清酒
恰如同窗四年
那纯真难忘的时光之流
在最美的初秋，我们相识
白颐路西，中关村口
刻着"实事求是"的石头
白杨、紫藤、宿舍楼
月下玉兰清幽
这就是我们的校园
心灵之洲

花开花落，云卷云舒
学习、成长、等候
未来，是未知的星球
我们任性地挥洒青春
我们为赋新词强说愁
那些往事，君还记否？
一起听过的歌、一起翘过的课
一起看过的电影、一起打过的球
一起吃过的包子、一起垂涎的东区水
煮肉
偷偷看了又看的——
隔壁班的系花，传说中的校草
密云水库种下的树
大使馆外的怒吼

那个叫做牛羊鱼的小饭店，
嗯～那个叫做犇羴鱻的小酒楼
风卷残云把酒言欢的小聚
杯盘狼藉壮志豪情的酒后
还有那物美价廉的二锅头
怎么就那么享受

每当想起旧日时光
你的眼睛依然闪亮
多想回到从前
哪怕只有一个晚上

同学，我想跟你喝杯酒
一杯余味悠长的红酒
今天之后，我们又各奔西东
回归日常和坚守
时光匆匆
当时的少年，华发初生
如今的我们，情怀依旧

愿你平安健康　精彩人生，畅快游走
愿你幸福美满　登上开满鲜花的山丘
愿你长存感恩　柔软和美好，时时
常有
愿你心中有爱　和世界相待温柔

干了这杯酒　干了这杯酒
愿它的回甘一直甜到——
下一次聚首

同学，我想跟你
我想跟你
我想跟你
喝杯酒……

兄弟，我想跟你喝杯酒
——一酒三喝之原作版

95 商品学　徐立盛

最近着实太忙，一直想为即将到来的校庆活动和班级聚会写几句，腹稿都打了几回，可就是一直坐不下来，受昨天喝多了的刺激，今天又得空，就写几句，算是最后的暖场吧。兄弟姐妹们，聚起来吧……

——9 月 14 日

兄弟　我想跟你喝杯酒
那二十年的离别发酵的老酒
带着时光的悠然醇厚
带着往事的欲说还休

这些年你还好吗
虽然也有偶尔的电话微信问候
却还是盼着能坐下来
有个面对面的交流

转眼间　二十年的风霜上头
不管你已志得意满
还是正奋力筹谋
让我们且放下昨日的欢喜忧愁
再勾上肩　搭上背
喝上一杯　这思念的酒

兄弟　我想跟你喝杯酒
那四年同窗酿成的清酒
白颐路西　中关村口
在那最美的年纪
我们在实事求是的大门里相识相知
花开花落　少年无忧
学习　生活　成长　等候
共同期待那未知的风潮浪头

那些年
一起听过和翘过的课
一起看过和打过的球
一起垂涎的东区水煮肉
还有那隔壁班的系花
那传说中的大牛
和那大使馆外的声声怒吼

似乎已淡出脑海
却又常上心头

还记得吗
那个叫做犇骉羴的小酒楼
那风卷残云的吃相
那空碟满桌的饭后
还有那物美价廉的二锅头
咋就那么地享受

兄弟　我想跟你喝杯酒
一杯回味悠长的红酒
这杯酒后
我们又要回归各自的日常和坚守

或为家国大事
或为柴米粮油
时光匆匆
当年的少年已见白头

愿你壮志如昔
仍有不竭的劲头
愿你健硕如昔
任凭岁月悠悠
让这杯酒的余味
牵着我们
下一次的聚首

兄弟　我想跟你喝杯酒……

兄弟，我想跟你喝杯酒
——一酒三喝之歌词版

95 文史哲实验班　李　海

　　那天看完徐立盛的作品，我很感慨，觉得很适合改成歌词，可惜自己没谱曲的能力，看看同学们有谁会谱曲的，按照吉他民谣风格搞一下，如果在现场演唱，那就很有感觉了。

兄弟　我想跟你喝杯酒
二十年离别发酵的老酒
带着时光的悠然醇厚
带着往事的欲说还休

兄弟　我想跟你喝杯酒
二十年牵挂你在哪里的酒
偶尔的电话微信问候
代替不了面对面的交流

转眼　二十年的风霜上头
不管你志得意满
还是正奋力筹谋
让我们且放下昨日的欢喜忧愁
再勾上肩　搭上背
喝上一杯　这思念的酒

兄弟　我想跟你喝杯酒
兄弟　我想跟你喝杯酒
兄弟　我真的好想跟你喝杯酒

兄弟　我想跟你喝杯酒
从 1999 开始酿造的老酒
白颐路西　中关村口
还有实事求是的大石头

兄弟　我想跟你喝杯酒
配过东区水煮肉的酒
醉倒在犇猋鱻的小酒楼
吐了也要嘶喊你爱着的妞
转眼　二十年的生活奋斗
不管你妻儿甜蜜
还是在单打独斗
让我们且放下昨日的欢喜忧愁

再勾上肩　搭上背
喝上一杯　这思念的酒
兄弟　我想跟你喝杯酒
兄弟　我想跟你喝杯酒
兄弟　我真的好想跟你喝杯酒

兄弟　我想跟你喝杯酒
踢完球开怀畅饮的酒
你没有表白的勇气
却敢在大使馆外怒吼

兄弟　我想跟你喝杯酒
致敬我们的老师和朋友

致敬八百人的歌舞悠悠
致敬失恋后剃的光头

转眼　二十年再聚首
当年的少年已白头
暗恋的倩影又回眸
让我们且放下昨日的欢喜忧愁
再勾上肩　搭上背
喝上一杯　这欢聚的酒

兄弟　我想跟你喝杯酒
兄弟　我想跟你喝杯酒
兄弟　我真的好想，跟你喝杯酒

转眼二十年再聚首
当年的少年已白头
暗恋的倩影又回眸

让我们且放下昨日的欢喜忧愁
再勾上肩　搭上背
喝上一杯　这欢聚的酒

廿念不忘 必有迴響

致所有参与人大95级毕业
20周年演出以及组委会的同学

95国管 徐 聪

　　毕业20周年的纪念日，人大95级40多个班系的近800名同学，从天涯海角，不远万里赶来相聚。重逢时刻，有笑有泪，无限感慨……这些熟悉又陌生的面孔，曾共同在这一方并不大的校园，度过四年的美好时光；如今的他们，很多都已是各行业的翘楚。爱我可爱的同学们，和我们曾一起度过的青葱岁月。

　　所有的演出，总会落幕。导演组同学长达数月投入的这场纪念演出，也即将随着华美灯光与布景的拆除，画上休止符。

　　作为一个临危受命的总导演，本处在创业阶段的我，几个月的时间，只能咬牙挤出支离破碎的时间留给家人和公司。想想看这一切值得吗？可能有人会说"不过是一场演出"……但我却觉得，这是曾经有着共同经历的一群人倾力完成的一场行为艺术！想想看，这么多不同行业、不同地域，甚至从未相识的陌生又熟悉的面孔，能够瞬间集结在一起，倾尽全力、不计报酬，甚至不眠不休地完成这样一场演出，只是为了给我们每个人曾经的青春留下一件震撼入心的礼物！我为他们每个人心中涌动的激情、热血与爱而深深感动。

　　在这一个"精致的利己主义"的时代，总有一些事情值得我们不计较得失，去倾力付出；哪怕我们所做的一切，最终会像天空中的花火，消失于黑夜，毕竟，它也曾绽放于整个天空，在那些需要和在意它的人心里面，留下了一抹璀璨的、难以磨灭的印迹。

　　爱所有参与人大95级毕业20周年演出以及组委会的每位同学！爱这次参与并体验了返校活动的每一个你！！

　　　　　　　　　　　留言精选

　　你吹响了爱的集结号，将我们瞬间凝聚；你点亮了青春的篝火，让我们团聚舞蹈。这

一晚，你燃起神奇的烟花，璀璨飞升，终化作繁星点点，落在每个人心上。衷心感谢聪聪，感谢你的倾情付出，爱你的爱与美好！

——易扬（会计）

写得真好，感谢你让我再度被学生时代的激情所感染，点燃一束不计回报、浪漫如斯的花火，照亮我们的青春！

——王曦（国金）

天地同老，
岁不我予。
我们所做的有价值的事情，到后来不值得怀念。你这件事，一开始就是以怀念为名。让我献上对您和导演组、震宇、晏、音奇等同学的感谢。

——韩景峰（法学）

确实是天下没有不散的筵席，但是又如莎士比亚的名言：凡是过往，皆为序章。我们总是在不断地告别与重逢中走完一生的旅程。今天与昨天告别，四季与轮回告别。这一秒与上一秒告别，然后遇到下一秒的精彩。20 周年联欢会就像你在入学军训联欢会的惊艳一样，用才华、努力、真情为 20 载的离别画上一个浓彩重墨的句号，又为下一次的重逢翻开序章，谢谢总导演聪聪，期待下一个十年！我们自己的人生将更加精彩，我们的重逢将会更加温暖！

——张琦（国政）

意义感的寻找与确立，是我们这一代人仍然保持的追求。聪聪说的，就是这种意义感。谢谢导演组的各位同学，让这飘忽的观念在每个人的心中具象、持久、鲜活！

——张鹏（行管）

献上我最深的敬意和感恩。你们的大爱和付出，为我们创造了一种完美的表达和共鸣方式，让沉淀了 20 年的思绪可以肆意飞扬，让我们生命深处的能量能再次迸发。这是如此珍贵的经历，就如人生旅程的中场补给，让我们有机会回望来时路，感悟彼此的爱。

让重逢比相遇更美好，让曾经的遗憾有机会表达，让对未来的憧憬再次成为生活的主旋律，让再出发时更充满爱意和珍惜！向您及全部组委会同学深深鞠躬以表谢意。

——何睿（档案）

历史，总是在一些重要时间节点上更能勾起人们的回忆和反思。某种意义上，我们在制造回忆和创造历史，二十年，是95级同学共同的成长史。

——宋均营（国政）

时光永无止息地奔涌向前，一个个仪式，就是时光之流的一个个节点，人生的一个个驿站，让我们在被裹挟着向前时可以找到标志物去回首，去回味，可以生发出能量、意义和勇气，以不一样的自己继续赶路，而不至于永远浑浑噩噩、随波逐流。感谢你和你们给了大家这样一场盛大的难忘的仪式，一场青春祭。忘我的投入和自己都难以置信的热血激情，使我们得以用更青春的心态去拥抱生活、拥抱彼此，为下一个十年相聚时创造更美的记忆。你我同在，九五大爱。

——李颜（中文）

你二话不说接过指挥棒，就像是点燃了绚烂烟花的引线，烟花灿烂过后，色彩和光亮会一直留在我心里。谢谢你，聪聪，与君同行，无比荣耀！

——杨震宇（劳人）

幸亏你没有在前两天发这条，我今天终于能忍住眼泪了……但我还是哭了。我们的二十年只有一次，这梦织得太美，沉醉。无悔付出，感恩收获了你们，已足够！

——岳颖（营销）

大写的佩服！经验、才情、投入、默契、感染力、震慑力……2号的彩排当天就吃了一惊，怎么个个节目精致高潮，整体故事流畅感人，从那次校友中心练习之后，完全变成了格莱美的水平！谢谢你的晚会。期待再次合作。

——桂晏（外语）

　　因为和制作团队商量后续视频输出时间，我可能是最后离场的人之一。看着黑掉的屏幕和曲终人散的现场，我瞬间想到的就是你，想起你曾经说为什么不再做活动、为什么创业。我永远没有勇气承担绚烂的大型活动组织（这会让我抑郁）。谢谢你邀请我参加诗朗诵，虽然第一次排练完我说这是一个关系户节目。☺

——施艳（企管）

　　每一帧珍贵的影像，每一幕惊喜的重逢，背后凝结的是你们不计小我的无私奉献！让我们重遇二十年前的自己！让我们恍若在青春！泪目中，欢笑中，感恩有你们！致敬！

——尹娟（法学）

　　特别纯粹，特别美好！

——顾全（历史）

2019 年于我们
最浓墨重彩的一笔，
就是人大 95 级返校，它
让青春更鲜活，
让未来更有希望！
是你作为总导演，
让这场盛宴给每位同学，

带来心灵最深处的感动，
这感动是温暖，是力量，
照亮我们前行的路！
爱你的大爱，爱你的大美！

——纪沫（国经）

人大 95 级毕业 20 周年返校活动已圆满落幕。

相聚是短暂而又愉快的，在充满激情的聚会之后，互道珍重，却又要各奔东西……由衷地感谢学长和学姐的大力支持，很荣幸有这个机会见证大家的二十年。

——徐晓明（演出公司）

徘徊吟哦，为你痴狂

95 中文 李 颜

9 月 29 日总导演徐聪把节目单文案的任务交给我时，提出的设想和要求是，每个篇章单元写一段话，不出现节目和演员名字，不剧透，但要体现出内容、风格和神韵，并且肯定了我的"融字入文，设谜面，猜谜语"理解。

10 月 3 日就是返校的日子，所以聪聪给我的 deadline 是 10 月 1 日。但我有特别着急的工作要做，而且这段时间每天都要加班到很晚才能在国庆之前赶出来。于是我只能、必须在 10 月 1 日一天之内完成这个任务。

一早 4 点就醒了，拿出节目单，反复琢磨用什么文体来写。整台节目除了开头、结尾外，主要分为青春之燃、青春之怅、青春之美、青春之梦四个篇章，不用主持人，只用背景大屏幕提示、音乐和灯光以及节目内在的联系来串成整场。格调如此诗化的节目编排，只能用诗歌来表达，哪怕算不上严格意义上的诗歌，只有诗之形，没有诗之灵，也须如此。本来打算从诗经体到现代诗各种诗体各写一首。但是写了一首就发现这个设想野心太大，不可能在这个时间内完成。于是把它砍到只剩四句，又补写了四句，以主题曲名字"玉兰花开"为首句，根据首尾两个单元的内容和基调，把开篇和尾声写好，并定下了每一篇以篇名末字为韵的规则，并要求一定要雅、要美、有感情和诗意。然后找来节目相关的歌词、音乐、电影片段等看几遍找感觉。反复琢磨修改串连，终于写好第一篇发给聪聪，问这种是不是可以。聪聪肯定说就要这个感觉和路子，可以一字不改，我顿时有了信心。（当然，第一个节目的看点我理解有偏差，所以前两句后来紧急重写替换。）

关在房间里写好前两篇，后两篇的参考素材也找好看了几遍，电视里阅兵都快要结束了，棒棒兴奋地来叫我 N 次又被拒绝 N 次后也懒得过来了……

到中午时，灵感近乎枯竭，正好要去赴一个饭局，给偕妻儿来京参加返校的同学接风，可以趁机换换脑子。但路上和吃饭时情不自禁时不时地就走神琢磨节目单的文字，那些意象和情感需要沉入设定的意境中体会，所以自感处于间歇性痴呆状态，老是跟不上话题节奏。

饭后去喝茶，我干脆让自己以痴呆为主了……这个过程中得的诗句，有两句融得不好但诗意很美，有一句碰上绕不开的成句，但这句子和内容基调不怎么搭。这两个地方卡住了，起来溜达，洗脸，丢开它们专心喝茶，插上一两句没头没脑的话试图参与同学们的话题……都不行。幸好座中有位大才子同学，向他求助，他琢磨了一会儿，提了几个修改方案，思路一下子被打开，豁然开朗：割爱、跳出。

于是在回家的地铁上，几篇已基本完成。再对照节目单检查，改了两三个字，交作业！

这份作业后来得到导演组和同学们的慷慨赞扬。感谢导演组尤其是聪聪和震宇的信任。其实他们是真正的幕后英雄。他们策划、创意、调度，自己也是重要演员，但找人帮个忙，分派一个工作，还要反复感谢，其实这是我们大家所有人的事，能帮上忙是荣幸，更是一定而且应该出力的。他们还常常淡化自己在决策、协调、讨论和优化上的功劳。真是可爱可敬的人儿。

现在，同学们，应该能猜出所有谜底了吧。

遵友人嘱写下以上文字以为记。

写于返校次日

又及：演出感言

深度参与了有生以来最大的一场爬梯，和24年前从天南地北来到同一个学校的同学们重聚。代表班级向母校报到，参演怀旧金曲串烧、诗朗诵、小合唱，一下午就忙着换服装了，其中一次只有一分半时间，简直是大变活人！

感谢节目组导演大咖们信任并且殚精竭虑设计解决方案。感谢各组小伙伴们包容支持，而且虽然排练次数少，但每次排练都认真高效，最终呈现出最高水准。感谢紧急驰援友情指导的刘老师，在最后时刻把九易其稿仅合过两次的诗朗诵在最后的彩排阶段拔上了新高度。毕业二十年后演艺事业终于登上巅峰！

感佩节目组各位大咖和工作人员的用心、专业、热情、无私，所有人的精诚合作才成就了这样一场从结构、内容到舞美、灯光，从大制作到小细节都张弛有度，处处惊艳，堪称完美的大会。这一切都出自对母校和95级的爱，也给大家留下了难忘的最美的记忆，可以一次又一次回味。

匆匆那年
——写给 20 年相聚

95 档案　程爱霞

△ 95 级档案学班：

第一排左起：林华显、文林

第二排左起：苏红、陈小燕、刘芳、宋钦、何睿、程爱霞、刘秋娜、林娇、陈国彧、颜颖

春天的气息，飘荡在 95 的上空
彼时的校园，有点旧，有点乱
却总被青春的步伐，搅动得诗意盎然
不必说，东区食堂的廉价美食
不必说，便民市场的惊喜发现
也不必说，小树林里苏姐姐的歌声
元旦舞会上勇哥的舞步
辩论赛上卢同学的辩词

单说自习室上演的故事，便是精彩的
当日头条
——那天晚上帅哥解题遭戏弄
——那天晚上阿妹相约她师兄
——那天晚上谁与谁"壁咚"

太花边？非主流？好吧～
埋头苦读的身影

是人大校园最美的风景

也是青春永恒的主题

那些碎片的记忆啊，那些傲娇的人！

——看，澡堂归来，洗发水的香味飘散在校园小路，青春的皮肤饱满着，张扬着，像雨后的花朵，在校园朵朵绽放，人大人，是如此美丽！

——看，周五的英语角，还是人山人海，再羞涩的学妹，也张开了嘴巴，带乡音的英文，一样打开交流的阀门，人大人，是如此开放！

——看，周末的图书馆，到处是苦读的身影，忘记了吃饭，不记得休息，甚至错过了约会，只有墙上的挂钟，轻诉着时光，人大人，是如此勤勉！

——看，小路的石凳，情侣们深情相拥，喃喃细语，青春的荷尔蒙，也是如此的满盈！

转眼 99 到了

转眼毕业在即

时光总是匆匆，太匆匆

合影再美，分别也痛

前程虽好，心犹惘然

食堂前变卖了旧物

车站上吻别了恋人

行囊里装着远方的邀约

迈开脚步却不知走向何方

上铺的你，何时才回我身旁？

……

人大人的深情，是挥挥衣袖也带不走的云彩

人大人的深情，既相濡以沫，也难忘江湖

人大人的深情，不及久伴，无须多言

愿岁月不改纯净

愿归来依旧少年

20 年前，天涯海角相聚

20 年后，海角天涯祝福！

……

穿越时空　际遇曾经的自己

95 营销　陈　佳

一直以来我对曾经的同学好友们抱有歉意，因为这些年我不曾出现在小中高大学任何形式的同学周年会，总觉得跟老同学相见随时可见，也就没有放下凡事的羁绊而回国赴约。这次毕业 20 周年同届学生声势浩大地一起返校的活动跟同学会有些许不同，内心隐隐感到这不是一场同学之约，而是一个今生难得的可以际遇曾经的自己的机会。

我是一个平日里无暇刷朋友圈的人，却忍不住每天定点到返校群里打卡报到。几百人掀起的回忆杀让青春岁月的记忆碎片在头脑中不断拼接，眼前出现的不仅有过往，还有曾经的那个自己，一个熟悉又陌生的自己。当曾经的自己频频在眼前闪现相视时，心中五味杂陈，长大了，成熟了，改变了，遗失了……

那个有梦想又洒脱的自己

十年寒窗一朝解放。大学时的自己学会了去享受书本外的世界，在没有长辈耳提面命的自由中，为所欲为地去追求最真实的青春浪漫。

校园时光有许多美好的青春回忆。与兴趣相投的玩伴们夕阳下到颐和园自拍，在核桃林深夜弹唱，冬日郊外山顶上看狮子座流星雨，时不时还来一趟说走就走的旅行。某日清晨，要去图书馆学习的好友三人一碰面，突然叛逆附体，把书往床上一倒，出东门就买了三张最近班次的火车票。上了火车也不知道要去哪儿，听到承德这个名字就下了车，三日行程毫无规划随心随兴，虽最后狼狈不堪饥困交迫地返校，但却成了今生最难忘的旅行。犹记得，汽车抵达校门口后，我们口袋里剩下一毛二分钱的硬币，当时看着手中的硬币，彼此相视一阵狂笑，颇有劫后余生的快感。

那时的自己有梦想，是发自内心很纯粹的青春梦。不知道别人如何，我和玩伴们都有一颗流浪的心，有想有朝一日写一本太行山札记的，有想带着相机拍尽名山大川的，而我，很简单，就是像《正大综艺》的导游那样背包周游世界。有梦想的人，不会辜负梦想，毕业四年后的某日，我交了辞呈，去追寻梦想，以一本游记《左手咖啡右手锦囊——背起行囊漫游欧罗巴》为青春梦想交了答卷。

回首过往，曾经的自己竟然活得如此洒脱，而审视此时的自己，生活中已经不再有说走就走的旅行，成长让自己拥有了很多，也就有了在做各种决定前的得失平衡，举棋不定。就如未曾参加诸多同学会一样，有心参加，却因诸多凡尘杂事放弃心中所想。

那个敢做又敢为的自己

初入社会年少轻狂。大学校园里，有太多的机会让我们提前接触社会。东北黑土养大的孩子，来到京城，不懂太多规矩，做事也无所顾忌。

学生会和学生社团是个好地方，在那可以真正懂得"组织"的意思。有组织做后盾，年少时骨子里的敢做敢为才有用武之地。组织上想邀请成功女性来校演讲，我就主动去给吴仪部长、何鲁丽市长办公室打电话；组织上要拉活动赞助，我就会跑到罗杰斯总部谈合作；组织上要做香港回归系列活动宣传，我就会跑到凤凰卫视，坐在总制片人面前聊报道。当时，罗杰斯市场部的人跟他们的大佬说这是人大来拉赞助的，我对此种身份深感自豪，还八卦地问大佬跟麦当劳的人是否还认识……

那时的自己觉得这世上没有不可能的事，只有不去做的事。而现在的自

己学会了去预测，预测事情的不可能性，美其名曰经验值，不知道这其中又有多少是自己给退缩和放弃找的借口。很多事，去做了，即使失败了，那个做的过程也是一笔人生财富。就如当初，在初出茅庐的莽撞中，自己人生的社会资源构建也在悄然开始，自己一直受着无心插柳之幸而不自知。

成长让心思缜密了，行动谨慎了，也给自己的言行上了一副副无形的镣铐。现在的自己，或许因为生活得还不错，而让生活处于一种无波澜的周而复始的困局中，想要去改变，却畏手畏脚，好像欠缺一个改变现状的理由。

那个懂得尊重内心的自己

想自己所想，做自己所做。从步入大学校园那一刻开始，我们就不得不去学会承担自己抉择人生的结果。而年少的稚嫩，让我们做抉择时往往会面临现实主义和理想主义在内心的角力。

大学的前两三年可以屏蔽现实挥霍青春，到了大四，人生路的命题摆在眼前。出国、考研、面试、留京……每当同学们聚在一起探讨这些现实抉择时，我总会有意回避，以前的我以为这是因为自己不想长大，后来的我以为是心理学上的"延缓偿付期"，直到现在，我才读懂自己，那个时候的自己懂得保护自己的内心所求，不想接受外来的从众压力。

毕业季时，师兄帮我介绍了留京进入建设部的机会，我犹豫不决。师弟帮我引荐了外企高管，在嘉里中心，我告诉香港女高管我学的是俄语不会英语，她说没关系，你跟着我，半年绝对可以应付自如，但是，我还是婉拒了这个机会。没办法，户口也罢高薪也罢，这些诱惑在那个时候都不抵继续跟着凤凰卫视的制片人们做电视节目策划让我有满足感，自由职业也好北漂一族也罢，无所谓，我喜欢做自己想做的事。现在想想，很难说此举是无知还是无畏。这个完全决定人生轨迹的抉择现在也无法用对与错去评判。不过，毕业后的十年，我的人生有过很多可圈可点的时光，此时此刻，我的人生过得并不赖。

不禁佩服，那个时候的自己，还真的敢于遵从自己的内心，而不从众。而现在呢？我喜欢戴夸张点的大圈圈耳环，为此买了四五对相同款式的耳环放在首饰盒里。不知道从哪一天起，当我要戴这种耳环时开始变得犹豫——当下的年纪再戴不太合时宜了吧？这太不符合现在的审美了吧？此刻再想想，不禁自我嘲弄，自己怎么就活得如此庸人自扰了呢？

杂 绪

毕业 20 年，人生进入不惑之年，却发现自己无法做到"四十不惑"，我不知道自己缘何对安逸的生活状态充满困惑和迷茫。缺少信仰吗？还是缺少兴趣爱好？都不像。

现在终于知道了，曾经的自己早已搞懂的一件事现在的自己反而刚刚才想明白。自己一直就是不喜欢人生坦途、一眼就能看到前方的生活状态。人生要九曲回肠，有着柳暗花明的惊喜，还有拐角处不期的际遇才会精彩。就如曾经的自己一个人背包游走在异国他乡，不去提前订酒店找攻略，拿着一本 Lonely Planet，从下飞机那一刻开始，满心好奇未知的发生。

20 年返校真好，因为四十岁，内心仍保有躁动、不甘和激情的影子，不像五十岁，知天命之年，只有忆青春的份儿。随着青春的逝去，或许那段岁月和曾经的容颜无法挽回，但心境，哪怕只是片刻，曾有的心境是可以捕捉到的。我深信，几百人的同时返校，一定可以撼动时空的大门，让曾经的自己和现在的自己来一次面对面的碰撞，做一次心境的交换。或许，有了这次际遇和碰撞，以后的人生路还可以精彩地前行，毕竟，今生，我们的路依然漫长……

2019 年 9 月 28 日发感于同学群

后 记

今天生日，朋友圈里众多新结识的老同学的祝福让自己感到一种别样的幸福。这时，收到施艳同学的交稿要求，再读此文感慨颇多。上文结尾处我写道："或许，有了这次际遇和碰撞，以后的人生路还可以精彩地前行……"回望过去五个月的日子，返校一聚给周而复始了许久的生活常态注入了许多新的活力，给不惑之年的自己打了一剂青春荷尔蒙。返校后，曾有数月深陷虫二群无法自拔，虫二群，一个树洞一般的群，每个深夜，那里都有陌生又熟悉的亲同学倾诉着自己内心深处最感性的故事，不设防的真诚和共情让大家亲如家人；而当太阳升起，马甲群和时尚群的阳光又明媚地陪伴着每一天；疫情来了，中医群满溢着亲人般的温柔，股票群洋溢着热血的激情…… 一切的一切，让自己倍感幸运，我是多么幸运和这么多的你和她以及他曾是同学，我是多么幸运没有错过返校，我是多么幸运生活在有微信的时代……此刻疫情肆虐，但还是感到幸运，庆幸这疫情的脚步慢了，没有打扰到我们的返校聚会。人生路漫漫，愿你我一路幸福安康，下一个十年再举杯欢聚。

2020 年 2 月 28 日　随笔于韩国

人大就是人大

95 法律　许琼山

普天同庆伟大的中华人民共和国 70 华诞第 3 天，就是我们中国人民大学 95 级本科毕业 20 周年集中返校日。一大清早，新华社发布的《中国人民大学，来了！》煽情图文才刷爆 10 月 3 日手机第一屏，法学院 70 周年院庆第一号公告《人大法学院，你是我的家！》激情弦歌又接踵而至，直让我饱撑的情感瞬间开炸……

这所直接以伟大的"中国人民"命名的母校，传承"努力努力，争做国防教育的模范！努力努力，锻炼成抗战的骨干！我们要忠于民族解放事业，我们献身于新社会建设"的陕北公学红色基因，赓续华北大学"我们忠诚、团结、朴实、虚心，意志坚强，要把新时代的革命潮流更推向高潮，勇敢！勇敢！要表现人类创作的力量"之蓬勃朝气，系中华人民共和国创办的第一所新型正规大学，首任校长就是"不辞艰险出夔门，救国图强一片心；莫谓东方皆落后，亚洲崛起有黄人"的革命元老和语言文字学家吴玉章。作为鼎足京城的三大名校，坊间颇有"北大疯子、清华傻子、人大骗子"之流言，曾在人大浸润四年 1 000 多个日夜的我却深深不以为然。我的切身感受是人大人并非骗子之群，有的只是一颗颗赤子之心。人大人大，以人为大；民乃邦本，以文化人，是为人大校徽所标示之人民人本人文精神。犹记 24 年前的那个秋天，刚走出湘北山村一脸懵懂的我，因买迟了火车票错过了开学报到时间，在一个秋雨霏霏的深夜才跌跌撞撞地走到人大东门那块"实事求是"的石头前。正茫然无措之际，一位至今不知姓名的师兄刚好路过，问明情况后马上热情地替我背起行李一直送到学一楼六楼的法律系宿舍帮我安置好住宿并细心联系好报到事宜后才离去。求学期间在东区食堂就餐时，每次都有两大桶热气腾腾的鸡蛋青瓜汤，免费供我们这些寒门学子蘸又大又白的馒头下咽果腹。毕业之际，按当时相关规定在学校就读期间所借的无息助学贷款可以参加工作后慢慢偿还，只是要把毕业证暂留学校。离校前夕，尚欠学校 1 500 多元无息贷款的我怀着忐忑的心情给当年的辅导教师高翔阳老师打了一个电话，高老师得知情况后马上急切地说："琼山，不要把毕业证留在学校哟，所欠学校贷款我可以先垫钱给你偿还！"虽然最终考虑到高老师也是刚参加工作手头并不宽裕，而是想办法向我原来高三的班主任何雪老师借了一些钱把贷款在离校前还清了，但此情此景至今想起仍情难自已……

人大人的赤子之心，是赤胆忠心，是赤诚相待，是侠之大者。人大人少有弹冠相庆，多的是守扶相助；少有锦上添花，多的是雪中送炭。2017年那个档案系女同学江西落难之事，就是人大校友以最大的热诚最快的速度聚集最大的扶助能量……这次毕业20周年集中返校，更是充分体现了人大人就是以人为大的本旨。早在一年之前，母校和在京同学就精心筹划，做到地无分远近、位无分高低，一律尽量联系、盛情相约。像我这种身处内陆城市基层岗位的碌碌之辈，同学们生怕我羞涩不来，既是微信频频相约，又是电话切切相催，更有几位同学甚至专程跑到长沙千叮万嘱，不由得自己也渐渐从近乡情怯到日益归心似箭，还是远涉重洋的姜涛同学一句话道尽了大家的共同心声："有钱没钱，回校团圆！"

重返人大校园，但见"实事求是"的校训石后，一条笔直大道纵贯东西，昔日简陋的教学楼前都加盖一个陕北窑洞式门楼，倍增历史厚重感。返校活动的明德广场雍容大度，气势恢宏。左边商学楼组成"人"的一撇，右边法学楼组成"人"字的一捺。这次首获"人民教育家"国家荣誉的卫兴华教授和高铭暄教授正是人大最强学科经济和法律的杰出代表。当年工商学院是全校第一大院系，法学院则是第二大院系。每每足球比赛，工商学院因人多势众勇夺冠军，法学院只能屈居亚军。只是到了我们这一届，因95级生力军的加入，终于以少胜多击败工商学院夺得冠军。记得决赛上，95经济法班的张辉辉同学独中二元，不知倾倒了多少人大青葱纯情少女。

10月3日上午9时，沐浴着金秋的朝阳，我正手牵不满三岁的幼子从法学楼前走过赶往签到台，忽听身后一句娇叱："还不快给我帮把手？"回头一看，只见一位手举两块易拉宝返校广告牌的美女正笑吟吟地走过来。我顿觉面熟，绝对是一届同学，但确实不知道叫什么名字。正在我踌躇之际，美女倒也心直口快："一望身影就知是亲同学，但恕我不记得名字了，还愣着干什么？看见我拿不下还不晓得赶快帮忙拿一块？"我忙不迭和她一起忙碌起来，一时竟顾不得也不好意思互问姓名。待到10点在法学楼601召开座谈会时，又是这位美女同学妙语连珠地主持。我赶紧看联络手册，才知她原来就是大名鼎鼎的宋英涛同学。蓦然记起，临毕业时好几个相邻宿舍的男生义愤填膺："我们这级院花之一的宋英涛又被师兄抢走了！"我当时还一脸茫然地问阿拾同学："宋英涛是哪个？"阿拾描绘了半天，但直到毕业离校我也没搞清楚究竟哪个美女同学是宋英涛。想不到返校第一个碰到的就是宋英涛，真是既惭愧又传奇……这次返校活动，宋英涛同学真是忙里忙外，出力最勤。下午在如论讲堂主席台上，又是宋英涛同学高举院系红旗，那一句"95法学经济法班全体52名同学向母校报到"真是喊得荡气回肠，在场男女同学无不激动得泪流满面……

法学院座谈会前，我们当年的班主任、2019年首都最美劳动者汤维建教授和当年的班长、现在最高人民法院工作的毛立华同学热情地站在电梯前面笑迎我们每位同学。汤老师满头白发，一脸慈祥，几乎还能一一叫出全班同学的名字。弹指一挥间，20年过去了，汤老师当年自掏腰包请我们全班同学吃自助餐的情景依然历历在目。印象尤深者，汤老师教务公务繁忙之余，偶尔也来我们对面 608 宿舍和班上同学打打扑克。这时，汤老师每每关切问我："琼山，怎么不考研呢？"当年的我虽英语基础差，讲话口音重，因营养不良而上课总是打瞌睡，但总体成绩在班上也还算中上。然而，由于家境贫寒，只巴不得快点本科毕业回岳阳当个公务员以解决燃眉之急，哪有心思考研？今日看到跟昔日考研同学的巨大差距，真是悔之晚矣！好在人大真是以人为大，各位师长对我们这些返校同学皆一视同仁，不分彼此。法学院特地从档案室翻出我们当时的学习成绩单，人手复制一份。由当年的博士大师兄，现任法学院党委书记、院长王轶教授——亲手交予每位同学，并一一合影留念，实在是悉心耐心关爱关怀之至！

返校活动结束后，我偕妻儿经一勺池畔往东门去天安门广场。妻子指着刻有"吞吐三江水，怡然一勺池"大字的石头问道："为什么叫一勺池呢？"我答道："人大占地面积不大，此处池小水浅，相比清华的荷花塘和北大的未名湖而言，当然就只能叫一勺池了。"大儿子立即反驳道："我觉得应该是形状像勺子，我们历史书上的司南就是这个形状。"我恍然大悟，司南就是指南针的前身，用来指明扬帆远航的方向。我们人大人不正是从这个"人文渊薮"起航，高扬"社科旗帜"的风帆，驰向"国民表率、社会栋梁"的远方吗？遂口占一律，步毛主席和柳亚子先生韵：

负笈人大恩意长，廿载重回叶正黄。

偕妇将雏情慨忾，谒师叙旧泪盈眶。

红旗猎猎青春再，微信频频岁月忘。

莫道一勺池水浅，扬帆慰胜太平洋。

土人鹏程

95 国管　吴亚锋

谨以此文献给一起创立并发展中国人民大学青年志愿者协会的兄弟姐妹们！

鹏程是我的兄弟

20 多年来，真的从来没有想过我跟鹏程是怎么认识的。似乎一切都是水到渠成。我们是本科同一级的，我读国民经济管理（原计划经济系），他读统计——多年前的"计统天下"时代，这两个系同属计划统计学院，独占了当时的"学八楼"，关系很亲近。而且，我们大一阶段有几门课是一起上的，两个班混坐。再加上苏北老乡这层关系，因此，开学没多久，我们就认识了。

但成为好兄弟，我基本确定是入学半年之后的事。

1995 年年底，人大团委牵头成立了青年志愿者协会（简称青协）。那时候，志愿者是一个比较新鲜的事物，洋溢着积极向上的气息。我在高中的时候就加入了红十字会，也经常参加学校的学雷锋活动。因此，我第一批报名加入了青协，并被指定为学八楼的联络员。在联系名单中，我看到了鹏程的名字。志同道合，我们的联系多了起来。

不过，青协成立之后并没有多少实质性的活动，慢慢地涣散了，只有少数人还保存着残余的热情。我这个"联络员"虽然是个跑腿儿的，但多少是一个职位，敝帚自珍地爱惜着，算是积极分子之一。而我旗下的联络人中，大概也就剩鹏程还搭理我了。

义务家教

1996 年年初，北京团市委组织了一个义务家教活动，从北京市挑选了一批正在上初中和高中的烈士和劳模子弟，分配给北京各大高校。人大团委报了名，然后把任务直接扔

给了青协；青协就剩那几杆枪，大二大三的学长们又把任务"扔"给了大一的新生。说是"扔"，其实一点都不过分——那时候，一个月生活费大约 300 元；勤工俭学做有偿家教，一小时可以挣 30 块。有时间做义务家教，还不如自己挣钱去。就这样，任务层层下派，最后"扔"给了我，代表人大参加了这次活动的启动仪式，并领回了两个家教指标。

回到学校，我带着团市委的任务去校团委找主管老师，老师语重心长地说：亚锋，这点事情，你再找个同学一起就办了，要相信自己的办事能力……

找谁？第一想到的，也是唯一能想到的，就是鹏程。为了说服他，我把团市委领导在启动仪式发言中关于这个活动的意义又复习了一遍，打算对鹏程动之以情、晓之以理。但我并不确定，鹏程是否跟我一样傻。

来到鹏程宿舍，正好遇到他从外面回来。"鹏程，干嘛去了？"

"前不久从勤工助学中心接了一个家教的活，刚刚去家教了。"

"哦，我这里也有一个家教的活，有兴趣吗？"

"我每个星期就两个晚上有空，做这一个就够了。谢谢兄弟想着我哈，改天请你吃炸鸡腿。"

"不是，我这个跟你那个不一样。"然后，我大概介绍了一下。

"谢谢兄弟想着我！"他犹豫了一下，"可是，我真的没空了。"

"我知道。但团市委给了两个名额，我自己也只能接一个，你也接一个吧。"这个时候，我已经把那些"重大意义"忘得一干二净了，眼巴巴看着鹏程，盼望他能救救我。

鹏程盯着我看了我半天，突然把书包扔到床上："好，你我各负责一个。"

如释重负！

两个家教对象，一个在北京电视台背后的厂洼小区，是一位北京市劳模的女儿，上高三；另一个在八一湖附近，是一位烈士的女儿，上初三。为了回报鹏程的仗义，我把厂洼小区让给他，因为这里距离人大西门很近，而八一湖在公主坟附近，远了很多。

一起进行了第一次探路和家访之后，我们各自开始了为期半年的义务家教。虽然后来有其他志愿者加入，但并不能坚持，往往做一两次之后就推脱。因此，这个任务基本始终是我们俩在做。

半年之后，任务完成，两个孩子也都以比较理想的成绩各自从高中和初中毕业。我们一起进行了最后一次回访。离开八一湖那家的时候，我们一身轻松。我想请鹏程吃顿饭，但摸摸口袋，没几个大子儿。好在天色已晚，鹏程没有察觉我的窘态，反而说：亚锋，我们今天不坐车了，走回学校吧。

沿着三环辅路，一边是车水马龙，一边是万家灯火。我跟鹏程一路走，一路聊，谈了很多，谈自己的经历，谈自己的理想，谈志愿服务的感触。这时候，他才告诉我，因为自己学习功课、勤工俭学和志愿服务的时间冲突，为了不耽误义务家教，他在接受这个任务之后没多久就把有偿家教的活儿给推了。

"但我觉得这是有意义的，比挣几百块勤工俭学费有意义，"他认真地说，"而且，兄弟你都求我了，我不能不给面子啊。"

打那一天之后，我对鹏程有了更多的了解，我们也真的成了兄弟。

青协主要成员在 1997 年青年志愿服务营之后合影，前排最左是鹏程。"土人"一词的"始作俑者"是东北爷们玉玺，后来变成了这群人的标配，以土人互称，以土人自称

人大青协

1996 年秋，中央召开了十四届六中全会，要求加强精神文明建设。校团委也对青协的工作提出了进一步的期望和要求。那时候，青协进行了换届，杨勇担任会长，鹏程、小虎和我担任副会长。（我们四个都是江苏人，后来想起来，基于乡情的团结或许也是我们能在那么困难的情况下一起坚持下来的原因之一。）为了开创青协工作的新局面，校团委新任主管老师祝丹涛带着我们一群人进行了多次头脑风暴，最后决定，校外校内多面尝试，参考学习发达国家义工服务的经验，开展三大主题志愿服务：社区服务、文化助残和校园服务。三位副会长进行了工作分配：鹏程牵头社区服务，我负责文化助残，小虎协调校园服务。

这三项工作，现在看来都不算什么，但在当时，对我们而言都是全新的领域，没有学长的经验可以借鉴，也没有人来指导。尤其是社区服务和文化助残，都是面向校外，需要我们走出去，自己寻找服务对象实体；而且，无论是残疾人学校，还是社区居委会，我们都只能利用人家的工作时间去拜访，因此确实耽误了不少的上课时间。

从距离人大最近的双榆树街道开始，鹏程一个居委会一个居委会地摸索、拜访，介绍人大青协和我们计划开展的服务，咨询对方的需求和要求。我曾陪着鹏程走访过两个居委会，亲眼见到人家对志愿服务活动的不以为意甚至嗤之以鼻；鹏程赔着笑脸，不厌其烦地介绍我们的长远方案和行动计划。为了表明诚意，每个居委会都要来来回回谈几次，到最后才得到人家的认可和接受。就这样，经过几个月的积累，他走访了双榆树街道和海淀街道的几十个居委会，掌握了社区对高校学生志愿服务需求的第一手信息。

当年，在鹏程的努力下，人大团委与双榆树和海淀两个街道办签署了挂职锻炼协议，由人大推荐优秀硕士和博士研究生在两个街道办担任书记助理和主任助理，推荐优秀本科生在他们下属的几十个居委会担任居委会主任助理。这在当时应该是开创了全国的先河。

在他取得阶段性成功的同时，我也与北京市第三聋哑人学校（以下简称"三聋"）达成了"文化助残"合作意向，每周定期组织志愿者为"三聋"的学生提供补习、文化沟通、心理辅导等服务。半年之后，以"三聋"模式为样板，通过北京团市委和北京市残联牵线搭桥，我们与北京城区全部13所残疾人学校签订了"文化助残"服务协议。

社区服务、文化助残和校园服务，这三块内容不仅开辟了人大青协志愿服务的新领域，而且在全国高校志愿服务中也都具有创新性。

多年后，土人们在京小聚。对于容貌而言，岁月是把杀猪刀；
对于感情而言，岁月是陈年的酒

1997年暑期，我们还开创性地组织了"中国人民大学青年志愿服务营"，数百名志愿者分成若干小队，利用一周的时间，在交通协管、博物馆服务、社区卫生等方面开展服务活动。前期的联络安排，活动期间的协调组织，活动之后的善后和总结，千头万绪，到处都看到鹏程忙碌的身影。

人大青协日益得到社会认可，不仅各项活动进展顺利，还先后荣获国务院颁发的"全国助残先进集体""全国志愿服务先进集体"等荣誉，并被评为"中国十大杰出青年志愿服务集体"。

但作为这个团体的核心成员，背后的付出和失去的东西，只有自己知道。记得在志愿服务营结束之后的那次聚餐上，紧绷的神经突然松弛，所有压力突然释放，我和鹏程像情绪失控一样痛哭流涕，说不出别的，只剩下不断嘟囔着"太苦了，太难了……"。兄弟姐妹们也都唏嘘不已。那一天，大家互相说了很多安慰和掏心窝的话，也喝了很多酒。一醉解千愁。

好基友

当时，真的有愁。在志愿服务上，我们都耗费了太多时间，对专业学习造成了非常大的影响，而且当时的青协并不像学生会那样有工作保研的机会。说句不好听的，自己的一切付出，都是"打水漂"。

进入大三下学期，我和鹏程都开始认真为自己的将来做打算。经过慎重考虑，鹏程决定选择回归学习，退出了青协管理岗位。我当时已经接任会长，但现实问题也让我不得不对自己的选择产生怀疑。几个月后，我也选择了退出。

虽然不再是"同事"，但我们走得更近了。他的宿舍，我可以推门就进；他的电脑，我随意使用。我们一起租房备战考研；考研失败之后，一起忍受着二十多小时火车硬座的煎熬，南下广州找工作。功夫不负有心人，他被中国人寿佛山公司看中，我也被广东农垦集团旗下的一家酒店录用。只是后来我得到了一份北京的工作机会，权衡之下，放弃了南下。以为好兄弟就要从此南北分隔，没想到两年之后，鹏程奋发图强考研成功，又回到了北京。

硕士之后，他留在北京，跟我在一个小区租房，我们又经常厮混在一起。各自成家，各自立业。无论是工作上、生活上，还是个人情感问题上，我们都很容易将对方视为自己的咨询、倾诉对象，当有事需要找个帮手的时候，更是随叫随到。

其实不光我们俩，那几年一起发展壮大青协的兄弟姐妹们，这么多年一直感情深厚。中国人常说，好哥们要"一起同过窗，一起扛过枪"。我们是同窗，自然不必说，如果将创立、发展青协的过程视作一场战斗，那么我们其实就是一个战壕里的战友。同窗加战

友，都是托妻献子的交情。

2012 年，公司将我从北京分社调到纽约总部。虽然远隔千山万山，半天的时差，或许常常几个月没有任何交流，但兄弟们之间的情谊不会减少半分。而当年令人唏嘘的青春岁月，是我们永远都聊不完的话题。

前年孟春，我休假回国探访。离京返美前的晚上，鹏程请我在望京吃麻小。哥儿几个喝着啤酒，剥着龙虾，聊着天，不免又回忆起当年的岁月。

说着说着，鹏程放下手里的龙虾，嘬了嘬满手的虾黄和辣汁，悠悠地问道："亚锋，我至今也想不明白，当年我好好地做着有偿的家教，勤工俭学，怎么就被你忽悠着放弃每小时几十块钱的收入，跟你去做义务家教的？"

我哈哈一笑："鹏程，我知道你一定会的。所以我们是兄弟！"

他乡遇故知

95 国管　刘桥明

毕业二十周年返校临近，我级高富帅才、国金大神王曦一曲《玉兰花开》圈粉无数。每当唱到"多希望今天又见故人来"，就想起了我在京外与几位同学久别重逢的场景。

1999 年 7 月，北京西站月台上，在声声汽笛、阵阵轮轨的催促中，我一一拥抱相看泪眼、无语凝噎的同学，孤身踏上南下的征途。班上同学大部分留京，首都理所当然成为大本营。毕业后我偶尔回京，跟大部分同学都曾相聚，但是跟散落在全国各地的同学见面就少了。

2001 年 9 月，我那时在创维市场部当个小头目，经常全国出差检查终端。有一天，我去杭州大厦，正在和同事沟通市场情况，突然有人在后面拍我肩膀，吓了我一大跳！我一转身，竟然是我同班同学李莹。他毕业后在杭州发展规划院上班，这天来杭州大厦处理买家电的售后事宜，看到我的身影，一路跟踪，确认后才上前相认。人生四大喜之一的"他乡遇故知"我第一次充分体验了。李莹把我带到西湖边的"楼外楼"，看到我衣衫褴褛、蓬头垢面，一口气给我点了东坡肘子、东坡肉等好几个硬菜（难怪我现在这么喜欢吃肉）。我们边吃边聊，倾诉毕业后各自的情况。记得尤其清楚的是我们还共同声讨了一下武书连最新一期的《大学排行榜》，又把人大排名刷了新低。一直到"楼外楼"服务员不停地催要打烊，我们才恋恋不舍地道别。

2003 年 4 月份，我那时当了创维海南办事处经理。有一天，我去海口新华南电器一条街巡场，在信兴电器门口，迎面走来两个人。咦！其中一个好像我同学吴著！可是他怎么会来到天涯海角这么偏远的地方？前段时间，同宿舍兄弟、当时正在国家信息中心上班的潘祜还打电话告诉我，吴著已经是我们班第一个博士了。我们对视了足足 30 秒还是不敢相认，擦肩而过之后我还是不死心，冲着背影喊了声"吴著"。吴著也一直在回头，喊了声"桥明"，意外重逢的喜悦让我们紧紧拥抱在一起。我陪他在万绿园的海边散步后，坐在海边的台阶上，双脚泡在清凉的海水里。蓝天白云沙滩海水，一边极目远眺琼州海峡，一边与大学同窗互诉衷肠。人生之惬意，莫过于此啊！

2003年12月，我出任创维上海分公司总经理，小瘪三到了大上海还是有点小忐忑，就想拜一下码头，给同学康健打了个电话。彼时他是《21世纪经济报道》驻上海站站长，写了不少轰动财经圈的重磅文章，被我班李曦等同学推为"申城名记"。他对我说："桥明，你久居岭南，今晚我带你领略一下海派文化，我带你去酒吧泡泡。"晚上，我按康健给的地址，来到黄兴公园的一个酒吧，见到了久违的康健，他给我点了啤酒。我问他："为啥不一起吃饭反而来泡吧？"他一脸鄙夷地说："上海可不是只讲吃。"接着又在我耳边猥琐地介绍："这可是大上海最有名的同性恋酒吧！"我一听大惊失色，扫视四周之后赶忙落荒而逃，背后传来他的哈哈大笑。此后，康健就开启了他的开挂人生：《第一财经》总编、《福布斯》主编，成为我班唯一的《福布斯》排行榜常客，时不时在我班男生群里晒晒他和某冰冰的合影。

2007年12月，毕业已经八年了。班上同学除了吴川和剑锋，其他同学我都见过。剑锋毕业后回到大庆石油管理局，天南地北很少有机会相聚。创维那年校招，我跟人力资源部讲把我安排去哈尔滨站宣讲。在哈工大一讲完我拔腿就跑，来到跟剑锋约好的饭店。他从大庆坐动车来哈尔滨跟我相聚，吃完饭后还要赶回大庆去值班。见到剑锋，我们拥抱了足足三分钟。他还是那么苗条，头发稀疏了不少，我的体重快是他的两倍了。剑锋点了一桌子的菜不停地让我吃，不停地问其他同学的情况，一直不忍分别。剑锋后来给我打电话说他赶在动车关门前挤上了车。

人大国管四年，让我认识了四十个兄弟姐妹。尽管大家来自五湖四海，毕业后天各一方，上学时也有亲疏远近，但是只要同学聚在一起就特别亲切！不管我以前当职业经理人还是现在当创业狗，出差时只要有机会都会跟同学一起聚聚，就像走亲戚一样。期待这次返校见到同学们，还有很多同级的同学已经二十年不见了，好期待！

岁月神偷，我们只是岁月中平凡而不凡的我们

95 贸经　许伊茹

"时间是让人猝不及防的东西，晴时有风阴有时雨，争不过朝夕，又念着往昔。"

——《岁月神偷》

最美的年岁，应该是很多很多年后，当你回想起来的时候，依然历历在目的片刻。

读书的时候，随父母在粤北山城钢厂生活，只记得妈妈在我小学的时候，很认真地跟我说："如果你要看外面的世界，就要靠自己，走出这个钢厂，走出这些山。当然你也可以选择很舒适地留在这里，过平静无澜的生活。"其实我已经分不清，这些确实是妈妈语重心长的教诲，还是我的臆想。总之，在随后的很多年的初中、高中学习中，我都只有一个念头，走出去，考最好的学校。确实，我做到了。

1995 年的夏天，我满脑子不务正业的念头，却阴差阳错地考到了人大。还记得开学的时候，从小到大都严肃不得亲近的父亲，把我送到北京。第一次坐着绿皮火车，很奢侈地买到了硬卧的票，咣当咣当晃了 48 小时从韶关来到北京。下火车的时候只记得一个感觉，天气真好，天气真干。以至于到学校报到之后买的第一件东西是大宝 SOD 蜜，虽然事实证明这蜜虽然广告词朗朗上口，但确实扛不住娇嫩的肌肤在北京干燥凛冽的风中爆皮的事实。从东门矗立着"实事求是"大石头的巍峨校门（乡下来的没见过大世面）进入，我问父亲，这真的是毛主席写上去的吗？那时候还没有一勺池，石头背后是夜晚最热闹的英语角。父亲送我去宿舍，在白杨树下一路走到西门，然后才发现原来一不小心拉着行李箱就会穿过校园走到外面，那一刻还是有点疑惑：不是说大北京都是一望无垠的么？怎么学校这么小？父亲把我送到宿舍，有些恋恋不舍地转身走了，那时候还不懂父母的感情，多年

以后回想才体会到老父亲的爱只是不懂得如何表达。

到校第一天的每个细节似乎在20多年后回想起来依然清晰。南方人几乎从来不吃馒头，在第一个晚上去食堂打饭，我只买到了一个大馒头，然后宿舍其他的北京同学都已经回家，我一个人对着人生第一个如此大的馒头流下了眼泪——天啊，接下来的四年我就只能吃这个吗？当然这个困惑，在去军训经过了一个月的摸爬滚打，体验过吃饭带抢，还得偷偷在兜里塞上几个馒头回宿舍当点心，一顿最高纪录吃掉了7个馒头之后，已经不是问题。同时解决掉了一个南方妹子的另一个饮食习惯：一个从来不吃羊肉的小妞，军训后和来自无锡的马莉莉一起到西门外的涮肉馆吃掉了6斤羊肉片，从此饮食餐单开始纵贯东西，穿越南北。以至于后来一个潮汕妹子也慢慢培养出了嗜辣的爱好。除了吃，洗澡也是南方妹子的头等大事，每周一张的澡票简直让我濒临崩溃，要知道，广东妹子一天不洗澡是不会睡觉的，夏天在家可能要洗三四回，所以在广东洗澡叫做冲凉，可不是在北京大澡堂里可以待上一两个小时，搓泥聊天的那种。一天不洗澡可以忍受，三天不洗澡就有种去死的感觉了。还好宿舍里北京的妹子们王飞、秦臻、陈悦和丁娜，因为可以回家，总是可以支援一两张澡票给我，后来和班里体训队的同学搞好关系，除了可以通过作弊的方式盖足一个学期的早操印章外，最大的贡献是可以请他们帮忙买澡票，才算解决了这个天大的难题。于是乎愉快的大学生活在解决了最底层的生存需求后，姗姗而来。

于是，骑着自行车从东门到西门，拎着饭盒和宿舍的妹子们翘课去东区食堂打水煮肉，或者一大早挤破门去旧图书馆自习室占位子，到小市场犇猋骉去打牙祭，到新图书馆租碟泡片儿，似乎就占满了整个大学生活，平凡往复。以至于20年后在深圳同学聚会上，一个男生很认真地跟我说，当年你经常坐在东边自习室第几排第几座，都有点恍惚梦回自习室。

人大的生活于我，最重要的也许并不是这个学校的光环，而是带给我的信心和眼界。从新生演讲赛开始，一直到后来的辩论赛，但凡学院里的各式活动几乎都有我的身影，去挂职还上了一回《人民日报》，大学生活就那么快又那么慢地过去了。

重回校园的时候，会忍不住看着现在的新地标，回想起曾经破旧的样子，似乎只有记忆里的才是最真实的。

最美好的年岁，应是最无所畏惧的年纪吧——在没有顾虑也不会想退路的时候。

在北京的三年半里（最后半年是在中兴度过的），结识了很多在未来跟我一起前行的伙伴，包括窦师兄（是你把我捡了回去）、奚丹、施艳、晓颖、王昌国、陈仁忠、华师兄、李硕师姐等。毕业的时候有很多选择，留校读研、留京、公务员、银行，我却只投了三份简历。中兴给了我第一份 offer，因为一个简单的莫名的理由选择了它。签三方的时候，学院周老师苦口婆心苦劝都没有拉住当时兴致高昂的我。

只是，当我背起行囊来到深圳后，才发现当时主导我选择的最重要的因素却已消失。只不过，没有回头路。

人生总是会给我一个答复。注定的事情总会注定。1999 年在深圳报到，10 月份就因为当年市场原因分流毕业生（这是走入社会的第一个坎），我被选派去了广州，做市场，一个曾经我不愿意去的城市。在离开中兴以后，兜兜转转，我还是到了银行，也许这将是我最后的一份职业。只能说，该来的会来，在生活中会以一种偶然的方式出现。

应该说，最无所畏惧的年岁是在中兴的 13 年半。我见证了中国通信产业的发展与辉煌，也见证了 ICT、互联网产业的兴起给传统通信产业带来的革命性的冲击。

13 年是一段不算短的时间。最近胡姐姐在第 18 年也毅然选择了离开。可能我们都有一样的危机感——在还有竞争力的时候离开舒适区，看看外面的世界。

最美好的年岁是无所畏惧的，因为无所畏惧反而有了无限的可能。

其实当时是很有自豪感的。1999 年第一届高交会展，我是照片上那个土土的女孩。当时已经接到调令要前往广州分公司了。在离开深圳的最后一周，带着全国各地来挤高交会的客户，从人群中挤到自己的照片前，很认真地对自己说，我会努力。

只可惜，当年最早的自主研发的国产手机品牌，现在却被华为甩出了好几条街。

当年初生牛犊不怕虎的毛头小姑娘，跌跌撞撞却又运气不错地一直走了下去。只是当我的同学们都还在业务线条上奋战的时候，我却选择了退出，给自己选择了一条貌似可以吃到老的职业道路——做一个专业的 HR 专家。

也借着国际化的机遇，到各个国家见识了不同的人和风景。赶上了一个行业的整体发展，是职业中的幸运。

射手座的人从骨子里不愿受到束缚，过于崇尚自我和自由，总会在现实中跌跌撞撞。只是射手座的人不服输，于是，还是会继续按照本心前行。

人近四十不惑才跨越一个行业，换一个职业，应该是赌上了最后的努力。

至少知道尝试过，努力过，经历过。

冥冥之中，选择了一个不同的行业，却选择了一抹几近一致的蓝色。

三

从 30 岁到 40 岁的这 10 年中，伴随的是持续的危机感。虽然谈不上所谓的"中年窘迫"，但其实一路战战兢兢，生怕被时代抛弃。2004 年儿子出生后，强烈的危机感莫名笼罩，于是去读书，选最难考的，为的是证明自己还有能力。

30 岁生日的时候，和杨征笑称是"宇宙无敌超龄美少女"，后来发现要做超龄美少女原来也是要付出很多辛苦的。首先你得忘记自己的真正年龄。

34 岁时机缘巧合之下接触到了击剑。于是不顾高龄成为剑馆里最大龄的学员。也许和比你年轻的人在一起，你也会觉得岁月停滞。这一练就是 10 年，号称剑馆里的二师姐。

还清楚地记得第一次穿上装备时的情景。此后的很多年，在这剑道上我忘记了年龄，只知道要学会控制自己，沉静专注，进而控制每一剑。

击剑于我，是给我重新认识自己的途径。剑道上需要认识自己才能改正自己。用磨炼来形容并不为过。如果没有斗志，你就会输；如果太执着于胜负，你也会输。剑道如人生。当有一天以业余老将身份和队友们一起代表中国队拿到亚洲老将赛团体冠军的时候，对自己说只要愿意和坚持，就能够创造一个个不可能。

只是这痛并快乐的过程，确实让危机的 10 年有了新的出口。

我想，我会继续在剑道上快乐下去。

四

感谢在生命中出现的每一个重要的人，他们总是在我最需要的时候伸出了手。

每一份付出的感情，都会在该出现的时候出现。

流水的文字，岁月的流逝。岁月偷走了时间，留下的是记忆。

下一个 10 年，还会继续见证一些什么。

20 年聚首，与你同行的诗词之路

95 国经　林晓颖

2019 年于我实在是一个非常特殊的年份。一是这一年我大学毕业 20 年了，人大向来有毕业 20 年返校大庆的传统，如今这趟返校的列车终于轰隆隆地驶到了我们 95 级同学的面前；二是这一年我迎来了二胎宝宝，在我们这个年龄生宝宝是件稀罕的事情，何况宝宝的生日与返校大庆同月，于是这个二胎宝宝就成了 95 级同学们的团宠，美其名曰"返校宝宝"。

由于宝宝的到来，我没能参加期待已久的返校活动，但是要感谢这个有微信的时代，在各种大小群里与同学们的云互动依然让人振奋感怀。因我平时喜欢古典诗词，故用诗词记录下这个美好的过程。

年初开始，热心又有能力的同学们就拉开了返校筹备的序幕，随后各种建群、预热造势、全球联动、捐款、讲座逐一登场。6 月份，返校活动筹备组的骨干韩帅景峰同学来到上海，上海的同学们因此一聚，席间还有张琦同学从北京空运来的长相思干白。回家路上，月色正好，拟七绝并填《长相思》一首以记之：

七绝·上海同学与景峰聚

连雨初晴月色殊，
江南塞北有通途。
青梅煮酒佳朋至，
又剪灯花话玉壶。

长相思

东风悄，西风归。
阶上苔痕落紫薇，
清清冷月辉。

短相思，长相思。
雾锁重楼人不知，
寸寸心字灰。

　　9月，全球各地的返校预热活动此起彼伏，上海的同学们也组织了充满激情的亲子长跑活动。9月13日是中国传统的中秋佳节，填了一首《木兰花慢·中秋》送给即将到来的返校活动和同学们。

木兰花慢·中秋

是风停夜半，

物声寂，暮云收。

玉镜至中天，

碧空朗朗，星宿微浮。

琼楼，已歌舞歇，

既繁华落尽暗帘钩。

江畔轻霜满地，

月芒共水东流。

悠悠，待拭金瓯，

携旧友，弄扁舟。

问寂寞姮娥，麻姑白发，

可寄闲愁？

休休，蟾光正好，

纵沧桑几度又何忧？

且与千年素魄，

静看万里清秋。

　　10月，重聚的氛围在10月3日全球各地同学重返校园那天达到了高潮，各群纷纷直播返校盛况。我在家中攀高楼，看美照，填《水调歌头·贺重聚》《一七令·归》两首词遥祝天南地北的同学们相聚快乐。

水调歌头·贺重聚

风从青牙巅起，

云自玉关驱。

长空飞度，

又将心绪任欢舒。

吴地雨风乍过，

塞北霜红漫透，

万里共连珠。

经年复相见，

颜色未曾殊。

勺池水，西门月，四字书。

芝房雅奏，

淡霭薄雾隐笙竽。

暮至桂花载酒，

晨起校场逐鹿，

红袖论赢输。

半生寄逆旅，

不老对唐虞。

一七令·归

归

晚照　晨晖

千嶂过　九曲回

金风作伴　红霞相随

潇潇梧叶落　漠漠白鸥飞

重聚廿年弹指　还约卅载佳期

长风曾与少年志　河汉笑举岁月杯

　　高潮之后，返校带来的激情就归于平淡了吗？并没有，天南海北的同学们各种云端与线下的聚会，抚今追昔，谈天说地，将校友情感迁延不断。由于海外同学的时差关系，许多微信群都是 7×24 小时连轴转，几个小时不看就高楼林立了，拟小诗以记之：

七绝

夜半梦中惊坐起，

各群广厦迫星辰。

漫红透碧千觞少，

处处神州不寐人。

　　10 月 23 日，返校宝宝终于和大家见面了！我的舍友、联博资产首席经济学家，也是我们大家心目中又美又暖的女神纪沫特意从香港第一时间赶来探望，开心之余填一首《行香子·赠友沫沫》送给她。

行香子·赠友沫沫

一夜潇潇，半落疏枝。　　　　　　长空云净，飞鸿佳客，

桂子暗香又秋思。　　　　　　　　尺素曾与寄相知。

薄霜寒露，暮霭晨晖。　　　　　　芳华如故，桃李成蹊。

对冀中星，眸中月，镜中谁。　　　愿心常安，颜常驻，意常归。

某日，读书群里说起了大侠金庸，我转发了几首谜底为金庸笔下女性角色的七绝谜语诗，同学们起哄说应该也有男性角色的，于是拟了十首五绝谜语，谜底是金庸笔下的十位男性角色，同学们猜谜、讨论不亦乐乎。他们是谁呢？您也来猜猜看？

侠义薄云空，遗恨饕餮中。
却怜君九指，犹自缚苍龙。

青衫独磊落，玉面惜鲜妍。
深种情根处，琅嬛有洞天。

万里觅春人，芳丛寄此身。
莫道佛缘浅，一悟了红尘。

太极生万象，红尘几度秋。
未赴峨嵋顶，竟日总凝眸。

左右开新术，真经叹孽缘。
碧波鲨共舞，黑沼忆情天。

翩翩陌上郎，皎皎白衣裳。
野旷梅花笛，不为牧牛羊。

鸾飞动九霄，兰草旧时谣。
怀璧为君罪，何堪折宝刀。

深谷雾为纱，无情作蛊花。
幽兰逢枣树，爱恨泯悬崖。

花叶交相映，缘从险境生。
试问寒潭水，可载此中情。

寒雨夜苍茫，琴音剑气藏。
衡山云雾里，一曲寄潇湘。

12月，上海的美女同学们一起来看望返校宝宝了，拟《五律·美人稚子》以记之，谢谢大家！

五律·美人稚子

江南寒露重，北国落琼花。
巧鹊迎娇客，归鸿带远霞。
美人眸有笑，稚子属无邪。
感赠三春暖，欣欣话岁华。

年底北方连降大雪，各地同学的聚会却更加热烈，点亮了即将到来的新年。填《渔歌子》及七绝一首送给同学们云祝福，并谢谢王天同学的美图。

渔歌子

千树斑斓近岁初，万家灯火缀明珠。

青蚁酒，小泥炉，还添月色慰遥途。

七绝·岁末寄雪

谁言世情薄如纱，吾以高朋慰有涯。

岁末寒深春寄雪，好风卷作万千花。

1月份，新冠病毒骤然席卷祖国大地，特殊的春节，唯愿全球各地的同学们平安、健康。

五律·庚子新春（依今韵）

岁月抛人去，忽忽又一春。

轻黄妆柳带，浅绛入梅痕。

玉兔春灵药，凡尘送五瘟。

何当涤浩宇，清气满乾坤。

冬去春来，玉兰花又开，待瘴消霾散，我们再相聚！

念奴娇·春至玉兰初开

潇潇雨过，

见纤云流尽，晴空如璧。

姑射新妆花几簇，

帘动暗香盈室。

草色遥看，柳芽初绽，

历历春踪迹。

东君妙笔，待添胭紫粉碧。

人圃院落藩篱，

栏杆倚遍，望暖风暄日。

已自凛冬冰雪去，

勇者只争朝夕。

寄语苍穹，道归期近，

可借飞天翼？

瘴消霾散，再将诗酒同觅！

271

一剪梅·返校

95 国管　吴亚锋

游子盼归望天边，
魂牵十年，梦萦十年。
锦衣卸下行囊浅，
只取情义，不带华铅。

万里关山一日还，
又见唐寅，再见貂蝉。
执手笑泪无多言，
你语珍重，我道平安。

《临江仙》等三首

95 国政　张　琦

临江仙·长记旧图

长记旧图窗外语，
　西风笑别归雁。
孤帆远影走天涯，
　一舟从此去，
　江海月影斜。

廿载欲归归将得，
　好似燕子还家。
秋风夕阳伴红霞，
　池水天印月，
　笑语迎芳华。

蝶恋花·返校路过学九楼

行到学九流连处，
　绮窗不语，
　悔教封侯误。
月下玉兰应如故，
雁声却向远山去。

不恨当年相思苦，
　只怨东风，
　猎猎吹梦断。
明日返程思无绪，
沾衣已是秋来雨。

西江月·有感重逢

问讯路边红叶，重来已是廿年。
东风吹我过中关，杨柳依依拂面。
苍茫世道阅遍，归来仍是少年。
一勺池中水映天，欣见旧友嫣然。

《西江月》等三首

95中文 李 颜

西江月

夫子电台盒带，
月光操场诗章。
翘课去闻玉兰香，
当时只道寻常。

谁云韶华易逝，
今朝喜又同窗。
把酒重温少年狂，
谈笑得偿夙望。

九月初七晚过长街

驱车路过长安街，忆及返校大趴，怅然泪下。

火树银花大雅，
痛饮狂歌郑声。
酒尽曲终人散，
夜凉月白风清。

致返校视频图文

10月31日，《毕业20年之时间胶囊：联欢会节目全集》制作完成。重温，闪回，甜蜜而感伤，得七言拟古几句如下。

今朝有酒今朝醉，
一生大笑能几回？
纵使有约十年后，
把酒言欢知是谁？

梦幻泡影应如是，
心念旧人与新醅。
幸得声影诗文在，
欲追此情犹可追。

短歌行·余音绕梁廿年聚

95 法律　许琼山

廿载蹉跎，悲欢逝波。　　　　银杏泛金，玉兰绽珂。
重回母校，胜慨几多。　　　　人生最忆，大学婆娑。
大楼叠立，棋布星罗。　　　　校花校草，慧剑心魔。
青春何幸，朝夕厮磨。　　　　中年欣聚，如切如磋。
蓦然回首，发华语喏。　　　　放浪形骸，纯美婀娜。
同餐共影，怀旧当歌。　　　　痴醉尽欢，真味咂唆。
红旗猎展，热血沸峭。　　　　卅年再约，微信频托。
讲堂报到，忘情泪泼。　　　　求是明德，纵意山河。

回校偶书

95 国管　刘桥明

阔违人大二十年，
别梦依稀忆校园。

同窗情谊深似海，
玉兰花开号角传。

三更半夜忙筹备，
五湖四海盼团圆。

或叹芳华如斯夫，
更喜儿女争上前。

与你同行

95 国经　纪沫

2019 年 9 月 7 日，我的人大 95 级毕业二十年返校演讲仍记忆犹新，转眼间今天已是半载。[1] 这半载于我，人生丰富度远超于那毕业的二十年。重遇曾与我同行的同窗，真是好久不见，但一切都不曾改变。新遇接下来会与我同行跨院系的同级同窗们，真是相见恨晚，但好在余生还很长。

与谁同行，我想它直接决定了你的人生高度、宽度、深度和广度，而且可以助你拓宽其维度。你如今的气质里，藏着你走过的路，读过的书和爱过的人。我很幸运，1995 年到1999 年曾与你们同行。

就像在返校三个月整的那天，我把尼采的话分享在人大 95 级返校群。尼采的话对于生在 70 年代末，仍然朴实的我们这一代人，还是有很多心灵的震撼。

把尼采的话送给大家共勉。

《互动环节》我的小搭档徐聪的女儿

我们来到这个世上，
就应该跟最好的人，
最美的事物，
最芬芳的灵魂倾心相见，
跟有趣的人一起度过。
唯有如此才不负生命一场。

——尼采

---

① 本文写于 2020 年 3 月 7 日。

毕业二十年，我低调得如一粒尘埃。不曾想毕业二十年的演出，我竟然高调到参与了三个节目——合唱《玉兰花开》、合唱《浪花一朵朵》和主持《互动环节》。我想用"完美"来形容我的返校，也许这是"三分努力"和"七分天意"。细细想来，参与返校而收获的温暖，足以让我砥砺前行下一个十年。

《互动环节》舞台上信号全无，我的手机红包发不出。人生的惊喜就在于它的不可预测。两位男神（一位上学时同系，一位识于微时）的救场不仅化解了现场的尴尬，反而让节目顺利进行得就像提前安排过一样。我这半载看过好多遍这个视频，正因为现场的状况，让节目变得很有温度，而我自己从中也收获了满满的幸福感。

我们的九五返校群成了大家的一个心灵家园。以下是我在人大九五返校群的一些发言。

《互动环节》同系和识于微时的小伙伴们的救场

人大九五返校当晚
2019.10.3
纪沫

献给人大九五级
返校最爱的你们
也许今夜有无数的泪水
但我想告诉大家

爱要勇敢
爱要表达
爱是力量
爱是温暖

人大九五返校第二天
2019.10.4
纪沫

披星戴月
风雨兼程
再见了人大
再见了北京……

2019 年于我
最浓墨重彩的一笔
就是人大九五返校，它
让青春更鲜活
让未来更有希望！

为我们自己喝彩，
让我们在
大爱
大善
大格局
中迎来毕业三十年！
2029 不见不散！

人大九五返校一月之际
2019.10.31，万圣节
纪沫

愿我
依然可以保守
那颗晶莹剔透的心灵
砥砺前行
活出更可爱的模样

愿同学们
低头走路
偶尔
也抬头看看天

愿大家
常聚
常守

人大九五返校两月之际
2019.11.28，感恩节
纪沫

致我们永不消逝的青春

愿你　拾起心中所爱
愿你　拾起放下的梦想
愿你　遇见治愈心灵的人
愿你　被生活温柔以待

感恩遇见！

当时的月亮
——毕业一周年青春祭，2000 年 7 月

95 投资　姜祥凯

一

还记得当时的月亮
那个初入校园的中秋夜
彼此陌生的我们
用各色特产
摆出了祖国大好河山
当时的月亮
看不见我思乡的惆怅
只有夜深了
风吹树叶的声响
疑是江南的雨
　　——落在了我的梦乡

二

还记得当时的月亮
我们走在军营的操场
洪亮的歌声
流光的神采
是我们青春的张扬
当时的月亮
看不见我脚下岁月的沟坎
可笑无知的秋蝉
和着我的心跳
与我一起畅想
　　——太阳初升的光芒

三

还记得当时的月亮
在那形而上学的课堂
书生意气　指点江山
仿佛世界的车轮
就在书中滚转
当时的月亮
看不见人间红尘的弥漫
偶而　透夜的霓虹
闪亮的车灯
会给我的行色着上
　　　　——别样的光

四

还记得当时的月亮
核桃林里浮动着夜的芬芳
最是无语的凝望
会心的微笑
胜过言语万千
当时的月亮
看不见转身而去的痛伤
你还托着脸庞
央求我和你
一起遥想
　　　　——嫦娥与碧海青天

五

还记得当时的月亮
纵声高歌是我们最后的张狂
曾经的理想
美丽的姑娘
终究在杯中慢慢发散

当时的月亮
看不见海角天涯的茫茫
我在心里刻下光阴的故事
不再思量
明天梦醒后
　　　　——彼此都在何方

六

我看不见当时的月亮
年少轻狂已被时针
订在墙上
任凭岁月的雨雨风风
将它制成　干枯的标本
我也不想看见当时的月亮
前进的路上
更需要炽热的阳光
就让记忆卸下行囊
化作云烟　鼓足
蹈海的孤帆

敖辞令·户外行山五年

95 社会学　王　鼎

林间绿裳翠鸟，涧头云黛溪草，
　　脊岭行令健儿跑。
　　足迈，天地有考。

宇内柔馨妻小，光影岁月分秒，
　　畅意延年食忌饱，
　　语迭，蓬莱此好！

无　题

95 会计学　温　笛

返校前在家里翻出留了二十年的全班出操卡

为什么单少了一张

忽然想起当年就被暗恋他的人珍藏了……

精心准备乔装打扮企图混进学九楼

不幸被楼长大姐当场捉获

女的不准进男生楼！

返校日中午在食堂抢到一勺水煮肉

兴冲冲夹起一大块

猛然想起自己是三高……

四

从前偷偷喜欢的女生又如幻如梦地出现在眼前

正想开口却被旁边一个男生抢了先

妈，这就是当年暗恋你的那个人？

五

教二门口请一个路过的同学帮忙照张相

女孩特别有礼貌

您看我照的可以吗？叔叔……

六

醉了的好兄弟们一路唱着歌走回学二楼
没有门卡
只有奋力拥抱，说声再聚……

图书在版编目（CIP）数据

廿·念 /《廿·念》编委会编. -- 北京：中国人
民大学出版社，2021.5

ISBN 978-7-300-29501-5

Ⅰ. ①廿… Ⅱ. ①廿… Ⅲ. ①中国人民大学 – 校友 –
文集 Ⅳ. ①G649.28–53

中国版本图书馆 CIP 数据核字（2021）第 123335 号

廿·念

《廿·念》编委会　编

Nian · Nian

出版发行	中国人民大学出版社				
社　　址	北京中关村大街31号		**邮政编码**	100080	
电　　话	010-62511242（总编室）		010-62511770（质管部）		
	010-82501766（邮购部）		010-62514148（门市部）		
	010-62515195（发行公司）		010-62515275（盗版举报）		
网　　址	http: www.crup.com.cn				
经　　销	新华书店				
印　　刷	涿州市星河印刷有限公司				
规　　格	170 mm × 240 mm　16开本		**版　　次**	2021 年 5 月第 1 版	
印　　张	18.25 插页14		**印　　次**	2021 年 5 月第 1 次印刷	
字　　数	371 000		**定　　价**	68.00元